四川省社会科学高水平研究团队
"四川青少年思想道德教育创新研究团队"建设计划资助项目研究成果

育人与铸魂：

新时期绵阳地方青少年教育发展史

张嘉友　黎万和　王幸媛　王　娇／著

四川大学出版社

项目策划：梁　平
责任编辑：陈克坚
责任校对：傅　奕
封面设计：墨创文化
责任印制：王　炜

图书在版编目（CIP）数据

育人与铸魂：新时期绵阳地方青少年教育发展史 /
张嘉友等著．— 成都：四川大学出版社，2020.6（2024.6
重印）
　　ISBN 978-7-5690-2131-8

　　Ⅰ．①育… Ⅱ．①张… Ⅲ．①青少年教育－教育工作
－工作概况－绵阳 Ⅳ．① G775

中国版本图书馆 CIP 数据核字（2020）第 079469 号

书　名	育人与铸魂：新时期绵阳地方青少年教育发展史
著　　者	张嘉友　黎万和　王幸媛　王　娇
出　　版	四川大学出版社
地　　址	成都市一环路南一段 24 号（610065）
发　　行	四川大学出版社
书　　号	ISBN 978-7-5690-2131-8
印前制作	四川胜翔数码印务设计有限公司
印　　刷	永清县晔盛亚胶印有限公司
成品尺寸	170mm×240mm
印　　张	14.5
字　　数	235 千字
版　　次	2020 年 7 月第 1 版
印　　次	2024 年 6 月第 2 次印刷
定　　价	68.00 元

扫码加入读者圈

◆ 读者邮购本书，请与本社发行科联系。
　电话：(028)85408408/(028)85401670/
　(028)86408023　邮政编码：610065
◆ 本社图书如有印装质量问题，请寄回出版社调换。
◆ 网址：http://press.scu.edu.cn

四川大学出版社
微信公众号

前　言

改革开放不仅为中国经济的发展带来了历史新机遇，也为中国教育事业的进步带来了时代新契机。面对深化改革和扩大开放的历史洪流，党中央举旗定向，不断开拓创新，在学校规模、布局调整、师资建设、教学质量等方面出台了一系列方针政策，推动中国教育事业实现了跨越式发展，为实现中华民族的伟大复兴提供了坚实的人才基础和强大的智力保障。党的十九大报告围绕"优先发展教育事业"做出全面部署，明确提出"建设教育强国是中华民族伟大复兴的基础工程，必须把教育事业放在优先位置，深化教育改革，加快教育现代化，办好人民满意的教育"①。随着时代的进步和社会的发展，党和政府越来越重视教育的发展，全国各地根据自身的实际情况多措并举发展各类教育。绵阳市作为中国唯一的科技城，有着良好的教育传统和教育基础，改革开放以来，在绵阳市委、市政府的有力领导下，在社会各界的关心支持下，在绵阳全体教育工作者的共同努力下，绵阳地方青少年教育实现跨越式发展，逐步形成了学前教育、九年义务教育、高中教育、高等教育、民办教育、成人教育等各级各类教育相互支撑、相互促进的良好局面。绵阳地方青少年教育作为科技城发展的重要支撑，与绵阳的命运息息相关，对绵阳社会的方方面面都有重大影响。随着绵阳地方青少年教育的知名度和影响力不断扩大，其影响范围已经不再局限于绵阳市，绵阳基础教育良性发展，形成了强大的辐射力和吸引力，吸引了来自海内外近两万名学生。大量外地学生的到来，促进了房地产、交通运输业、旅游业等产业的发展，有力地推动了全市的消费增长，

---

① 人民网.习近平在中国共产党第十九次全国代表大会上的报告［R/OL］.（2017－10－28）［2019－12－28］.http://cpc.people.com.cn/n1/2017/1028/c64094-29613660-10.html.

为全市发展增添了动力，促进了绵阳社会经济的繁荣发展。与此同时，大量经过严格考核的学生源源不断地输入绵阳，不仅提升了绵阳学校的生源质量，更引发了周边城市乃至全省教育的竞争热潮，促进四川教育的良性发展；在高等教育方面，不仅绵阳本土高校纷纷上档升级，还吸引了众多省内外著名高校相继抢滩绵阳，或者是开办二级学院，抑或与绵阳的中等教育学校联合办学，这些高校的融入，使绵阳高等教育园地呈现出勃勃生机。当前，正值改革攻坚的关键时期，在新时代中国特色社会主义的背景下研究教育发展的成功经验和存在的问题，进而巩固教育发展成果，解决发展过程中的问题，加快教育现代化的步伐显得尤为重要。与全国其他地区相比，绵阳地方青少年教育发展有独特的地理环境和坚实的政策支持，通过四十余年的改革探索，逐步形成了清晰的发展路径和独有的地方特色。但学术界关于改革开放以来绵阳地方青少年教育发展的研究成果相对较少，大多是关于某个时间节点或者阶段区间的研究，再或者是关于某一类教育的专题研究，比较零散和单一，缺乏时间上的连贯性和系统上的完整性，总的来看，完整、系统的研究成果目前还没有。因此，在中国共产党成立 100 周年即将到来之际，研究绵阳地方青少年教育的发展进程，总结其工作成效和历史经验，对于绵阳自身来说，有利于进一步构建科学合理的教育体系，发挥教育对经济、政治和文化的助推作用，加快科技城建设；对于其他地区而言，绵阳地方青少年教育发展的经验总结也可以为其发展教育提供一些借鉴，进一步加快教育发展的步伐。

目 录

目　录

第一章　新中国成立后绵阳地方青少年教育的沿革（1949—1976）

1949 年 12 月 21 日，绵阳解放，绵阳历史揭开了新篇章。在中共绵阳地方各级党组织的领导下，绵阳的教育事业进入了一个全新的发展阶段。国民经济恢复和社会主义改造时期是中国共产党领导全国各族人民有步骤地实现从新民主主义转变到社会主义的关键时期。当时的文化教育领域面临三项主要任务：一是改变旧教育的半殖民地半封建性质，使之成为在人民民主专政基础上的新民主主义教育；二是建立新的教育体制，使教育为广大工农群众服务；三是随着集中统一的计划经济体制的建立，把教育转到为社会主义统一的计划经济服务的轨道上来。绵阳地方各级党政机关通过贯彻《中国人民政治协商会议共同纲领》和党的七届三中全会确立的教育方针，逐步对旧教育体制进行了深刻的改革，初步建立了社会主义的教育体制，为绵阳教育事业的发展奠定了极其重要的基础。

第一节　社会主义青少年教育制度在绵阳的建立

绵阳解放后，在中共绵阳地方各级党组织的领导下，绵阳地方青少年教育进入了一个崭新的发展阶段，迈开了循序渐进改革旧教育体制的步伐，初步建立了社会主义的教育体制，为绵阳地方青少年教育的发展筑牢了屏障。

一、旧中国绵阳地方青少年教育的历史回顾

早在汉高祖六年（公元前 201 年），绵阳就开始建制置县；在唐朝贞观年间，又建立了学宫；此后，绵阳辖区内学馆、书院传承更迭，义学、

1

私塾遍布乡镇；戊戌变法后，有识之士纷纷兴学办教、废书院、兴学堂；20世纪初，政府、教会、私人纷纷办学，出现了一次办学高潮；民国时期，地方人士继续兴学办教，使绵阳地方青少年教育继续向前发展。1935年，川政统一，为绵阳地方青少年教育的发展提供了前提条件。抗日战争时期，国民政府制定了普及教育的法令，加之抗战时期大后方经济的发展以及大中学校纷纷内迁至绵阳，使得绵阳地方青少年教育获得了进一步发展。抗战胜利后，国民党政府为应付内战需要，削减教育经费，造成教育经费拮据。同时由于物价飞涨，老百姓读不起书，农村小学多次裁员减班，以至于1949年绵阳解放时，市境内仅有小学1810所，学生10万人，教职工3362人，中学虽由于私人办学或向农村扩展等原因数量有所增加，但在校学生人数比1945年减少了16％。

民国时期（1912—1949），绵阳地方青少年教育发展独具特色，绵阳大中学校集中了大量进步知识分子，学校成了地方党组织的活动阵地。1927年7月，江油县（1988年撤县设市，成立江油市）的省立第二中学成立了绵阳第一个学校党支部；土地革命时期，中共地方党组织在学校广泛建立；抗日战争时期，绵阳地方党组织又在三台成立了田边子小学支部等支部；解放战争时期，母广轼建立了北川第一个党支部。这一时期，学校党组织的活动主要是从事政治斗争，其内容主要有以下几项：一是在师生中建立进步社团；二是成立宣传队，开展救亡宣传活动；三是为解放区输送进步知识青年；四是为上级组织提供活动据点。此外，在这一时期的革命斗争中，绵阳境内各中小学师生中的党员和先进分子还协助地方党组织积极组织群众开展武装斗争和"抗丁抗粮""抗租抗税"等活动，他们为地方党组织的发展壮大做出了不朽贡献，是绵阳地方青少年教育发展史上光辉的一页。

二、过渡时期绵阳地方青少年教育发展的措施

（一）接管和整顿旧学校

1950年1月，中国人民解放军绵阳军事管理委员会派李象山为军代表，接管专区文教机关，接着各中等学校也由军管会派员接管，小学则分别由各县人民政府接管。接管初期，军管会派出军事代表和联络员到学校

宣传，成立校内各级接管委员会、解散校内反动组织、取消反动课程与训育制度等。完成接管工作后，中央人民政府十分重视旧学校的改造工作，在《中国人民政治协商会议共同纲领》中明确规定，人民政府应有计划有步骤地改革旧教育制度。此后，绵阳各地不仅对旧学校的布局和规模等进行了调整，还对全区中小学校实行了合并。

1949年12月，人民政府做出了关于私立学校重新登记立案的规定，并帮助一些私立学校改组和健全了校董会，加强了对私立学校的领导和管理。从1950年6月开始，全区按照川西行署训令，对私塾进行改造，把适合做教师的塾师充实到了公立小学，其余的则动员他们回乡生产；对确实离公立村小太远、又无法增设村小的个别地区，规定这些地方的私塾一律使用新的免费小学教育课本。到9月份开学时，各县私塾基本改造完毕。

在改造私塾和私立小学的同时，各县还根据办学规模和办学条件对原有学校进行调整，将一批规模过小、设备简陋、学额不足的小学进行合并，将城市分散的初小合并为完全小学，在农村利用原有祠堂庙宇添设初小。经过一年的努力，大多数行政村有了初小，这些学校基本能满足土改后农民送子女上学的要求。这一时期，通过对旧学校的接管改造，结束了几千年的私塾史，建立了新的教育管理体制。

（二）贯彻教育方针政策

1949年通过了《中国人民政治协商会议共同纲领》（以下简称《共同纲领》），《共同纲领》中明确规定了新中国教育的任务、性质、国民公德等内容，为教育改革提供了基本依据。从1949年底绵阳解放至1956年完成社会主义改造，绵阳专区的学校的主要工作是调整改造旧学校和旧教育，建立健全各级教学组织和各项管理制度，贯彻"教育为工农开门"的方针，扩大工农子女在招生中的比例。1950年1月，绵阳专署设立教育科负责绵阳地区的教育工作；同年5月16日至20日，绵阳专署召开新中国成立后第一次教育工作会议，要求全区各县对学校的布局结构、中小学学制、课程设置等进行调整，在教学管理上建立兼有学校行政代表和师生代表参加的校务管理委员会，实行民主管校，在教学内容上取缔具有反动思想的内容，设立包含革命内容的《政治常识》。1951年5月16日至19

日，绵阳地委召开全区第二次教育工作会议，会议重申，中学必须坚持贯彻"为工农开门"的方针，对私立中等学校继续贯彻"积极扶持、加强领导、逐步改造"的方针。经过讨论，建立了分层负责制，规定了地方教育经费的比例，明确了要提高小学教师待遇等问题，并做出了创办《教育通讯》的决定。此后，各级学校都响亮地提出了"学校向工农开门"的办学方针，实行"人民助学金"制度，对工农家庭的学生在经济上予以特别照顾，在年龄和入学条件等方面提供便利。

新中国成立初期，文化教育政策的突出特点就是向苏联学习，把苏联的教育经验作为建设新教育的主要指导思想。从 1952 年秋季开始，绵阳专区各县普通教育进入了学习苏联教育理论以建立自己教学新体制的时期，学习苏联比较成熟的教学制度与工作制度后，其启发式教学方法得到教师广泛认同和应用，教学原则和教学方法成为教师之间经常探讨的话题，校内校际观摩活动经常开展，研究钻研风气在各校盛行。

（三）实现学制根本变革

1951 年 10 月 1 日，政务院发布《关于改革学制的决定》，由此产生了中华人民共和国第一个学制，这个学制与旧学制相比，具有几个重要特点：一是突出了"学校向工农开放"的方针，确立了各级各类干部学校和业余学校在学制中的应有地位；二是不仅确立了各级各类技术学校在整个学校系统中的重要位置，而且规定各级各类技术学校要相互衔接；三是学制中专设各级政治学校和政治训练班，高度重视对广大新旧知识分子进行革命政治教育的工作；四是在普通教育方面，将小学由"四二制"改为"五年一贯制"，缩短了小学修业年限。"1951 年学制"的颁布实施，标志着新中国学校教育制度基本确立，学校教育迈入新台阶，开展教育工作和发展教育事业有章可循，此后，绵阳专区各县按照政务院的规定，全面实行新学制。

（四）强化教师队伍建设

建立一支政治素养高、专业知识硬、业务能力强的教师队伍是发展教育事业、提高教育质量、培养合格人才的基本前提和重要条件。新中国成立后，一方面，教育事业发展迅猛，教师队伍很快壮大；但另一方面，教师队伍的业务水平却较为低下，难以适应教育发展的需要。为了切实提高教师队伍的思想认识和业务能力，绵阳专署采取了一系列行之有效的措施。

1950年3月21日，绵阳专署首次组织中学教师进行集中学习，同年8月24日至9月7日，绵阳专区举办了首届中学教师暑期讲习会。此后，绵阳各地利用寒暑假相继开办短训班，组织教师学习毛主席的文章和新文化教育政策。与此同时，绵阳专署还通过批评和自我批评等方式，对教师进行思想改造。为了进一步提高中小学教师的政治觉悟，绵阳地委指示各级党委配合党的中心任务，定期对教师进行时事政策教育，有计划地抽调教师去农村参观或参加土改、宣传抗美援朝等。此外，绵阳地委还采取在职学习和集中脱产学习相结合的方式对教师进行思想改造，要求教师摆脱思想上和工作上的混乱状态。此后，专署文教科又做出决定，将文化业务水平低的小学教师分期分批保送到师范学校进修。1956年1月，绵阳专区成立了第一个函授部——绵阳师范函授部，教师培训有了固定的机构；同年9月，建立了绵阳专区高等学校函授辅导站，高师函授工作正式启动。

在对教师进行思想改造和业务培训的同时，教师的地位和待遇也得到了更高程度的重视。为提高教师的政治地位，1953年2月，四川省首次在教师中公开发展党员，此后，教师党员队伍迅速壮大。另外，为切实提高教师的福利待遇，20世纪50年代初，中小学教师的任用开始实行分配制，教师纳入国家干部人事编制；1953年，教职工开始享受公费医疗制度；1954年，绵阳专区根据中央、省政府规定，对中小学教职员的工资进行了换算调整，统一了计算标准，教师工资普遍增长了6％左右；1956年，工资制改为货币工资制后，教师工资又一次大幅度提高。

（五）加快党管教育的步伐

新中国成立后，党和国家十分重视对教育工作的领导，专署文教局专门建立了党管理教育工作组。1950年1月，绵阳专署设立教育科，管理全区教育文化工作；1953年4月，专署教育科改为专署文教科。同时，绵阳地委明确领导分工，设立综合职能部门，代表党委对教育、卫生、体育实行全面的领导和管理。1950年6月，绵阳地委决定在中学生中发展团员，并为中等学校配备政治辅导员。1952年春，针对中等学校领导层薄弱的情况，地委从党政机关、土改工作团抽调一批具有大专文化且工作

第一章

新中国成立后绵阳地方青少年教育的沿革（1949—1976）

优秀的党团员干部去中学和师范学校担任领导职务，初步建立起了党管教育的体制。1953 年 2 月，绵阳地委指示各地在中学教师中发展中共党员，建立共产党的基层组织。1954 年 1 月 25 日，为进一步加强学校德育工作，地委宣传部要求各县宣传部加强对文教科和小教联的领导，把加强小教工作列为自己的工作议程之一，要关心小学教师的政治待遇和生活福利，要注意发现和培养教师中的积极分子，把政治意识和业务能力较强的教师有计划地提拔到各校的领导岗位上来。

三、新中国成立初期绵阳地方青少年教育初现生机

（一）基础教育快速发展

随着"减租退押"和"土改运动"的推进，农村经济明显好转，农民送子女读书的愿望日益强烈，为满足广大人民群众的需求，各县人民政府首先在人口数量多但教育资源缺乏的村子利用祠堂和庙宇设立乡村小学；此外，为进一步适应教育发展的需要，各县还按照专署的要求，将四班以上初小改为完小。1954 年，绵阳地委和专署决定，一方面，继续发展初小；另一方面，适当控制高小和中学的招生规模，并首次提出无法升学的高小毕业生和初中毕业生直接就业的方案。同年 6 月 24 日，地委又召开会议研究和解决中小学毕业生从事生产劳动和学习等问题，并决定成立专门的委员会指导这一工作的开展。1956 年，中央提出"加速发展、提高质量、全面规划、加强领导"的方针，根据这一方针和本地实际，绵阳地委和行署提出了全区 7 年内分期分批普及小学的计划，要求各县大力发展民办教育。

（二）成人教育曲折推进

在普通教育得到恢复，发展一片向好的同时，成人教育也从无到有、欣欣向荣。随着农村"四大运动"的开展和城市民主改革的深入，广大工农迫切希望在文化上实现翻身，中共绵阳地委顺应时代潮流，适时组织了以扫盲为中心的成人教育。绵阳的扫盲运动最早兴起于 1950 年，最初是由小学教师配合农会、居委会组织开办识字班和夜课班；后来，地委又把"城乡扫除文盲"和"成人教育"列入议事日程，是年下半年，开始对工人和机关干部进行文化教育。1953 年春，绵阳再次开展以扫盲为中心的成人教育，组织扫盲

工作队选择条件较好的农村进行速成识字法扫盲。但由于过分强调速成识字，忽视了原来的冬学与识字班，因此速成识字法在农村的推广遇到障碍，农村扫盲也随之停止了。1954年各地相继成立了扫盲办公室，结束了此前农村扫盲一直无专门机构管理的状态。同年11月，绵阳专署又提出了"结合农业互助合作运动在生产发展的基础上积极地、有计划地扫除农民中的文盲"的方针，此后，农村中的扫盲工作又逐步恢复起来。

（三）发展的成就与问题

新中国成立初期，绵阳地方青少年教育发展所取得的成就，一是完成了对私塾、私立学校等旧学校的接管，结束了几千年的私塾历史；二是在对私塾教师进行改造的同时，吸收了大量社会青年从教，建立起了一支基本适应当时教育发展的师资队伍；三是教育服务方向发生了根本性变革，学校师生积极参与社会革命活动，改变了过去"关门办学、关门读书"的局面；四是通过借鉴苏联教育发展的成功经验，初步建立起了适合教育发展的管理机制。但同时也应该看到，在此期间，由于经验不足等多方面的原因，也出现了机械模仿和照搬苏联教育经验等问题。

第二节　曲折探索时期的绵阳地方青少年教育

1956年9月召开的中共八大，总结了第一个五年计划的重要经验，分析了我国社会主义改造基本完成后的主要形势，做出了把党和国家的工作重点转移到社会主义建设上来的重大决策，为党的建设和社会主义事业的发展指明了方向。党的八大是我国教育发展的一个良好开端，我国教育事业由此也进入了一个新的发展时期，但由于社会主义建设经验不足和指导思想冒进等原因，不久，盲目冒进的"大跃进"运动很快就席卷了神州大地。

一、社会主义青少年教育在曲折中前进

（一）教育事业的良好开端

1957年2月，毛泽东在《关于正确处理人民内部矛盾的问题》中明确

指出："我们的教育方针，应该使受教育者在德育、智育、体育几方面都得到发展，成为有社会主义觉悟的有文化的劳动者。"[①] 这一方针指明了教育要培养什么样的人，明确了学校的办学方向，带来了教育观念的深刻变革。1958年3月至4月，中央先后召开教育行政会议和教育工作会议，会议指出必须贯彻"教育为无产阶级政治服务、教育与生产劳动相结合"的工作方针，提出了"德、智、体"全面发展的培养目标。同一时期，绵阳地委召开全区中等学校教师代表会，研究和讨论了关于学校加强政治思想工作和劳动教育的问题；此后，《中国青年报》《人民日报》相继发表社论，提倡学生勤工俭学，绵阳地区积极响应号召，在学校大张旗鼓地开展宣传；随后，各地区学校认真贯彻"使受教育者在德育、智育、体育几个方面都得到全面发展"的方针，严格按照"教育必须为无产阶级政治服务，必须与生产劳动相结合"的要求，紧紧围绕培养目标、体制学制、思想政治教育等方面进行了一系列积极有益的改革和探索，推进了绵阳教育的改革。

1958年，刘少奇提出教育改革要实行两种劳动制度和两种教育制度，一种是全日制学校教育制度和全日制劳动制度，另一种是半工半读的学校教育制度和半工半读的劳动制度。在刘少奇等国家领导人的大力倡导下，1958年，绵阳地区试办了大量半工半读学校。在旧中国几千年的历史中，劳动和技术一直处于被排斥、被轻视的地位，但是在1957年以来的大变革中，职业教育进入了神圣的学校殿堂，这在教育观念上无疑是一场革命。

（二）教育事业的挫折困难

1958年9月，中共中央、国务院发布《关于教育工作的指示》，其中这样规定：在所有学校中，必须把生产劳动列为学校的正式课程，今后学校的办学方向，是学校办工厂和农场，工厂和合作社办学校。根据中共中央和国务院发布的《关于教育工作的指示》，为了积极响应全国"三面红旗"的号召，1958—1960年，绵阳地区广泛开展了以勤工助学、开门办学、生产劳动与教育相结合为主要内容的教育革命，掀起了"普及小学""大办农中""民办高校""扫除文盲"等名目繁多的教育跃进高潮。

首先是"扫盲大跃进"。通过召开誓师会、组织大辩论等形式开

[①] 中共中央文献研究室. 毛泽东文集（第7卷）[M]. 北京：人民出版社，1999：226.

展"扫盲大跃进"。据1958年统计,短短3个月,绵阳市境内有90万人参加扫盲学习,一年时间扫除文盲48万,在不到两个月的时间里,全区出现了2个"无盲县"、7个"无盲区"和47个"无盲乡",但不久后,参加学习的大部分人很快又变成了文盲。

其次是"普通教育跃进"。这一时期,"左"倾思想蔓延到社会的方方面面,不仅开展了声势浩大的扫盲运动,而且全区各地对学前教育和普通教育也提出了不切实际的要求,在急于求成的思想的指导下,脱离现实状况,大办各类学校,仅1958年下半年这短短几个月,普及教育就出现跃进高潮。这些教育跃进,由于仓促上阵,师资设备均无准备,产生了很多难以解决的问题,如幼儿园一无玩具、二无教具,保教人员仅能看管孩子,不能进行真正的学前教育;小学校舍缺乏,不能满足需求,学生不得不挤占农舍;初中教学设备质量差,数量少,导致部分学生直到毕业都未做过理化实验。

最后是"职业教育大跃进"。在"扫盲大跃进""普通教育跃进"的影响下,开始出现了脱离实际、不顾现实情况、凭主观臆断大力发展职业教育的现象。职业中学是适应工农业生产的发展和中等教育结构的改变而产生的一种新型学校,1958年3月,教育部召开第四次全国教育行政会议,此后,绵阳各县的农业中学很快发展起来。据统计,1958年3月,全县仅有4所农业中学,6月就发展到了39所,平均每个公社1所,但由于在实际操作中存在许多无法解决的问题,所以当年夏秋时期部分学校就自动停办。

"普通教育跃进""扫盲大跃进"以及"职业教育大跃进"都具有相似之处,都是违背客观规律的行为,但又是在当时客观形势下难以避免的行为。

(三)教育事业的重大调整

1958年,教育"大跃进"盲目追求高速度、高指标,导致教育与国民经济发展不适应,教育质量严重下降,加之1959—1961年我国国民经济严重困难,教育发展举步维艰。为了纠正工作错误,1960年11月24日至12月12日,中央文教小组召开全国文教工作会议,会后,中央文教小组向中共中央提出了《关于1961年和今后一个时期文化教育工作安排的报告》,至此，正式拉开了教育大调整的序幕。从 1960 年冬起，中共中央决定对国民经济实行"调整、巩固、充实、提高"的方针，以"八字"方针的提出为标志，国家进入调整时期。后来，党中央为了进一步纠正教育工作中的"左"倾错误，相继制定了"高校六十条""中学五十条"和"小学四十条"，使各项教育工作逐渐走上正轨，教育事业一度出现繁荣局面。

1960 年下半年，绵阳地方青少年教育事业开始进行大幅度调整。首先表现在停办了全部公办幼儿园和绝大部分城市民办幼儿园，压缩中小学年满 16 岁超龄生的数量；其次，1961 年 1 月，绵阳地委决定部分中等学校停课一年，支援农业生产；此外，全区还停办了全部农业中学和绝大部分民办中小学。中小学教育的起伏也直接影响了中等教育和师范教育，1961 年，各县初等师范和普通师范也相继停办，中等专业学校的发展历程也与师范大致类似。经过三年的调整、精简，各级各类学校作了统一的调整和安排，学校的规模、布局、专业、科类比例等更加合理。自此之后，随着国民经济的逐步好转，我国的教育事业重新走上了稳定而有计划的发展轨道。

1963 年 3 月 23 日，中共中央发出《全日制小学暂行工作条例（草案）》和《全日制中学暂行工作条例（草案）》，明确规定了社会主义的教育方针、中小学教育的任务和培养目标等。随后，绵阳地委认真贯彻中央精神，决定恢复农村停办的公办中学和一部分民办中小学，同时动员工厂、企业办学。此后，随着农业生产的逐步恢复，绵阳地区的民办初中也逐步恢复。后来，中共中央宣传部又发出《关于调整初级中学和加强工业技术教育的初步意见》，进一步促进了农业中学的恢复。与中小学的恢复速度相比，农村成人教育的恢复则相对缓慢，直到 1962 年冬，才有少数地方开展办记工识字班，到 1964 年冬，参加学习的也只有 2.1 万人，1965 年才恢复到 1954 年的规模，达到了 14.8 万人。

二、政治运动对青少年教育战线的影响

（一）"整风反右"运动

1957 年 4 月 27 日，中共中央发出《关于整风运动的指示》，要求在全党上下开展整风学习运动，同年 7 月 4 日和 7 月 22 日，绵阳地委宣传部先后发出召开中等学校教职员座谈会进行整风"反右"的通知及补充通

知，7 月 31 日，又做出全区中等学校教职员帮助党整风与进行反右派斗争的计划。从 8 月 5 日开始，集中全区中等学校教职工，进行了整风"反右"学习。8 月 6 日，绵阳地委副书记赵发达作动员报告，接着通过大字报、有线广播等形式进行鸣放，8 月 26 日进行反右派斗争，大字报办得更活跃。1958 年 1 月，各县开始了小学教师整风运动和反右斗争，同年 2 月 1 日至 3 月 3 日，又在全区村小（含民小）教师中开展了肃反运动，同一时期，还在应届高中和中师毕业生中进行了为期 10 天的鸣放辩论。1958 年 6 月 16 日，绵阳地委宣传部、组织部联合发出高中毕业生进入高等院校必须政审的通知，要求各地公安部门和教育行政部门协助所属高完中、师范学校党支部，对应届毕业生进行政治审查。

在这场整风"反右"运动中，绵阳教育战线的教师积极响应号召，对党的领导方法、领导作风、党的知识分子政策等提出批评和建议，出发点都是好的，但也有极少数人借"大鸣大放""大字报"等形式发表错误言论。

（二）"社教"运动和"五反"运动

1961 年底，绵阳地委宣传部对中小学社会主义教育运动和整风工作做出安排，要求加强形势教育；进行社会主义、集体主义和爱国主义教育；着重进行"反对商品走后门，反对投机倒把"的教育。1962 年放寒假前，对中学师生和小学教师进行了一次以贯彻中央八届十中全会精神为主要内容的社会主义教育运动，教育师生认识国际国内大好形势；认识阶级和阶级斗争的客观存在；坚持社会主义方向，走社会主义道路；鼓足干劲，力争上游，坚决贯彻党的教育方针，提高教育质量。

1964 年 3 月至 4 月，绵阳地委宣传部根据地委的统一部署，在江油、德阳、绵竹等县的 9 所中学中开展了第一批"反对贪污盗窃""反对投机倒把""反对铺张浪费""反对分散主义""反对官僚主义"的"五反"运动。1964 年暑假，对全区各级各类学校教职工进行"五反"和"社教"集训。1965 年 10 月，绵阳地委宣传部在三台召开全区宣传工作会议，做出了 1966—1970 年接收新党员的规划，并指导各县认真做好积极分子的排选审查和培养提高工作。

（三）政治浪潮冲击下的思政工作

1956—1966 年，学校的思想政治工作主要围绕各类政治运动和政治斗争对教师进行思想观念改造，对学生进行思想政治教育，帮助师生树立无产阶级思想，走"又红又专"的道路。

1957 年 11 月，绵阳地委宣传部召开中等学校教师代表会，会议的主要收获是一致认识到学校加强政治思想工作的必要性，认识到"关门办学、关门教书"是错误的。1958 年下学期，地委宣传部选派中学政治教员 41 人去西南师范学院培训。1959 年上学期，在中等学校的政治课教学内容上增加了根据不同学习对象设置的用于加强对马列主义基础知识的学习的内容，有条件的学校可结合讲授一些哲学常识和政治经济学常识，形势任务课以当前党和国家的重大方针政策为主要内容。1963 年 3 月 19 日至 26 日，地委宣传部召开中等学校教育会议，学习了有关反对修正主义和加强党的建设的内容；同年 4 月，集中全区的高完中、初中、中师、民中政治课教师到地委党校进行了一周"反修正主义"的学习。暑假期间，又集中了全区中等学校党员校长进行形势教育和阶级斗争教育。1964 年 6 月，地委宣传部召开了 89 所中等学校的领导和政治课教师参与的会议，这次会议使大家对政治课教学中"理论联系实际""有的放矢"等方针有了进一步的认识。

三、艰难探索时期的绵阳地方青少年教育

1966 年 5 月 16 日，中央发出了《中国共产党中央委员会通知》（以下简称"五一六"通知），以它为开端，"文化大革命"爆发。在"文化大革命"中，教育领域首当其冲，"五一六"通知发出不久，中共绵阳地委相继召开各类会议，传达通知精神，动员干部群众参加"文化大革命"。1966 年 7 月初，地委"文化大革命"办公室发出《关于集中中等学校教职员工开展"文化大革命"的安排意见》，按照地委的安排，全区中等学校教职工及高中、中专、中师高年级学生分两批集中到绵阳进行"文化大革命"。7 月 13 日到 19 日，召集绵阳、三台、江油等 11 个县的 13 所中等学校教职员工进行了集中学习，接着绵阳、江油等 4 个县的小学教师也全部集中到县城进行了专题学习。

1968 年 10 月，为了稳定学校局势，绵阳地革委陆续向全区中小学校派驻工（贫）宣队、军宣队以及毛泽东思想宣传队，促使各类学校全面复课。1968 年 12 月，毛泽东发出知识青年到农村去接受贫下中农再教育的号召。绵阳地、县革委召开大会，落实毛泽东的最新指示，动员知识青年上山下乡，广大知识青年积极响应，掀起知识青年上山下乡热潮。知识青年上山下乡，在艰苦环境中学到了一定的劳动生产技能，锤炼了坚韧的性格，增长了才干，但大批本该在学校的青年学生失去了接受正规教育的宝贵机会，因此，造成了国家科技专业人才的断层。

1969 年 2 月 24 日至 3 月 18 日，四川省革委召开"教育革命"座谈会，提出了一整套新的中小学办学模式。同年 4 月 8 日至 14 日，绵阳地区革命委员会召开"教育革命"座谈会，会议做出组织各类宣传队进驻各类学校，改革小、初、高中学制等决定。1971 年 10 月，绵阳地革委又根据省革委的通知精神，决定将 1970 年前公办中小学民办教师改为正式教师。

1974 年 9 月 13 日，经绵阳地委讨论同意，地委宣传部批转了绵阳地区文教局《关于把中小学批林批孔运动抓紧抓好的请示报告》，要求各地组织学校师生认真学习毛主席的军事思想理论，批判林彪的资产阶级军事路线；要求深入批判"克己复礼"的反动纲领，把批判林彪资产阶级军事路线同批判孔孟之道紧密结合起来，肃清其流毒；要求各县县委宣传部和县文教局一定要加强对中小学"批林批孔"运动的领导。当年 11 月下旬，绵阳地委宣传部召开了中小学"批林批孔"经验交流会议。会议着重交流了以下经验：一是各级党委加强领导，深入批判林彪资产阶级军事路线、批判《三字经》等孔孟之道的经验；二是通过"批林批孔"推动广大师生同工农兵相结合，认真贯彻毛泽东"五七指示"的经验；三是在"批林批孔"中逐步建立和培养马克思主义理论队伍的经验。

四、医治"文化大革命"对绵阳地方青少年教育的创伤

（一）揭露批判"江青反革命集团"

1976 年 10 月 14 日，党中央公布了粉碎"四人帮"这一大快人心的消息，接着，全国上下迅速掀起了揭批"四人帮"罪行的热潮。绵阳地委

宣传部根据上级的安排部署，在全区教育战线广泛开展了狠揭猛批"江青反革命集团"的运动，组织广大教职工学习中央发出的关于"王张江姚反党集团"罪证的材料，揭露批判江青等人篡夺党和国家的最高权力，陷害老一辈无产阶级革命家的罪行和他们的极"左"路线在各方面特别是教育方面造成的危害。短短一个月，绵阳境内的学校、机关、厂矿等单位就召开批判大会 2.75 万次，参加人数达 153.46 万人。

随后，绵阳地区文教局召开了有各县文教局局长和部分中小学负责人参加的中小学教育革命座谈会，会上学习了毛泽东的《论十大关系》和华国锋在第二次全国农业学大寨会议上的讲话，联系教育战线的实际，揭发批判"江青反革命集团"对抗毛主席的阴谋和篡党夺权、破坏教育的罪行，总结了"文化大革命"以来教育革命正反两方面的经验，讨论了继续搞好教育革命的有关问题，制定了办好中小学教育的方案。

（二）及时进行教育领域的拨乱反正

1976 年 10 月，以粉碎"四人帮"为标志，教育领域进入拨乱反正阶段。教育上的拨乱反正，主要是批判"两个估计"的错误论断，并采取一系列措施调整"文化大革命"造成的教育混乱，整顿教育秩序。针对1971 年《全国教育工作会议纪要》中对 17 年教育所作的"两个估计"，邓小平在 1977 年 8 月召开的科学和教育工作者座谈会上指出，17 年的教育主导方面是红线，我国的知识分子绝大多数是自愿地为社会主义服务的。在邓小平指示精神的影响下，同年 11 月全国各地报纸都刊登了教育部大批判组的文章——《教育战线的一场大论战——批判"四人帮"炮制的"两个估计"》，揭露其对教育事业造成的严重危害。同一时期，绵阳地委宣传部、地区文教局还联合召开了全区中小学教师代表座谈会，揭发批判"四人帮"炮制"两个估计"破坏教育革命，迫害广大知识分子和教育系统领导以及坑害广大青少年的滔天罪行。此外，会议还就学校如何开展"一批两整顿"、纠正冤假错案、落实知识分子政策等问题进行了座谈讨论。1979 年 3 月，中共中央转发教育部党组《关于建议中央撤销两个文件的报告》，决定撤销《全国教育工作会议纪要》，彻底否定"两个估计"。

绵阳全区教育战线贯彻全国教育工作会议精神，继续深入揭批"江青反革命集团"炮制的"两个估计"，进一步拨乱反正，肃清"江青反革命集团"的流毒，努力提高教师的政治地位和社会地位，提倡全社会尊师重教，教育工作的重点逐步转移到提高教育质量，多出人才，出好人才上来。为肃清"四人帮"流毒，给受迫害的教师平反昭雪，使之重新走上工作岗位，绵阳地委根据中央和省委部署，进一步加强了对"平反假案、纠正错案、昭雪冤案"工作的领导，大力纠正历史错案，为被迫害的党员干部平反昭雪，为历次运动中屡遭批斗的地主分子、富农分子、反革命分子和坏分子摘帽。与此同时，绵阳地区和各县文教局也相应成立了落实政策办公室，对历次运动中受到错误处理和不公正对待的教职工逐一落实政策。

1978 年 5 月 23 日，绵阳地委发出《在全区中小学和师范学校开展"一批两整顿"的安排意见》，并在暑假组织中小学教师进行了学习。同年 12 月 5 日，中共中央发文指示，要求对凡属反对"四人帮"、反对林彪和为邓小平遭受诬陷鸣不平而被判刑的案件（简称"三类案件"），予以彻底平反。随后，绵阳地委根据省委部署召开了动员会，要求各级党委克服"左"的思想影响，彻底平反冤假错案，按照"全错全纠、部分错部分纠、不错不纠"的原则，对 232 件"三类案件"进行了复查平反，为一部分饱受冤屈的知识分子摘掉了"帽子"。

五、曲折探索时期绵阳地方青少年教育的成绩和不足

十年建设时期，教育事业成绩突出，绵阳地区提出了"德智体全面发展"的培养目标，端正了办学方向，贯彻了"教育为无产阶级政治服务、教育与生产劳动相结合"的工作方针，积极倡导教育要实行"两条腿走路"，教育观念的转变，带来了教学内容的深刻变革，促进了教育事业健康发展。但是同时必须看到，在教育事业发展过程中也出现了一些严重失误，严重阻碍了教育发展进程。

十年"文化大革命"期间，党、国家和人民遭到了新中国成立以来最为严重的损失和破坏，同样，绵阳地方青少年教育事业也未能幸免，此起彼伏的各类运动使得绵阳地方青少年教育陷入了深重的危机之中。

第二章　改革开放初期的绵阳地方
青少年教育（1976—1992）

　　1978 年 4 月，全国教育工作会议提出："要提高教学质量，加强学校革命秩序和革命纪律，整顿教育教学秩序，建立健全各项规章制度。"[①] 至此，教学工作的中心地位得以恢复。1978 年 12 月，党的十一届三中全会召开，全党工作重点转移到以经济建设为中心的社会主义现代化建设上来，开辟了改革开放和社会主义现代化建设的新时期。伴随着国家工作重心的转移，教育的基础性、关键性地位也逐渐凸显，在邓小平理论的正确指导下，为适应我国改革开放和社会主义现代化建设的需要，党和国家提出了一系列新的教育方针和政策，自此以后，我国的教育事业旧貌换新颜，呈现出一派生机勃勃的景象。改革开放的时代浪潮为绵阳地方青少年教育事业的发展提供了难得的历史机遇，为贯彻中央指示精神，绵阳地区各级党政组织采取了各种措施。

　　在此后的十多年间，绵阳市的各级教育部门不仅健全了管理机构，加强了党对教育事业的领导，而且还以批判"两个估计"为突破口，平反冤假错案，落实知识分子政策，极大地调动了广大教职员工的积极性。与此同时，绵阳境内各地以普及九年义务教育为目标，加大投入，加快发展，使教育工作进入了一个迅速发展的春天，不仅普及了初等教育、加大了扫除青壮年文盲的力度，职业教育、成人教育也得到迅猛发展，高等教育达到一定的规模，初步建立起了协调发展的教育发展机制。此外，绵阳市还通过贯彻落实《中共中央关于教育体制改革的决定》，落实教育的战略地

---

　　① 新华社. 经华主席、党中央批准，全国教育工作会议在京隆重开幕，邓小平、李先念副主席等党和国家领导人出席，邓副主席作重要讲话 [N]. 人民日报，1978-04-23 (1).

位，在全社会形成尊师重教的社会风气。通过以上措施，绵阳地区的教育秩序逐步恢复正常，教育制度不断得到完善。

第一节　绵阳地方青少年教育改革的一般措施

一、调整教育的布局结构

"文化大革命"后期，绵阳地区中小学教育盲目发展，造成教育虚肿，到 1975 年时，在校生人数比 1970 年翻了一番，达到了 74.5 万，入学率稳定在 90％以上。然而盲目发展造成了教学质量难以保障，初中、高中班办得太多太滥等突出问题。随着绵阳农村和城市改革的逐步深入，商品经济逐步形成和发展，生产力不断得到解放，人民的生活水平大大提高，人民的思想观念也发生了深刻变化。1979 年，绵阳地委和行署根据十一届三中全会精神，决定对普通教育进行调整，以解决结构失调问题。1983 年 6 月 20 日至 24 日，地委、行署召开全区县（市）长会议，学习中央、省委关于加强和改革农村教育的两个文件及党中央、国务院关于加强教育工作的讲话。地委书记赵文定到会讲话，会议认真讨论了地委、行署《关于加强和改革农村教育的意见（讨论稿）》。7 月 2 日，地委、行署做出《关于加强和改革农村教育的决定》，要求各县按计划分期分批普及小学教育，改革农村中等教育结构，以解决教育内部比例失调的问题。

二、建立科学合理的学制

1978 年 3 月，地革委批转了绵阳地区文教局《关于办好一批中小学的请示报告》，确定了地区首先办好一所师范、两所中学和三所小学，报告还要求各县也应确定一所重点小学并报文教局备案。4 月，经绵阳地委研究，地革委批转绵阳地区文教局《关于学制问题的请示报告》，决定从当年秋季开学起，重点中小学、县镇和区所在地小学初中班，从一年级起过渡为三年制，到 1980 年全区所有初中过渡为三年制。从 1981 年秋开始，各县的两年制高中也分期分批向三年制过渡，5 年后，全部恢复为三年制。至此，中小学学制由"文化大革命"中的 10 年恢复为 12 年，并在

17

中小学重新建立重点学校制度。1980 年 5 月，地委常委会专题讨论教育结构改革；26 日，成立地区中学教育结构改革领导小组，由副专员周昌端任组长，开始对中等学校教育结构进行改革。1981 年 9 月，经四川省教育厅批准，南山中学等 9 所高中学制由二年改为三年，1983 年又有 21 所高中进行了改制，1986 年全区所有高中一律改为三年制。到 1990 年底，绵阳市的普通中小学学制为小学五年制与六年制并存，多数为六年，中学全部实行"三三制"。

三、不断深化教学改革

在粉碎"四人帮"后，全区各学校开展了建立健全规章制度、强化学习纪律、转变学风教风等活动，随着一系列措施的落实，绵阳地区的教学秩序逐步回归正常，常规管理制度逐步规范和完善，教学工作逐步进入有章可循的轨道。1978 年 1 月，教育部颁布《关于办好一批重点中小学试行方案》，要求绵阳各地区、各部门对发展和办好所属重点中小学做出计划部署，以重点学校为榜样，带动本地区学校教育水平的整体提高；同时教育部颁布了《全日制十年中小学教育计划（试行草案）》，规定学制为"五三二"制。1978 年 4 月，地区文教局制发《绵阳地区普通中小学、师范学校规章制度试行草案》；同年，教育部先后颁发了在 20 世纪 60 年代发布的《全日制中学暂行工作条例（草案）》《全日制小学暂行工作案例（草案）》《教育部直属高等学校暂行工作案例（草案）》三个条例的基础上修改而成的《全日制中学暂行工作条例（试行草案）》《全日制小学暂行工作条例（试行草案）》和《全国重点高等学校暂行工作条例（试行草案）》，即"中教四十条""小教三十条"和"高教六十条"，旨在整顿和恢复教学秩序。1979 年 8 月，教育部颁发新的《小学生守则（试行草案）》和《中学生守则（试行草案）》。绵阳地区按照三个工作条例和两大守则大力整顿教学秩序，同时按照 1980 年 5 月邓小平为《中国少年报》和《辅导员》杂志题词的"四有"培养目标，即"有理想、有道德、有知识、有体力"（1983 年的中共十二大政治报告中，改为"有理想、有道德、有知识、守纪律"。到 1985 年，正式改为"有理想、有道德、有知识、有纪律"），全面加强学校的各项工作，使教育事业得到了全面发展。各级各类学校结合实际制定了以"六认真"（认真备课、认真讲课、认真批改作业、认真辅导学生、认真实习实验、认真组织考试）为主的一系列常规管理实施细则。1987年，市教育局还按照《中学质量评价表》，对全市中学办学情况进行了一次检查。1988年，又在《中学质量评价表》的基础上制定了《绵阳市普通中学办学水平评价办法》，并被省教委推广到全省，不久后，又相继制定了乡镇教委、小学、幼儿园评价方案，进一步完善了对学校的考核管理制度。1991年12月24日，市教委召开了绵阳市首届中小学教学改革经验成果表彰会，表彰了分别获得四川省中小学教学改革经验成果二等奖和优秀奖的3所学校，以及分别获得绵阳市首届中小学教学改革成果一等奖、二等奖、三等奖和组织奖的12所学校。

四、及时恢复教研工作

20世纪六七十年代，受"文化大革命"的影响，大多数学校被迫停课，地、县教研室附设于地、县文教局或县教师进修学校的工作亦相应停顿。1977—1978年，地区文教局教研室以及各县文教局多次主持召开算术、语文等学科的教学研究会，着重研究如何处理好基础知识与基本技能的关系、如何在教学中做到思想政治教育与传授知识相统一等问题，召开教学研究会的目的在于砸碎铐在教师身上的思想枷锁，让广大教师有勇气、有胆量狠抓教学质量。1978年4月，全国教育工作会议指出，要提高教学质量，整顿教育教学秩序，建立健全各项规章制度，恢复教学工作的中心地位。为贯彻中央指示精神，绵阳地区各级党政采取了各种措施。地、县教研部门，中小学教师以"抓纲"（学习新的教学大纲）、"务本"（专研全国统编教材）为指导思想，夯实基础，培养能力，以开发智力为主题，研究新的教学方法，探索新的课堂结构。三台县的初中语文教学普遍采用了"初读、教读、辅读、自读、复读、练习、评改"的七课型单元导读法，这种"变灌为导"的方法不仅把老师从"讲"中解放出来，而且提高了教学质量。各级教研活动相继开展，除地、县教研室外，地、县、区、乡镇均建立了小学语文、数学和中学各学科联合教研组，初步形成了地（市）、县、区、乡镇（校）四级教研网络，以学科教学基础较好的学校为中心，开展相应的教研活动和业务辅导，以恢复教研工作，全区

（市）教研机构逐步健全，教研网络逐步形成。从 1984 年起，地、县教研室开始开展视导工作，通过每学期对高完中、部分初中和小学进行一至二轮视导，采取随堂听课，查备课本、作业本和各种计划等方式来规范教学过程。1985 年，地区教研室从文教局分出，独立设置，绵阳建市后更名为绵阳市教育研究室，下设中学文科组、中学理科组、小学组，市、县（市、区）教研室的职责主要是对各级各类学校的教研工作进行调控和指导，围绕计划、制度的制定和落实，进行质量检查、评优和成果展览以及区教研工作的评比，按教育部门的教育教学计划实行"三监控"（监控应开齐课程、监控课时计划、监控教学进度），维持正常的教学秩序。市、县（市、区）教研室从教研入手，通过视导、听课、分层次召开各种形式和内容的教研会等方式，对中小学教学工作进行宏观调控和微观指导。20 世纪 80 年代中期，"教为主导，学为主体，练为主线"的教学原则在绵阳市各级中小学教学中广泛采用。此外，各级教育组和教育研究室还大力开展关于上课、备课、考试等问题的研究，要求各级各类学校要重视课堂教学，改进教学方法，加强实验教学，积极开展课外科技活动等实践活动，严格执行教学计划，扎扎实实提高教学质量。另外，1980—1988 年，市、县（市、区）教研室还先后在中小学开展"三个一"（一篇优秀教案、一堂示范课、一篇优秀论文）和优质课竞赛活动；组织高完中、初中、小学部分校长到外地学习考察，交流教改经验。

除统筹谋划外，1978—1992 年，在不同时间段，绵阳市还根据实际情况相继实施了一些措施促进地方教育发展。一是 1977 年恢复高考制度。1977 年教育部恢复了已经停止了 10 年的高考，以统一考试、择优录取的方式选拔优秀的人才进入大学进行深造。当年冬天，全国有 570 多万人报名参加了考试。虽然只录取了不到 30 万人，但是它却成功地点燃了千千万万的人对于学习的渴望与热情。在绵阳地区就有 6 万多人报考大专、11 万多人报考中专，为有史以来考生最多的一次。高等学校恢复按标准录取新生制度，引起社会强烈反响，这不仅能保障高等学校的新生质量，也能促进中小学教学质量的提高，还能形成积极进取的良好社会风气。二是 20 世纪 80 年代中期加强学校后勤保障。绵阳地委宣传部根据上级的要求，牵头组织地区教育工会、团地委等部门，对绵阳师专、绵阳农专、四川建材学院 3 所大专院校的食堂工作进行了检查，通过这次检查，各校领导提高了对搞好学校后勤，特别是食堂工作的认识，加强了后勤队伍的建设，建立健全了各项管理制度，使食堂工作有了明显的改善，服务态度改进，饭菜品种增多，质优价廉。三是 20 世纪 90 年代以来，教育资金投入进一步增加。进入 90 年代，随着经济的发展，全市预算内年度教育经费比 1985 年增加 3.1 倍，学校勤工俭学创产值 1.53 亿元，纯收入 2300 万元，分别是 1985 年的 18 倍和 8 倍，大大弥补了教育经费的不足。增加的教育经费用于改造中小学危房、办教育学院以及对中小学学校领导和教师进行培训，在提高办学质量方面起到了十分重要的作用。

第二节　绵阳地方青少年教育改革的重点工作

一、加强组织领导保障

“文化大革命”时期，一个接一个的政治运动使教育领域受到了严重冲击，“四人帮”把“开门办学”视为“教育革命”，批判“智育第一”和“三个中心（教学、课堂、教师）的理念”，强调“开门办学”，把教学内容和教学重点转到学工、学农、学军和批判资产阶级上来，把路线斗争和参加劳动作为主课，原有的教学大纲、教学计划都被取消，原来的教科书都不使用。粉碎“四人帮”后，绵阳地区革命委员会加强了对教育工作的领导，学校各项规章制度逐步恢复，教学秩序进一步规范，教育开始进入正常的发展轨道。“1977 年 11 月 6 日，中共中央转发教育部党组《关于工宣队问题的请示报告》，批准工宣队撤出学校。”[1] 绵阳地区贯彻中央指示，撤销了各类学校的革命委员会（领导小组）、军宣队、工宣队、贫宣队，实行校长负责制；1978 年，又在中小学撤销红卫兵、红小兵组织，恢复中国少年先锋队和共青团组织。此后，绵阳市通过明确教委党委职责、完善分级管理体制、抓好思想制度建设、推进基层党组织建设、加强

---

① 冯刚，沈壮海. 中华人民共和国学校德育编年史 [M]. 北京：中国人民大学出版社，2010：354.

党的行风建设、提高领导班子业务能力等措施切实加强组织领导保障。

（一）明确教委党委职责

中共绵阳市教委党组，从1954年建立到"文化大革命"，相继经历了文教党组、文卫党组、民政文卫党组等几个阶段，领导范围涵盖文化、教育、卫生等，实际是当时宣传口的大部分工作。"文化大革命"中，教育系统党组织普遍陷于瘫痪状态。1973年7月，建立文教局党委，书记是解放军干部，管理范围仍然含文化、教育两部门工作；1983年10月，绵阳地委将文化、教育单独设局级机构，至此，绵阳地区教育局正式成立；同年11月，建立了绵阳地区教育局党组，开始单一领导教育工作。为了加强对教育工作的领导，改革和完善教育管理体制，1986年4月16日，市委、市政府决定撤销市教育局，建立市教育委员会，使其成为市政府的一个综合部门，除负责学校教育以外，统筹职业技术教育、成人教育等，真正统管全市教育领域。随后，市教委陆续拟订了《绵阳市乡镇教委工作暂行条例》《村校务管理委员会工作意见》《绵阳市教育经费内部审计工作暂行办法》《关于征收教育附加费的暂行规定》《关于征收农村教育经费附加的实施办法》《教育费附加管理使用意见》等6个文件，经市政府审定下达后，完善了三级办学、两级管理的体制，推动了全市中小学教育的快速发展。1990年10月，绵阳市教委党委成立，根据《中共中央关于加强党的建设的通知》精神，中共绵阳市委决定建立市教育局党委，归口管理9个支部（总支）、219名共产党员；同年11月，建立中共绵阳市教委纪律检查委员会。

（二）完善分级管理体制

市委、市政府根据中央和省委关于"基础教育管理权属于地方""实行基础教育由地方负责，分级管理的原则"的精神，将基础教育的管理权下放给地方，建立起市、县、乡分级管理，财政以乡为主的义务教育管理体制，这极大地调动了地方的积极性，促进了基础教育的发展。1985年绵阳建市后，市委市政府对学校的管理进行了调整，南山中学、绵阳中学、绵阳一中收归市教育局直接管理，其余中学、小学由所在地县（区）管理。分级办学、分级管理的新体制，调动了基层的办学积极性，通过集资办学,一部分学校特别是农村学校的面貌焕然一新。1986年,各县区根据各级各类学校实行分级办学、分级管理的试行意见,对全市各级各类学校的管理体制,按照"分级办学,分级管理,责权划分"的原则进行改革。并对学校的管理、事业发展规划、学校干部和教师、教育经费、教学业务等方面的责权作了划分,提出了具体规定:乡镇完小由县、区、乡镇共管,以乡镇为主;基点小学由乡镇直接管理,村小由乡、村共管,以乡为主;小学的年度招生计划指标,由县下达指令性计划,区、乡镇组织实施;小学的设置、变迁、停办及校产的转移,报县审批;乡、村集资修建的学校,产权归乡、村所有;完小的正副校长、教导主任由县任免,提名时,征求区、乡镇意见;教育事业国家拨给经费由县参照现行标准确定包干基数,下达到区。高完中由县直接管理;区以上的单设初中,由县、区共管,以县为主;乡镇属初中,由县、区、乡镇共管,以乡镇为主。高中的年度招生,由市下达指令性计划;初中的招生,由县根据市下达的指导性计划来下达指令性计划,县、乡镇组织实施;学校的设置、变迁、停办,以及校产的转移,高完中报省审批,初中报市审批;区属以上学校干部的选拔、任免、考核、奖惩,按干部管理权限的有关规定执行,乡镇属初中的正副校长、教导主任,由县任免,提名时征求区、乡镇意见。区以上职业中学、农业中学、农民文化技术学校,由县、区共管,以县为主;乡镇属职业中学、农民文化技术学校由县、区、乡镇共管,以乡镇为主;职业学校的设置、变迁、停办以及校产转移,报县审批;学校的干部管理,区以上学校干部的选拔、任免、考核、奖惩,按干部管理权限有关规定执行,乡镇属农民技术学校的正副校长由县任免,提名时征求区、乡镇意见。中师、教师进修学校由县直接管理;中师、中专的招生计划,由市下达指令性计划;学校的设置、变迁、停办以及校产转移,中师、教师进修学校报省审批;学校干部的选拔、任免、考核、奖惩,按干部管理权限的有关规定执行。上述各级各类学校的经费开支标准和收费标准,按省、市、县的规定执行。1988年4月,为完善分级办学、分级管理体制,各县(区)的乡镇建立了教育领导小组和教育委员会,县(区)政府任命了各区教育领导小组和镇、乡教育委员会的领导成员。至此,新的教育管理体制格局基本形成。"分级办学,分级管理"的教育体制的建立,不仅从管理上明确了地方各级政府的责任，而且从中央财政教育投资和地方财政教育投资的分担比例看，地方财政教育投资所占比例也在 85% 以上。此外，由于农村教育附加费的收取（1986 年开始收取，2002 年废止）和集资办学的兴起，加之接受义务教育的适龄人口主要在农村，农民实际成了教育投入的主体。1990 年，绵阳市委、市政府明确了各类学校的领导体制为：大、中专实行党委领导下的校长负责制；中小学（含职业技术学校）、中师实行校长负责制，同时中小学一般实行书记、校长一肩挑的办法，规模大的学校可配专职副书记，负责党务工作。

（三）抓好思想制度建设

为了提高班子成员的思想水平，1991 年 9 月，市教委成立了由党委书记任组长的廉政建设领导小组和马克思主义理论中心学习小组，坚持每季度集中学习三到四天，年初有计划、季度有安排、学前有准备、发言有专题、学后有检查。随后，市教委又建立起了半年一次的领导干部民主生活会、一年一次的民主评议制度、重大问题集体讨论决定制度。1991 年10 月，《中国教育报》专门载文，介绍了绵阳市教委抓党风廉政建设的先进经验。1992 年 5 月，又把创"四好"（学习、团结、勤政、廉洁）纳入了党委班子建设的主要内容，把党风廉政建设作为班子建设的中心课题，相继出台了《关于端正党风改进机关工作作风有关问题的具体规定》和《关于进一步加强廉政建设有关问题的通知》，完善了机关财务管理、公文管理等一系列制度，这些都为改进机关工作作风、增强班子成员廉洁行政的自觉性发挥了积极作用。

（四）加强行风建设

加强行风建设是党的建设的一个重要方面，市教委首先从群众关心的热点问题入手加强行风建设。1986 年 5 月，市委宣传部召开了部分学校政工负责人座谈会，就学校如何学好六届人大四次会议文件，做好形势政策教育进行了讨论研究，市委常委、宣传部部长谢能勋要求，各学校要端正办学指导思想，提高认识，把深入进行形势政策教育放在重要位置；学习中要牢牢把握住"改革"这个主题，讲"六五"的巨大成就、"七五"的宏伟蓝图，明确肩负的责任；要求各学校每月至少要向宣传部汇报一次学习情况。此后各学校除了把形势教育列入时事政策课教学外，还采取了生动活泼、丰富多彩的形式，把说理、榜样、熏陶、感染、修养、评比、议论、讲演、对比、访问等多种方法相结合，利用墙报、黑板报、专刊、广播、编演文娱节目、幻灯片等，开展解难答疑，同时组织学生搞社会调查，引导学生到社会大课堂中去寻找生动的解难答疑教材。

（五）推进基层党组织建设

加强基层党组织建设是党的建设的一项重要内容，也是保证党对教育事业领导地位的一项经常性的工作。1990 年 3 月，市教委向各县、市、区转发了绵阳市文教局、财政局制定的《市中区文化单位和学校财务管理十项廉政责任书》；从 1990 年开始，市教委又在基层领导班子中开展了创"四好"活动，并结合学期工作，每年进行两次考评。1990 年 8 月，市教委还建立了德育工作定点联系学校制度，首批确定了 18 所德育定点联系学校，其中，中学 9 所，小学 6 所，幼儿园 2 所，特殊教育学校 1 所。1992 年，根据上级安排，又开展了抓领导班子的学风和作风建设、抓党员的思想教育建设、抓党员队伍管理制度的"三抓"活动，制定了各直属支部（总支）党务工作评价方案，对基层党组织实行量化管理，保证了党的方针政策在学校的贯彻执行。

（六）提高领导层业务能力

为提高教学质量，各级还强化管理，严格考核，从严治校。党的十一届三中全会后，面对"扫盲""普六""普九"及普及实验教学等诸多任务，各级教育机构强化各级各类学校的常规管理，实行局（委）领导及科室定点联系乡镇教育工作制度，开学、期末、年终对学校进行视导、检查、考核，发现问题及时纠正和解决，开学、期末召开全县市、区校长会，布置、总结各项工作，表彰先进，规范完善干部选拔任用制度，建设一支具有高素质的管理队伍。1984 年，地区教育局根据省委组织部、宣传部、教育厅党组《关于做好中小学领导班子调整工作的通知》精神，在现有学校领导班子的配备基础上，要坚持少而精的原则和干部"四化"方针，对全区中小学领导班子进行了调整和补充，对不称职、没能力的校长进行及时撤换。以上措施的实行，使得教育系统领导人员素质能力参差不齐的状况得到显著改善。

二、落实知识分子方针政策

粉碎"四人帮"后，党和政府提倡尊重人才，重视教育，在这样的时代背景下，教师的社会地位也得到迅速提高。1977 年 5 月，针对社会上一度存在的看轻知识、歧视知识分子的偏见，邓小平同志明确指出，实现现代化必须有知识、有人才，"一定要在党内造成一种空气：尊重知识、尊重人才。要反对不尊重知识分子的错误思想"①。为了深入贯彻"尊重知识，尊重人才"的方针，党中央确定了以"政治上一视同仁，工作上放手使用，生活上关心照顾"为主要内容的一系列新时期面向知识分子方针和政策。1979 年，邓小平指出："我国广大的知识分子，包括从旧社会过来的老知识分子的绝大多数，已经成为工人阶级的一部分，正在努力自觉地为社会主义事业服务。"② 邓小平关于我国广大知识分子已经成为工人阶级一部分的重要论断，再次从根本上解决了我国广大知识分子的阶级属性问题，彻底批判了"四人帮"的错误估计，为广大知识分子砸烂精神枷锁、全身心地投入社会主义现代化建设起到了十分重要的作用。在中央的正确领导下，绵阳地区的各级各部门认真落实党的知识分子政策，同时结合本地实际，制定并下发了《关于改进知识分子工作的若干政策规定》的补充规定，以保证知识分子工作有据可依，取得实效。

（一）实行工资改革，提高教师福利待遇

在 1977 年的工资调整中，全市 37.3% 的小学教师和 45.5% 的中学教师都提升了一级工资；1979 年，各地采取"三榜定案"的办法，给 45% 左右的教职工调整了工资，与此同时，各地还开展了特级教师评选活动，获得特级教师称号的教师可获晋升一级工资，享受特级教师津贴（中学 30 元、小学 20 元），教师与国家党政干部一样，享受医疗费、福利费、离退休费、退职费、取暖费、死亡丧葬抚恤费、小伙食单位补贴以及病

---

① 中共中央文献编辑委员会. 邓小平文选（第 2 卷）[M]. 2 版. 北京：人民出版社，1994：41.
② 中共中央文献编辑委员会. 邓小平文选（第 2 卷）[M]. 2 版. 北京：人民出版社，1994：186.

假、分娩假等福利待遇；1981年，全市81.7％的教职工又升了一级以上工资，其中，30.1％的教师升了两级工资。通过这次调资，绵阳市的小学教师工资由人均40.9元提高到47.58元，中学教师由48.66元提高到了57元；在1985年的工资改革中，教师待遇进一步提高，教师的基本工资由基本工资、职务工资、工龄津贴、教龄津贴等几部分组成，外有肉贴、燃料补贴、洗理费、书报费等。通过1985年的工资改革，教师每人每月平均增长工资30元。1987年，国家又对中小学和幼儿园教职工工资进一步做出规定，按工资总额再提高10％；1988年，中小学和幼儿园职称评定结束，随后，又按评定后的职称，对中小学、幼儿园教师工资进行了相应调整，职务工资进入最低档的人数约占30％。此外，绵阳市各地还按照有关政策规定，为一批中老年知识分子再升一级工资，个别教师连升三四级。以上这些措施大大提高了中小学教师的经济待遇。

（二）恢复职称评定，认可教师工作业绩

截至1983年底，在全区干部队伍中有各类专业技术人员61923人，占总数的58.2％；有各类专业技术职称的18223人，其中高级知识分子28人，中级1281人，初级16914人。1987年5月，绵阳市教委发出《关于绵阳市普教系统职称改革工作安排意见》，开始对绵阳市普通教育系统进行第一次职称评定工作，1988年底结束。全市参评单位735个，参评教师23361人，有22317人获得专业职称，占参评总人数的96％，其中评定高级职称的有706人，占参评人数的3％；评定中级职称的有6880人，占30％；评定初级职称的占63％。

（三）稳定教师队伍，切实做好人才管理

1983年，为改变干部队伍的年龄和智力结构，中央提出了干部"四化"（革命化、年轻化、知识化、专业化）的要求，响应国家的号召，绵阳市的一些党政机关争相从学校抽调教师。据统计，从1983年下半年至1984年5月，全区共有279名中小学教师被抽调，其中党员187人。在实施抽调工作的过程中，不少教师要求改行到其他部门工作，特别是山区教师，普遍要求离开山区，这样做客观上削弱了中小学教师队伍的骨干力量，影响教师队伍的稳定。1984年8月，绵阳地委宣传部与地委组织部联合批转了地区教育局党组《关于坚决制止任意抽调中小学教师、干部的紧急报告》，要求各级党委要有清醒的认识，坚决制止这种杀鸡取卵、自毁基础的做法。乱抽调教师的问题基本解决后，又出现了部分教师采取"三不要"（不要户口，不要工资、粮食关系，不要党团组织关系）向外流出的问题。从1984年至1985年5月，原绵阳地区15个县共"三不要"外流118人。为解决教师外流的问题，市委宣传部及时研究对策，与教育行政部门共同做好思想工作，并督促各地积极采取发放书报费、山区补贴、乡村补贴、颁发自学成才奖等措施提高中小学教师的待遇，同时进一步落实知识分子政策，积极解决教师入党、住房、子女就业、医药费报销、夫妻分居等方面的问题。1985年下半年，"三不要"外流风基本刹住。

（四）狠抓师德建设，提高教师思想水平

建立一支合格的教师队伍，业务能力是根本，师德师风是关键。为了加强新时期教师队伍建设，1979年1月，绵阳地区文教局发出《关于加强中小学教师队伍管理工作的意见》，成立了德育工作领导小组，以学校行风建设为重点，狠抓了师德师风建设。根据市上安排，市教委党委结合庆祝建党70周年等活动，先后开展了"没有共产党就没有新中国"学习活动和"教书育人、管理育人、服务育人"教育活动，大力弘扬师德师风。1990—1991年，市教委相继组织了两届中小学教师、中师、幼儿园教师参加的"园丁杯"演讲活动，并推荐活动的优胜者参加四川省"园丁杯"教师演讲比赛。一系列活动的开展，有效地增强了教师甘于奉献、教书育人的自觉性，促进了学风校风、师德师风的转变。

（五）提高教师地位，保障教师权益

1983年，经过各级党委的努力，全区共发展了3221名知识分子党员，占新发展党员数的21.4%，选拔中青年优秀知识分子进入县、区级以上领导班子1194人。其中，进入县级领导班子236人，占县级干部总数的30%；非党员知识分子77人，占同级知识分子领导干部的32%。1984年，被提拔到各级领导部门任职的知识分子共2061人。其中，进入县级领导班子的有229人，进入区级领导班子的有1037人，在政协和各类协会任职的有 795 人，为中高级知识分子 290 户解决了住房困难问题，解决夫妻两地分居 1071 人。1984 年开始解决中教四级以上教师农村家属的"农转非"问题，1985 年又解决中教五级以上、小教三级以上教师农村家属的"农转非"问题。到 1978 年，全市共解决 589 户，1724 人由农业人口转为非农业人口。

（六）联合多方发力，提高教师业务能力

平反冤假错案、切实落实知识分子政策等一系列工作彻底砸碎了教师身上的枷锁，他们的工作积极性空前高涨。然而，由于十年"文化大革命"的破坏和影响，教师的合格率大幅度下降。据统计，1978 年，在公办小学教师中，中师（高中）毕业以上文化的仅占 61.5%，民办教师的学历达标比例更低，1979 年，初中教师专科以上学历的仅占 9.5%。

1979 年 1 月，绵阳地区文教局发出《关于加强中小学教师队伍管理工作的意见》，提出要加强中小学教师队伍建设，提高教师的业务素质。1978—1983 年，全区还分期分批对 4000 多名中小学领导进行了培训；1983 年 10 月 20 日，地区文教局成立了中小学教师教材考试领导小组，开始开展中小学教师教材考试工作。为了提高教师文化合格率，各县首先恢复了教师进修学校，开展了中师、师专、高师函授教育；1985 年，绵阳建市后，绵阳市人民政府又决定建立绵阳市中学师资培训中心（后改名绵阳地方青少年教育学院，现合并到绵阳师范学院），负责初中师资培训提高工作。1990 年，为提高广大教师的综合素质，市教委制定了《绵阳市八五期间师资培训规划》，后又相继举办了"绵阳市改革、创新自制教具成果展览""教育理论研讨班""校长培训班"等，制定了《绵阳市八五期间师资培训规划》，在对中小学教师进行学历培训的同时，对学历已经达标的教师，市教育局又不失时机地提出了继续教育问题，仅 1992 年，就有 2.5 万人次参加了培训。

教师素质的提高有力地推进了全市教育教学质量的提高，在 1990 年的高考中，市境内报考人数为 10043 人，比 1989 年增加了一倍以上。其中，达到省定专科线以上的考生有 803 人，达到绵阳师专线以上的考生人数为 1582 人，共向大学、中专输送新生 4003 人。"参加当年高教自考的考生也比 1989 年增长了 33.2%，达到了 34503 人。报考科次也增加到了

45148 人科次，创历史最高纪录，并有 3997 人获得单科合格证书，有 200 多人获得大专毕业证书，使市内高教自考毕业生总数达到了 2000 人以上。"①

（七）设立中国教师节，发扬中华民族优良传统

为切实提高教师地位，1985 年 1 月 21 日，第六届全国人大常委会第九次会议确定每年 9 月 10 日为中国教师节。1985 年 9 月 10 日，在第一个教师节来到时，市委决定庆祝新中国成立后第一个教师节，各县都举行了庆祝教师节活动。在教师节期间，全市有 30 名教师获得了省劳动模范光荣称号，提升一级工资，并有 271 名市级优秀教师和 20 多个单位获得了表彰。在 1986 年的第二个教师节时，李兴猷等三名教师还获得了国家教委、全国教育工会授予的全国教育系统先进个人称号，享受部级劳动模范待遇。至此之后，每年的教师节，各级党委政府都会举办形式各异的庆祝活动，切实为教师办好事、办实事，评选优秀教育工作者，给成绩显著的教师授予荣誉称号，并给予相应的生活待遇，"尊师重教"蔚然成风，教师的社会地位得到了显著提高，教师队伍的主动性和创造性得到充分发挥，促进了教育事业的发展。1985 年 5 月，绵阳市第一届人民代表大会召开，45 名教育界代表出席了会议，刘芳卿（农专）、邹致远（建院）等 4 人还被选为委员。在绵阳市第一届政协中，教育界 34 人被选为委员，其中有常委两人。在全市第一届党代会召开时，有教育界代表 18 人，占代表总数的 5％。其中，市教委副主任杨廷烈被选为委员。

三、同步推进青少年思政教育和德育工作

（一）加强思政教育

20 世纪 70 年代后期，学校思想教育的主要内容是学习有关揭发批判"江青反革命集团"的文章、材料，划清路线是非。党的十一届三中全会以后，学校德育工作提出坚持四项基本原则、培养"四有"（有理想、有道德、有文化、有纪律）新人的目标，学校德育工作得以恢复和强化。

---

① 绵阳市高教自考委员会办公室. 教育添新花　自考结硕果——绵阳市高教自考五周年表彰会议专辑（内部资料）[Z]. 绵阳：绵阳市高教自考委员会办公室，1990.

1981 年，党中央提出新时期学校思想政治教育的基本内容是：坚持四项基本原则的教育，加强共产主义道德教育，坚持马列主义、毛泽东思想的基本理论教育，重视劳动教育。1984 年，恢复了绵阳地委宣传部管理学校的职能，接着，在全区教育系统进行了清除精神污染的教育，其中，宣传部直接负责绵阳 3 所高校和部分中专校的清理和教育工作。各学校都将这项工作作为学校思想政治工作的重要任务来抓，建立了开展清理工作和教育工作的骨干队伍，通过学文件提高认识，查表现，论危害，切实搞好思想教育；同时，按照规定，搞好清理和查禁收缴工作。据 9 个县（市）的不完全统计，共收缴黄色手抄本 1175 件，黄色书画、照片 302 件，检查录音带 8060 盒，其中有港台黄色歌曲的 948 盒，海外文艺录像带 98盘。1985 年，在全市学校中开展了"四有"教育和共产主义理想教育，以邓小平《有理想，有道德，有文化，有纪律》和陈云在《全国党风工作经验交流会上的讲话》为主要教材，结合学习《中共中央关于教育体制改革的决定》，学习先进人物的事迹，要求教师带头学"四有"、讲"四有"、行"四有"。1986—1990 年，学校思想教育主要围绕形势政策教育进行。1986 年 5 月，市委宣传部召开了部分学校政工负责人座谈会，就学校如何学好六届人大四次会议文件，做好形势政策教育进行了讨论研究，市委常委、宣传部部长谢能勋对形势政策教育提出了一系列要求。此后，各学校除了把形势教育列入时事政策课教学外，还采取了生动活泼、丰富多彩的形式，与说理、熏陶、感染、评比、议论、讲演、对比、访问等多种方法相结合，利用墙报、黑板报、专刊、广播、文娱节目、幻灯片等开展解难答疑。1988 年下学期，根据省委、市委有关指示，为了消除疑虑，化解不满，稳定情绪，增强信心，市委宣传部决定在学校中再次深入开展改革形势教育。这次教育把握住三个基调：一是对十年改革的巨大成就给予充分的肯定；二是对改革过程中存在的问题做客观公正的分析；三是对改革关键时期的困难和矛盾做好精神准备，坚定改革信心。此外，还有四个要点：一是理直气壮地宣传讲解十年改革的伟大成就；二是正视改革的艰巨性和复杂性；三是要用发展的观点看待改革；四是认识当前面临抑制通货膨胀、全面深化改革的任务，需要闯过价格工资改革这个非闯不可的难关。市委宣传部和市教委联合召开了全市学校形势教育工作会议，对高完中、中专校的形势教育进行了专题讨论，宣传部、纪委、公安局、物价局的领导同志应邀到会开展对话，回答了几十个问题。会后，这些部门的领导还先后到绵阳师专、四川建材学院、南山中学等院校和师生对话，取得了显著成效。1990年的学校思想教育分为三个课题进行：一是以坚定不移地走有中国特色的社会主义道路为主题的政治经济形势教育；二是以纪念鸦片战争150周年为主要内容的爱国主义教育；三是以学雷锋、学赖宁活动为中心的做"四有"新人的教育。其中纪念鸦片战争150周年宣传教育活动的规模、声势最大，市委领导作了电视动员讲话；娱乐场所、重要交通要道悬挂巨幅标语；在新闻舆论部门大力宣传；举办理论研讨会、征文、演讲比赛、知识竞赛等活动。1991年上学期，学校思想教育突出抓三个重点：一是学习党的十三届七中全会精神，二是强化社会主义思想教育和坚持党的领导的教育，三是搞好建党70周年纪念活动。党的十三届四中全会召开后，市委宣传部以传达四中全会精神为中心，结合开展"双清"工作，集中精力，狠抓统一师生思想认识的工作，除配合市教委做好普教系统的工作外，市委宣传部还调整管理各大、中专的思政工作，为各学校提供学习材料12000册。1992年初，围绕苏联解体问题，对大中专学生进行了一次认识当前形势的教育，使学生认识到党的十一届三中全会以来党的路线、方针、政策是正确的；认识到稳定是改革和发展的前提，只要稳定，中国就有希望。1992年上学期，绵阳各类学校在学习党史、党建理论的同时，还认真学习了邓小平南行谈话和建设有中国特色的社会主义的理论论述，下半年重点为学习党的十四大文件。

此外，针对改革开放新形势下学生思想异常活跃、资产阶级自由化思潮愈加泛滥的情况，市委宣传部和各校党组织积极探索新形势下加强和改进学校思想政治工作的新路子，总结学校的实践经验，着重抓了两项工作：一是引导学生从自己家庭生活的改善、家乡的发展变化看党领导的正确性。比如，每学期放假前，市委宣传部都要根据社会形势和学生的思想实际，对假期社会实践内容做出安排；绵阳中学1987年上期开学后，除每天和每周安排活动时间外，还引导学生对寒假社会调查情况进行交流。这些措施有效地拓宽了学生的视野，起到了很好的教育作用，其经验被省委宣传部《学校思想教育文稿》刊用。1987年10月，市委宣传部在绵阳建材学校召开了各中专、直属学校社会调查经验交流会。此后，各校进一步加强了对这一工作的指导，使社会调查活动更有吸引力和教育性。二是抓业余党校建设。1986年春，绵阳市中医学校率先创办了业余党校，经过一年多的实践，业余党校在塑造校风和提高师生思想道德方面起到了良好效果。1987年4月，市委宣传部在绵阳市中医学校召开了有全市大中专、直属学校党委负责人参加的现场经验交流会，市委常委、宣传部部长谢能勖指出，业余党校是很有推广价值的新生事物，是在学生中比较系统地进行党的基本知识教育，提高党的建设质量的重要环节；是提高青年学生道德素质的重要措施；是在学生中培养骨干、壮大骨干队伍、团结广大师生员工、维护安定团结局面、办好学校的一项可行办法。他要求各校根据自己的实际情况，本着"循序渐进、巩固提高、坚持自愿、因校制宜"的原则，积极探索。会议情况及绵阳市中医学校的经验材料印发到了全市重点高完中和师范学校。到1988年3月，仅绵阳城区就有10所大中学校办起了业余党校，参加业余党校学习的师生达3000多人，其中绵阳师范学校业余党校的经验还多次被上级有关部门通报表扬。

（二）重视德育工作

1980—1988年，绵阳市的德育工作开展得有声有色，在全地区（市）学校相继开展了"五讲四美三热爱""学雷锋、创三好"和"文明礼貌月"等活动。1985年，中共中央提出改革学校思想品德和政治理论课程教学方式，对教学内容提出了新要求。全市各级各类学校的政治课按照标准，开设了思想品德课、青少年修养、政治常识、经济常识、辩证唯物主义常识、法律常识等课程。在学校党支部统一领导下，各学校的德育工作将课堂教学与日常思想政治工作相融合，开展了多项符合青少年身心成长特点的活动，这些活动在学生情操培养、个性发展等方面起到了十分重要的作用。1986年，绵阳市中区委宣传部、文教局党组，在全区教师中广泛开展了以"一学两比"（学习先进模范人物的思想和事迹，联系自己的思想实际和工作实际，同英雄模范人物比贡献、比进步）为内容的理想教育和"四有"教育，声势浩大，教育面广，收到了较好的效果。1988年，中共中央发出《关于改革和加强中小学德育工作的通知》，颁发了《中学生守则》和《小学生守则》，全市各级各类学校以课堂教育为主要渠道，以守则要求为重点内容，加强了学生行为规范的养成教育和中华民族传统美德的形成教育，推动了良好班风、优秀校风的形成。同时，各级各类学校建立了由党、团、工会、班主任组成的德育工作领导小组，通过召开家长会、开办家长学校、实地家访等形式，形成学校、社会、家庭相结合的德育教育网络。在1990年到1991年的两年间，市教委根据省市指示，采取分级清理、边清边改的方法，着重治理了社会上广泛关注的"三乱"（即乱收费、乱办班、乱印复习资料），建立了收费许可证制度、集资审批权制度和收费统计制度。1992年11月，市教委转发了省教委《关于减轻小学生过重课业负担的几项规定》，在检查德育规范落实情况的同时，对各学校小学生课业负担情况进行了检查。此外，还联合市工商局、市财政局、市物价局等部门联合印发了《绵阳市社会力量办学管理办法》，规范了社会办学的行为，取消了学校自设的22个收费项目，为学生家长减轻负担近千万元。1991年下学期至1992年上学期，重点学习江泽民同志"七一"讲话和党史、党建理论，市委宣传部以南山中学为试点单位，协助南山中学制订了特点鲜明、针对性强、具有可操作性的学习计划，要求一般教师和高中学生重点学习党史和江泽民同志的"七一"讲话，着眼于增进对党的光辉历史和光荣传统的了解；学校领导干部、党员、政治课教师、政工干部重点学习70年来党的基本经验和党的建设理论，着眼于提高贯彻党的基本路线和教育方针的自觉性，并转发全市高完中、中专学校参照执行。1992年9月11日，市教委转发了省教委《关于减轻小学生过重课业负担的几项规定》，把小学生课业负担纳入了检查内容。

此外，为了切实加强德育工作，市委宣传部在市、县（市、区）教委建立派出机关党委；市教委成立德育处；市教科所成立德育研究室，县、市、区教研室配备专职德育教研员；学校团队干部在政治上与本单位的中层干部同等对待，并给予不低于本单位班主任津贴标准的职务津贴。同时，对市、县党政领导及宣传、教育、文化、公安、新闻、人事、劳动、工商、工、青、妇等有关部门也都明确了责任。这一时期，绵阳各地市委、市政府成立了机构，落实了人员，齐抓共管的德育工作体系基本建立起来，不仅德育内容落实，德育研究加强，而且不少学校还抓出了特色。如三台师范学校结合中师特点学雷锋；江油市组织6万中小学生读《红岩的故事》，深入开展革命传统教育；安县中学开展国防教育和"安中人意识"教育；梓潼城关职高加强党的基本路线教育；梓潼文昌二小将"文明单位"的经验加以推广，市委宣传部都分别进行了通报和介绍。

四、江油市农村青少年教育综合改革试验

（一）试验进程

党的十一届三中全会后，绵阳市教育有了较大发展，但以升学为主的精英教育思想和点多面宽的普及教育结构，使教育脱离农村实际。1985年5月，为顺应农村生产力发展的需要，国家科委决定实施"星火计划"，要求广大科研院所和科技工作者向农民推广科技成果，帮助农民发展农村经济。1987年3月，农牧渔业部和财政部共同制定并组织实施旨在推动农业生产技术综合运用、提高农村经济质量、加强农业经济效益的"丰收计划"。1988年，国家教委正式部署实施旨在推进农村教育改革发展的"燎原计划"，其目的是为"星火计划""丰收计划"的推行培养农技人才，奠定发展基础，进而促进农村经济发展和社会进步。1989年5月，国家教委决定建立全国农村教育综合改革实验区，江油市被列为全国100个农村教育综合改革试验区之一。1989年8月30日，江油市人民政府召开教育工作会议，传达全国农村教育综合改革百县试验区会议精神，讨论全市农村教育综合改革试验工作。为切实贯彻党中央关于"教育必须为社会主义建设服务、社会主义建设必须依靠教育"的方针，全面提高劳动者的素质，迅速改变江油市科技、教育落后，人才短缺问题制约经济发展的现状，江油市成立了由市长梁才华任组长，分管副书记、副市长任副组长，17个农、科、教相关部门主要负责同志为成员的农村教育综合改革试验领导小组，下设办公室，由教委主任、成人教育办公室主任担任正、副主任。各区、镇、乡政府建立相应的机构，加强对农、科、教结合的管理和协调。随后，江油市农村教育综合改革试验工作正式启动。江油市农村教育综合改革试验领导小组办公室协调农、科、教三家，以教委为主体，在调查基础上制定了《关于农村教育综合改革试验方案》。1989年10月26日，江油市委、市政府批转实施。方案的指导思想是：在抓好基础教育的前提下，以职业技术教育为突破口，实行基础教育、职业技术教

育、成人教育"三教统筹"，建立农、科、教三位一体，"星火计划""丰收计划"和"燎原计划"三位一体的运行机制，努力提高劳动者素质，为发展农业、乡镇企业和市属工业作贡献。1991年4月6日，江油市委、市政府根据全国第二次"燎原计划"与农村教育综合改革试验县（市）工作会议精神，结合前阶段农村教育的实际，下发《关于深化农村教育综合改革的试行意见》（以下简称《意见》），要求各级党委、政府、各类学校提高认识，摆正位置，全党动员，全民参与办教育；强调明确目标、突出重点，从开发智力入手，在抓好基础教育的同时，认真抓好成人教育，多渠道、多形式发展职业技术教育，形成"三教统筹"，农、科、教结合，"星火计划""丰收计划"和"燎原计划"三者有机结合的运行机制，建立与江油经济协调发展的教育新体系，全面提高劳动者素质。《意见》提出了具体的工作目标和健全体系，统筹协调；分级管理，分级负责；健全组织，加强领导；设立职业技术教育基金，建立促进农村教育综合改革发展的激励约束机制，加强师资队伍建设等措施。1989—1991年，江油市委先后召开4次常委会、3次市长办公会，专题研究农科教结合中及"燎原计划"实施中的重大问题，制定《农村教育综合改革实验方案》和该实验方案细则等。市综合改革领导小组办公室协调农、科、教三部门，在新安区开展农、科、教结合的试点工作。

（二）试验成效

江油市农村教育综合改革试验领导小组办公室制定了实施"燎原计划""星火计划"和"丰收计划"的试行意见，提出把农技、科技及人才培训有机结合，同时确定专人负责"三个计划"的实施和统一制定"三个计划"项目的实施方案。根据全市经济区域规划确定"燎原计划"示范乡和示范项目：山区以养殖业为主，丘陵地区种植、养殖业并重，城镇和郊区以化工、建材等工业企业为主。两年中，开发了战旗、青莲、彰明、新安、义新、贯山、石岭、马角、三合9个乡镇的蚕桑、水果、水产、畜牧、财金、建筑等定向专业的示范项目。东兴乡的竹纤维开发利用，青莲镇的集约化流水养鱼，龙凤镇的柑橘改良，方水的优质莴笋、猕猴桃种植等就属于"星火计划"与"燎原计划"相结合的示范项目。经过3年努力，"燎原计划"示范乡由1988年的2个扩大到17个，示范项目由2个扩大到 23 个，80%以上的项目取得了一定的经济效益和社会效益，农民纯收入由 1982 年的 117.91 元增加到 1992 年的 558 元。[①] 1991 年，江油市人民政府被四川省人民政府授予"农村教育综合改革一等奖"。1992年，省教委召开会议，表彰了农村教育综合改革实验和"燎原计划"示范工作先进县乡。在这次会议上，江油市获得农村教育综合改革实验县一等奖，获奖金 5000 元，江油市青莲镇获"燎原计划"示范先进乡称号。1994 年 12 月，江油市政府分别荣获国家和省教委授予的"农村教育综合改革先进单位"称号。

第三节　绵阳地方各类青少年教育在改革中全面发展

一、基础教育

"文化大革命"期间，"四人帮"炮制的《全国教育工作座谈会议纪要》对基础教育造成了严重破坏，加之盲目"普及"基础教育，教育领域变得愈加混乱。党的十一届三中全会后，在改革大潮的推动下，教育系统坚持"调整、整顿、改革、提高"的方针，基础教育重新步入健康发展的轨道。

（一）提前完成普及任务

"文化大革命"时期，各乡中心小学校舍大部分被挤占，小学教育普及受到严重影响。为改变这一现象，1979 年 4 月，地区文教局提出了《1979 年普通教育调整意见》，要求各地适当控制中学招生，认真抓好小学的普及工作，使学生进得来、留得住、学得好、读得满。1980 年绵阳地区文教局又提出《迅速恢复和办好中心小学的意见》，将附设在分社（乡）小学或大队小学的初中班集中到乡所在地办乡镇初中或与小学分部管理，将分社（乡）附设的高中班集中到区所在地单设中学，控制中学招生，发展职业教育，给小学"摘帽子"。1981 年，绵阳地区行署向各县市

---

① 中共江油市委党史研究室. 中共江油地方史·教科文卫篇［M］. 绵阳：绵阳市九彩印务公司印刷，2006.

下发通知，要求一定要把普及小学教育当成教育工作的重点来抓，普及初等教育的工作在全区全面展开。到 1982 年，乡中心小学已恢复 85%，这些中心小学在普及初等教育中发挥了骨干作用。1982 年，全省教育工作会议在会议纪要中指出：教育事业的发展本着"在调整中提高，在提高中改革，在改革中发展"的精神，充实加强小学，整顿提高初中，调整改革高中，大力发展职业教育，加强重点，带动一般。绵阳地区继续贯彻上述调整精神。地区文教局 1983 年制定了一套完整的检查制度，包括五表一册、两个移位点名法、验收后再复查三至五年，加快了全区小学教育的普及。控制中学招生、小学"摘帽子"和发展职业高中等措施的实行使得普高在校人数由 1978 年的 3.8 万减少到 1983 年的 1.7 万，初中由 20 万减少到了 15.8 万，基本消除了中等教育的"虚肿"现象。1984 年，经省、地联合验收，三台、绵阳、江油的学龄儿童入学率、巩固率、毕业生合格率、校舍设备以及乡中心小学的示范作用均达到省政府规定要求；1985 年，盐亭、安县、梓潼又验收合格，全市普通中学达到 278 所，较 1982 年增加 90 所，在校学生由 1982 年 164705 人增长到 197197 人。至此，绵阳市大约提前三年完成了四川省人民政府规定的普及任务，成为全省首批普及了初等教育的城市之一。1986 年，为贯彻实施全国人大颁布的《中华人民共和国义务教育法》，市政府制定了《绵阳市九年制义务教育实施方案》，要求各级党委和政府把发展教育、改革体制当作一项迫在眉睫的战略任务，扎扎实实抓好。在调查研究的基础上，对全市不同类型不同地区的"普九"工作制定了相应的实施方案和分期分批普及规划。1988 年，属三类地区的平武、北川也顺利通过省市联合检查验收，实现初等教育普及目标。1989 年，全市有小学 3735 所，学生 473587 人，为 1949 年的 4.6 倍。到 1991 年，全市 55 个乡镇普及了六年义务教育，18 个乡镇普及了九年义务教育，小学初中入学率分别为 99.4% 和 72.7%。

（二）学校设施得到改善

在普及初等教育过程中，绵阳全区（市）还大力改善教学设施。中共中央、国务院《关于普及小学教育若干问题的决定》明确要求"用两三年或稍长一些的时间，做到'校校无危房，班班有教室，学生人人有课桌凳'，以保证教学工作的正常进行"①（简称"一无两有"）。1980 年前，绵阳的各级中小学尤其是农村学校的校舍大多数是土墙和土砖垒砌的土木结构建筑，加上教学设备严重缺乏，图书大量遗失，导致教学工作开展十分困难。为了解决校舍残破，实现普及初等教育的目标，绵阳地区各级政府和教育部门根据"两条腿走路，多渠道集资办学"的方针，多方面筹集资金，积极改善办学条件。譬如，仅江油县在 1980 年至 1984 年 11 月，县教育局就利用全县乡村、群众、厂矿企业集资 795 万元，地方财政拨款196 万元，教育经费调剂（学杂费）156 万元，勤工俭学 17 万元新建、改建和扩建具有砖木结构教室的村小 161 所，中学、乡中心小学 20 所；新建校舍 10.2 万平方米，新修围墙 1.71 万米；维修校舍 2.6 万平方米，围墙 6663 米；新添置课桌凳 1.89 万单人套，办公桌 320 张，体育用具2159 件；维修课桌凳 2.46 万单人套及办公桌、椅、体育用具等，基本做到了"一无两有"，受到省政府的表彰和奖励。1986 年，根据全市大多数地区基本上普及了初等教育的具体情况，绵阳市教育局又提出了《关于进一步加强小学教育工作的意见》，要求各县分期分批办好合格乡中心小学，在实现"一无两有"的基础上，做到"一无十有"，即班班有采光较好的教室、人人有标准课桌凳，有教师宿舍、食堂和公用房，有藏书量达到人均 10 册以上的图书阅览室，有配常规教具、实验器材、橱柜等设备的自然实验室，有必要的体育场地和体育卫生设备，有围墙、厕所和绿化、美化设施，教学实验园地。这一系列具体措施的实施，对于改善全市中小学的办学条件，提升教育教学水平起到了重要作用。与此同时，绵阳还开展了实验室建设和实验教学达标认定工作。1984 年，绵阳地区文教局制定了《绵阳地区 1985—1990 年中小学实验室建设发展规划》，根据"分级办学，分级管理"原则规定：乡镇初中以下各级各类学校，实验用房由各级政府纳入学校建设的总体规划，统筹解决，教育局（教委）适当补助；凡是建成标准化实验室、仪器室、实验准备室的乡镇中小学仪器、仪器柜全部由教委按学校类别配备；其余乡镇中小学，教委按学校类别免费配备

　　① 中国二十世纪通鉴编辑委员会. 中国二十世纪通鉴（第 4 册）[M]. 北京：线装书局，2002：1355—1356.

50％的仪器、仪器柜；区级单设中学以上的各类学校，实验用房、水电安装主要由教委投资，少部分资金学校自筹，仪器和仪器柜均由教委按学校类别配备。1989年，省教委又下发了普及实验教学的检查验收标准，普及实验教学是学校"三配套"（师资配套、校舍配套、设备配套）建设的内容之一，也是基础教育深化改革的需要，是课程和教材改革的需要，是培养学生科学素质的需要，是提高"普九"质量的保证。

二、幼儿教育

"文化大革命"中，幼教工作被诬蔑为"培养修正主义苗子"的教育活动，全区各级机关托儿所、幼儿园等先后被迫关闭，大量农村地区的幼儿园也不得不停办。"文化大革命"后，随着初等教育的发展，幼儿教育也得到了前所未有的重视和发展。

（一）办园的形式多种多样

1979年7月，教育部、卫生部、国家劳动总局、全国总工会和全国妇联联合召开全国幼托工作会议，旨在研究怎样发展和提高幼托、幼儿保育工作。第二年，绵阳地区召开幼托工作会议，提出"两条腿走路"的方针，提倡公办、民办、集体办等多种办园形式，恢复和发展幼托工作。之后，全区幼儿教育发展迅猛，在城镇、厂矿企事业单位大办幼儿园，在人数上逐步与教育行政部门办的幼儿园数量相当。截至1989年，全市有幼儿园278所，在园幼儿55365人，是1980年25360人的两倍多，不仅各县城市原有单设的幼儿园进一步发展和巩固，带动和促进了民办幼儿园的发展和质量的提高，还出现了一大批示范性幼儿园。

（二）私立幼儿园逐步兴起

伴随着国民经济的迅速发展，城镇化进程加快，城市人口的迅猛增加，这极大地增加了对幼儿园的需求，但是教育部所属的幼儿园数量有限，从而造成了幼儿园的供需矛盾，各级政府提出"发动社会力量办幼儿园（班），发展幼儿教育事业"的方针，并给予大力支持。1989年7月，江油幼儿师范学校离休干部杨为秀，在江油市委和社会各界人士的大力帮助和支持下，创办了为秀幼儿园，这是江油市的第一家私立幼儿园，此后，各县教委组织各级各类幼儿园进行登记注册，为符合办学条件标准的幼儿园颁发办园证书，并逐步完善了对私立幼儿园的检查和评比机制。在政府和社会各界的努力下，绵阳市的私立幼儿园如雨后春笋般涌现，基本满足了适龄幼童就近入园的需求，缓解了幼儿入园难的问题。1990年4月，市教委召开了全市幼教干部会议，贯彻省教委《关于办好示范性幼儿园的意见》，进一步为幼儿园的规范性建设指明了方向。

（三）小学开始附设学前班

1981年，四川省教育厅转发教育部《关于发展农村幼儿教育发展的意见》，强调现阶段首先要发展学前一年教育。绵阳市认真贯彻落实意见精神，采取多种措施推动小学附设学前班发展，到1989年全市学前班规模已达365个班，11822人，占每年幼儿园离园人数的50%左右。1991年，针对学前教育的管理和师资方面的问题，市教委下发《关于改进和加强学前班管理的意见》，要求各小学认真做好学前班管理、办班条件的改善和师资培训工作，进一步做好学前教育。对办学条件不足、招生人数较少的学前教育班进行整顿和重组，让多数学前教育班由有条件的小学和示范幼儿园承办，极大地规范了办班行为。到1992年，全市幼儿的学前教育得到了普及。

此外，这一时期，绵阳农村民办幼儿园发展快速。随着农村经济体制改革的深入，民办幼儿园的人数快速增长，到1989年已占全市总数的70%以上，不少农村出现了集资办幼儿园的热潮，如江油武都区城塘乡双堰村村民筹集资金30余万元，共同修建了一所占地2亩多的村级幼儿园，基本满足了本村村民幼儿入园的需求。

三、职业教育

"文化大革命"期间，市内的职业教育全面中断，"文化大革命"后期，部分"五七"中学开始兴办职业班，但是数量少且没有正规的学制、教材，运行极不规范。1980年，国务院批转教育部和国家劳动总局《关于中等教育结构改革的报告》，职业教育再次迎来了发展机遇。同年11月，绵阳地委召开常委会议，专门讨论教育结构改革问题，会上还成立了中等教育结构改革领导小组，由副专员周昌瑞任组长，至此拉开了全区中等教育结构改革的序幕。

（一）办学主体多元，办学层次丰富

1981 年 10 月 30 日，经中共绵阳地委常委研究决定，成立绵阳地区职工教育办公室以进一步加强对职工教育工作的领导。随后，盐亭、梓潼、安县先后办起了 4 个农业高中班，三台等县也在教办普通中学附设职业高中班。从 1983 年开始，地区行署陆续批准部分普通中学改办职业中学。1984 年，中共绵阳地委、行署提出了《关于改革我区教育工作的意见》，提出改革中等教育结构，大力发展职业技术教育，实行开放式、多种形式、多种层次、多种规格办学。该意见指出：改革中等教育结构，发展职业技术教育是党中央、国务院教育改革的重点，要坚持"大力发展大家来办"的方针，坚持政府办学为主体，社会各界共同办学；地县财政局要拨出专款，支持市、县职业中学和厂矿、企事业单位、各类中等专科学校兴办职业教育。出台的这些政策，有效地调动了各地各有关部门大胆发展职业教育的积极性，不少厂矿企事业单位办的中学、技工校都附设了职业班，甚至有的民主党派和社会团体也开办了职业中学。1986 年 10 月 5 日，市委、市政府联合发出《进一步改革我市教育工作的意见》，指出：到 1995 年全市各界中等职业技术学校发展到 136 所，在校学生 44382 人，占高中阶段学生的 68.8%。职业高中由 10 年前的 8 所发展到 94 所学校（点），招生数占普高招生的 1.7 倍。中专、师范学校招生扩大，教学质量、办学水平有很大提高。

（二）学校数量增加，学生规模扩大

到 1985 年，全市中等专业学校发展到了 8 所，开设了工、农、医、财贸等 30 多个专业，在校生 3397 人；技工学校 27 所，设 50 多个专业，在校生 5541 人；职业中学 17 所，在校生 9387 人；加上中等专业学校附设职高班和社会力量开办的职高班，职高学生已经达到了 1.2 万人。1991 年，全市经正式批准的教办职业中学有 17 所，加上普通中学附设的职业高中班，共有学生 9387 人；中等专业学校附设的职业高中班有学生 1200 余人；其他部门办单设职中和附设职高班有学生 1400 多人；社会力量办职业高中班有学生 842 人，总计职业高中有学生 12000 余人。1992 年 2 月，省教委经检查评估，认定了 9 所学校为第二批省级重点职业中学，绵阳市职业中学名列其中。1985 年至 1992 年期间，职业技术教育异军突起，已成为市教育事业的重要组成部分，共培养各类中专职业技术人才 7 万多人，为绵阳的经济发展作出了贡献。

四、成人教育

(一) 扫盲教育逐渐走入正轨

1978 年，绵阳各地区文教局组织力量对农村文化状况进行了详细普查，提出采取把扫盲对象落实到人头，扫盲任务落实到基层的措施，对各村文盲、半文盲逐个造册登记，在弄清家底的基础上制订了扫盲规划，又根据不断产生新文盲的具体情况，采用"一堵、二扫、三提高"的办法，两年扫除文盲 30 多万人。其中，1979—1980 年是扫盲成效最佳的两年，1980—1982 年，市中区、三台、安县、江油、盐亭、梓潼和平武等基本完成了扫盲任务，全市青壮年非文盲率上升到了 83%。据 1983 年统计，全市农民技术学校有 147 所，学员 5.17 万人。但在基本扫除文盲后，全市扫盲工作又有所放松，1986 年扫盲班入学仅 170 人，1988 年国务院颁布《扫盲工作条例》后，又加快了扫盲工作进度，1989 年入学达两万多人。

(二) 兴办职工教育成效显著

职工教育是成人教育的主要部分，20 世纪 70 年代中期，不少大型厂矿、科研单位办起了"七二一"大学。1981 年 10 月 30 日，经绵阳地委常委研究决定，成立了绵阳地区职工教育办公室，进一步加强了对职工教育工作的领导。1982 年，根据中共中央、国务院《关于加强职工教育的决定》，绵阳各地开始组织职工进行文化、技术补课，职工教育进入了由过去扫盲为主变为开办大、中专和各种技术培训学校为主的新的发展时期。在此期间，地委、专署决定成立绵阳地区工农教育委员会，由行署副专员任主任，下设办公室，总揽职工教育工作，大力倡导和组织青年自学，为培养更多的适用人才开辟了途径。据 1984 年统计，全市参加电大、职大、函大、干函院学习的达 7500 多人，参加各类职工中专学习的 1.28 万人，高初中学习的 4.5 万多人，参加高、中、初级技术培训的 5 万多人。到 1985 年，全市累计文化补课合格 3.4 万多人，占应补人数的 73%，技术补课合格 2.6 万人，占应补人数的 76%。职工文化技术教育则以岗位培训为主，仅 1989 年就有 2 万人参加岗位培训，2.3 万人参加技术等级培训，4.5 万人参加适应性培训。此外，这一时期还对职工学校进行调整，1984 年全市有职工学校 148 所，到 1992 年时，职工学校 5 所，中专 7 所，其他职工学校 58 所，形成了一个多层次的职工教育网络。在大力发展职工教育机构的同时，地委和专署还下决心，在第六个五年计划期间，有计划有步骤地对职工进行一次普遍培训，在保证质量的前提下，组织社会力量办学，如各级党校、师专、大型厂矿企业等。市里还先后办起了师培中心、干部函授学院、行政干部管理学院、广播电视大学等，形成了一个多层次的职工教育网络。到 1985 年，全区文化补课合格率达 73%，技术补课合格率达 76%。

（三）成人高校获得一定发展

自 20 世纪 60 年代起，绵阳境内就相继开办了几所成人高等学校，但规模小，开办时间也很短暂。1976 年 4 月，四川省革委在遂宁召开"七二一"大学现场会后，朝阳机械厂以及跃进路上的几家国营工厂都先后办起了"七二一"大学，学习内容主要是政治以及生产或文化基础知识，有的甚至是短训班，学校也时办时停。1978 年，根据中央精神，各地相继对"七二一"大学进行了整顿；1979 年，核工业部第九研究院职工工学院在梓潼城郊建立，开设有机械工程、电子电器、应用物理、计算机等五系二部；1980 年，经电子工业部批准，涪江机器厂"七二一"大学正式改建为职工大学；1982 年，在教育部备案，学校开设机械制造与工业设备、无线电技术两个系。截至 1992 年，涪江机器厂职工大学已有学生 135 人。1979 年 11 月，绵阳市人民政府还建立了电大绵阳地区工作站；1984 年，绵阳市人民政府又建立了四川广播大学绵阳分校（该校于 1985 年 12 月更名为绵阳广播电视大学），开设工科、经济科、文科等 30 个专业，并设有中专部。1985 年 6 月，经省委组织部、宣传部批准，市内又建立了一所成人高校——四川省干部函授院绵阳分院，开设行政管理、经济管理、财会、汉语四个专业；1986年，绵阳市初中师资培训中心成立。至此，绵阳的成人高校发展到5所，开办专业41个，在校学生4895人，初步形成了以工科为主，师范、经济、管理、农业、卫生配套，并有一定地方特色的高教体系。

五、高等教育

绵阳境内的高等教育始于1938年，随着国土沦陷，东北、华北的部分大学纷纷内迁。1938年4月，东北大学由西安内迁到绵阳三台，当时有学生238人，教职工86人。[①] 以此为起点，绵阳境内有了第一所高等学校，在其后的几年间，市内先后建立了三台尊经国学专科学校、川北农工学院。抗战胜利后，随着东北大学迁回原址和川北大学迁往南充，市内高等教育中断。1956年，为了培养中学教师，教育厅在绵阳举办了绵阳初中师资培训班，设文史两科，当年招生1000人。1958年，师资培训班结束不久，建立了绵阳师范专科学校。同年9月，遂宁绵阳两专区合并，遂宁农工学院也随之合并到该校，绵阳师范专科学校改名为绵阳大学。1960年6月，经绵阳地委批准，在原工交技校的基础上建立绵阳工业专科学校。至此，绵阳专区的大专院校发展到两所。1965年，清华大学在绵阳青义镇设立分校，两年后，学校停办，市内高等教育再次中断；次年12月，飞行专科学校（当时名为高级航校第四训练团）落户塘汛乡。绵阳市内高等教育的发展历经曲折，起起落落，但始终没有得到飞跃性的发展。

进入新时期后，随着改革开放不断深入，绵阳经济逐步恢复发展，绵阳党委、政府进一步提高了对发展高等教育重要性的认识，采取了一系列措施促进高等教育的发展。1984年春，绵阳地区行政公署建立了高等教育自学考试领导小组，由邱文德担任组长，与地区大中专招生委员会合署办公；1986年，根据国家教委、劳动人事部的有关文件精神，建立了绵阳市高等教育自学考试工作委员会；1989年8月，撤销了市

① 程丕来. 抗战时期东北大学内迁三台研究［D］. 成都：四川大学，2007：47.

教委招生工作处，建立了绵阳市大中专招生委员会办公室和绵阳市高等教育自学考试工作委员会办公室，两块牌子一套班子，由市教委代管。1984 年发展初期，高教自考仅有 4 个专业，随后相继扩大到了本科、中专，开考专业达 37 个，在籍考生 3.5 万余人。截至 1990 年底，共有 37904 人获一科以上单科结业证书，有 1369 人取得大专毕业文凭。

这一时期，绵阳市内的高等教育不仅数量增长、规模扩大，学校办学水平和科研能力也都得到了显著提高。四川建材工业学校是 1974 年迁建绵阳市郊彭家湾的一所大学；1978 年经国务院批准，更名为建筑材料工业学院，当年招收两个班共 72 人，1979 年 3 月迁到青义镇。经过 18 年的发展，到 1992 年，该校占地近千亩，建筑面积 10 多万平方米，在校学生 2053 人，设有 7 个科研机构，有专兼职科研人员 120 多人，并承担了 180 多项部、省、市级重点研究项目，有 20 多项科研成果获奖。学校设有 6 个系，即非金属矿系、硅酸盐工程系、机械工程系、电气自动化工程系、建筑工程系和工业民用建筑系；两个部，即基础课部、社会科学部，共 12 个专业。绵阳农业专科学校的前身是 1940 年建立的四川省遂宁高级农业职业学校，后几经更名、迁址、合并停办，1978 年经国务院批准正式命名为绵阳农业专科学校。学校占地 289 亩，校舍近 4 万平方米，开设有农学、园艺、应用化学、畜牧兽医、农业经济系与基础课 5 系一部共 15 个专业，在校学生 1145 人，教职工 410 人。截至 1992 年，共为国家培养中专生 5086 人，大专毕业生 2464 人。绵阳师范专科学校是 1978 年 12 月 28 日经国务院批准成立的一所省属高等师范院校，学校占地 220 亩，建筑面积 5 万多平方米，建校初期只有 4 个系，至 1992 年时，已经达到了 10 个系，11 个专业，有学生 2100 人。中国民航飞行学院四分院是一所为民航培养专业飞行员的高等院校，前身是 1966 年组建的中国民航高级航校第四训练团，1980 年 5 月 7 日，接国务院、中央军委通知，改为中国民航飞行专科学校第四分校，列入大专序列，1981 年首次参加全国高等学校招生，1987 年 12 月，经国家教委批准，升格为中国民航飞行学院第四分院。此外，绵阳市另外还建立了涪江机器厂职工大学、核工业部第九研究院职工工学院、绵阳广播电视大学、绵阳市中学师资培训中心和干部函授学院绵阳分院 5 所成人高校。1988 年后，成都各高校又在绵阳设立了医学、电子应用技术、财经、中医 4 处专业点。截至 1992 年，绵阳共有大专院校 9 所，其中，全日制院校有专业 38 个，在校学生 5332 人，教职工 2316 人，教授、副教授 11 人（加上成人大专，在校学生近万人，教职工 3000 人，其中教授、副教授 200 人，讲师 700 人），培养大专毕业生 7800 人，飞行员 1000 多人。

六、特殊教育

为了解决部分生理上有缺陷的学生的入学问题，1987 年 9 月，绵阳市中区和江油分别建立了盲、聋哑学校 1 所，到 1992 年时，已经发展到了 6 个班，有学生 69 人，基本满足了市内残疾儿童接受教育的需要，填补了特殊教育的空白。

第四节　绵阳地方青少年教育改革的成效和不足

一、绵阳地方青少年教育改革的主要成绩

粉碎"四人帮"后的十多年，是国民经济快速发展，社会各项事业欣欣向荣的一个全新的时期，也是教育事业发展史上一个新的里程碑，在这十多年里，绵阳地方青少年教育在学校改革的主要成绩有以下几方面：一是全市调整了学校布局，消除了"虚肿"现象，实现了教育上的拨乱反正。此外，绵阳加强了中等教育结构改革，在控制普高招生的同时多形式、多渠道发展职业教育，使 1976 年仅占高中一年级在校生 8% 的职校学生数量上升到了 47%，改变了"文化大革命"造成的比例失调现象。二是重新贯彻"全面发展"的教育方针，继续坚持"又红又专"的方向。在邓小平提出"教育要面向现代化、面向世界、面向未来"的奋斗目标与方向之后，绵阳市响亮地喊出了"尊重知识、尊重人才""科技兴绵、教育为本"等口号，采取了多种措施来完善学校的考核评价和教学管理，促进了教育教学的全面改革，打破了封闭式的传统模式，提高了教学质量。三是普及了小学教育，实现了几十年来无法实

现的梦想。1985 年以来实行分级办学、分级管理的体制，调动了基层办学的积极性，通过多渠道集资，迅速改变了中小学面貌，经省市验收，到 1988 年，全面完成了省政府提出的普及小学的任务，比预期提前了两三年，成为全省首批普及了初等教育的地市之一。四是加快了扫盲进度。经过 1978 年至 1982 年 5 年的努力，扫除文盲 30 多万人，使青壮年中非文盲的比例上升到了 83.4%，基本上完成了扫盲这一历史任务，并在此基础上发展了职工教育、农民文化教育。五是提高了职工文化素质。20 世纪 50 年代初，全市干部中文盲占 28%，工人中文盲占 85%，到 1989 年，全市 30 万职工中，有大专以上学历的占 8%，有高中、中专学历的占 35%，也就是有接近一半的职工达到了高中以上学历。六是大学教育迅速发展，在校生由 1977 年不足 800 人，增长到近万人，其中一半为成人高校的在校生，加上自考，构成了多形式的高教体系。据统计，新中国成立 40 年来，绵阳市培养了 225 万小学生，85 万初中毕业生，16 万高中毕业生和 5.8 万中等专业学校、职业学校毕业生，1.7 万技工校毕业生，1.5 万各类大专毕业生。教育不仅受经济政治影响，又反过来影响经济社会的发展进步。20 世纪 80 年代绵阳工业的飞速发展、农村科学种田技术的大力推广以及社会的急剧进步与教育事业的发展、劳动者素质的提高紧密相关。正如党的十三大指出：科学的发展、社会的振兴，乃至整个社会的进步，都取决于劳动者素质的提高和大量合格人才的培养。

二、绵阳地方青少年教育改革存在的不足

这一时期，绵阳地方青少年教育事业的发展成就有目共睹，但是同时也必须看到，这一时期绵阳地方青少年教育在发展过程中同样存在着一些不容忽视的问题，主要体现在以下几个方面：一是由于处在社会转型时期，各种社会思潮激烈交锋，争相碰撞，教育领域受到了强烈冲击，同时由于地域间经济发展不平衡，东南沿海等经济发达地区成为吸引外地人才的强大磁场，绵阳市教师的外流情况也十分严重。1985 年 4 月 20 日，地区文教局对市内外流教师情况进行的一次统计表明，仅 1984 年 9 月至 1985 年 3 月，绵阳市外流教师就有 109 名。二是由于

受"读书无用论"的影响，一段时间，学生特别是初中生辍学情况相当严重。据统计，1989年秋至1990年春的这一学期，全市共流失初中生6303人，平均流失比例高达3.9％。其中，市中区为2.2％，三台为4.3％，盐亭为2.2％，梓潼为2.2％，江油为6.1％，安县为6.6％，平武为1.5％，北川为9.3％，市级为3.4％。三是和经济发展水平相比，教育经费增速相对较缓，教学条件改善步子不大。1980年后，教育经费实行预算包干，地区文教局按包干定额将经费一次分配到县，各县根据一定的标准，中学包干到校，小学包干到区，实行分级办学。分级管理之后，农村小学经费由各县财政将指标分到乡财政，按标准支付。1989年，预算内支出增加到7315.7万元，与1980年相比增加了2倍多，是新中国成立以来增长最快的时期。但是在教育事业上升的过程中，用于个人的科研经费增长快，办学经费增长慢，从比例上看，公用事业费实际上有下降趋势，如1983年用于个人经费为73.6％，公用部分为26.4％，而1989年用于个人经费已占79.7％，公用部分降至20.3％。这说明增长的绝大部分已用作教师工资福利，而改善办学条件所需的经费仍然空缺很大。

第三章 确立社会主义市场经济体制时期的绵阳地方青少年教育（1992—2002）

　　1992 年，党的十四大确立了江泽民同志为党的第三代领导核心，确立了邓小平理论在全党的指导地位。江泽民在党的十四大报告中深刻指出："加速科技进步，大力发展教育，充分发挥知识分子的作用"①，"科技进步、经济繁荣和社会发展，从根本上说取决于提高劳动者的素质，培养大批人才。我们必须把教育摆在优先发展的战略地位，努力提高全民族的思想道德和科学文化水平，这是实现我国现代化的根本大计"②。江泽民同志关于教育发展的一系列论述为中国跨世纪的教育改革与发展指明了前进的方向。1993 年 2 月，中共中央、国务院印发的《中国教育改革和发展纲要》完整地阐述了邓小平教育理论和江泽民在党的十四大关于教育改革与发展的重要论断，分析了我国教育面临的形势和任务，明确了要全面贯彻"面向现代化，面向世界，面向未来"的教育方针，提出了要加快教育改革的步伐，到 20 世纪末基本普及九年义务教育和基本扫除青壮年文盲的目标。为进一步发展教育，提高对教育重要性的认识，1995 年党中央又提出科教兴国战略。党中央提出的一系列方针政策和战略布局，对促进教育事业蓬勃发展起到了重要作用。

---

　　① 江泽民. 加快改革开放和现代化建设步伐　夺取有中国特色社会主义事业的更大胜利——在中国共产党第十四次全国代表大会上的报告 [J]. 求实，1992 (11).
　　② 江泽民. 加快改革开放和现代化建设步伐　夺取有中国特色社会主义事业的更大胜利——在中国共产党第十四次全国代表大会上的报告 [J]. 求实，1992 (11).

第一节　绵阳地方青少年教育改革的总体思路

随着改革开放的不断深入和"科教兴绵"战略的实施，绵阳的教育事业迎来了新的历史发展机遇，顺应时代潮流，深化教育改革，已经成为刻不容缓的重要任务。绵阳市委、市政府深入贯彻党的十四大精神，落实党和国家有关教育的法律法规，按照《中国教育改革和发展纲要》，印发了《关于深化教育改革加快教育事业发展的决定》，进一步强调了教育优先发展的战略地位，明确了发展教育的政府责任，提出了绵阳"十五"期间基础教育改革和发展的目标，确立了绵阳义务教育实行分级管理的运行体制，加速了教育体制改革的进程，促进了绵阳地方青少年教育的发展。此后，绵阳市委、市政府在多方面积极推进教育改革，以"军转民科技兴市"试点工程为突破口，加大了"科教兴绵"战略的实施力度。

一、调整青少年教育布局结构

长期以来，绵阳的教育结构都不太合理，特别是职业技术教育方面十分薄弱，严重制约着全市经济和社会的发展。针对这一现状，1992年5月，中共绵阳市委、市政府做出了《关于深化教育改革、大力发展职业技术教育的决定》（以下简称《决定》），要求各级党委政府认真贯彻党的十一届八中全会关于"科技、教育兴农"的战略方针，树立"大经济、大科技、大教育"的观念，继续提高对教育战略地位的认识，把教育纳入经济、科技、社会发展的总体规划，采取有力措施深化教育改革，统筹协调教育发展，努力办好各级各类学校，为经济建设培养多层次、多规格的人才，促进全市社会经济的迅速发展。《决定》的主要内容有以下三个方面：一是积极稳步推进九年制义务教育，切实解决小学生"进得来、留得住、学得好"的问题，完善分级办学、分级管理体制，积极改进教学方法，改革考试制度，提高教育质量和效益，切实保证"八五"期末在全市总人口中，六年义务教育普及率至少达到80%，九年义务教育普及率达到40%以上。二是改革普通高中，要坚持稳定，控制规模，提高质量，走内涵式发展道路，进一步调整布局结构，改善管理体制，突出办学质量和办学效益。三是要大力发展职业教育，努力扩大现有各级各类职业技术学校的办学规模，加强中等职业技术学校的规范化建设，集中力量办好一批起示范作用和骨干作用的学校；要大力发展成人职业技术教育，落实"大家来办"的责任，走"多渠道、多层次、多形式"的办学路子，进一步完善职业技术教育的政策措施，把职业技术教育推向一个新阶段。

二、深化青少年教育体制改革

（一）调整教育管理体制

1985年以来，绵阳基础教育实行地方负责，分级办学、分级管理的体制。1992年3月，国家教委发布的《中华人民共和国义务教育法实施细则》规定了各级政府乃至行政村的教育投入责任。为了深入贯彻《关于深化教育改革加快教育事业发展的决定》精神，绵阳市委、市政府于1994年下发了《关于深化教育改革，大力普及九年义务教育的决定》，就深化教育体制改革提出了明确要求，提到农村基础教育的办学责任主要在县，要进一步完善分级办学、分级管理的体制，明确县、乡两级的责任，县、市、区教育行政部门和乡镇教育办公室代表同级政府管理当地教育工作，行使教育工作统筹权、经费管理权、校长考核聘任权、教育系统人事管理权。这一管理体制的调整，极大地调动了县级人民政府特别是乡镇人民政府的积极性，对全市顺利实现普及九年义务教育起到了决定性的作用。2000年，在绵阳市委下发的《关于深化教育改革，全面推进素质教育的决定》中明确规定，要进一步理顺教育的管理体制：基础教育主要由地方负责，实行分级管理的体制；中小学校和幼儿园一律由县、市、区管理；绵阳城区的义务教育主要由涪城、游仙和高新区管理，高中、中专学校由市管理；大力发展民办教育，实现办学主体多元化。

此后，全市逐步构建起了一个科学有效的分级分类教育管理体制：在行政管理上，市教育局（市教育体育局）负责市直属学校的管理，县、市、区和园区教育行政部门负责辖区学前教育、义务教育、普通高中教育、中等职业教育学校的管理。在业务管理上，市教育局（教育体育局）全面负责全市学前教育、义务教育、普通高中、中等职业教育学校的管理，并配合省教育厅对市属高校进行管理。县、市、区和园区教育行政部门具体负责辖区学前教育、义务教育、普通高中教育、中等职业教育学校的管理。

（二）改革教育人事制度

在全市教育事业单位人事制度改革的第一个阶段，市委、市政府于1994年下发了《关于深化教育改革，大力普及九年义务教育的决定》。该决定明确提出：全市中等及以下各类学校，均实行校长负责制和校长任期目标责任制，要扩大校长的办学权和管理权，增强学校的办学活力。这一阶段改革的主要内容是校长负责制、教职工全员聘任制和结构工资制。首先在全市中小学推行了校长负责制，由校长全面负责、党组织保证监督、教代会民主管理；其次是教职工全员聘任制，由校长代表学校与教师签订聘任合同，实行三至五年任期；最后，分配上实行结构工资制，打破大锅饭和平均主义，将教师收入与其工作量、工作质量、工作效益挂钩，适当拉开收入差距。这一时期，通过改革学校的内部管理体制，建立竞争机制，全市基础教育的质量和社会效益得到了很大提高。

在全市教育事业单位人事制度改革的第二个阶段，根据全国教育工作会议加强教师队伍建设的精神，全市以推行教师聘任制为契机，积极探索教师队伍建设和管理的新路子，主要是推行以用人制度和深化分配制度改革为主要内容的事业单位人事制度改革。1999年涪城区率先在全区范围内全面试行教师聘任制度，随后，游仙、江油、三台等县（市、区）也积极进行了教育人事制度改革试点工作，逐步建立和完善了校长负责制和教职工全员聘任制，逐步实施教师资格证制度，要求教师持证上岗。

在积极探索和建立"教师能进能出、优胜劣汰"的流动机制的同时，各县、市、区和学校还相继建立了以分配制度改革为核心的激励机制，奖优罚劣、奖勤罚懒。特别是2002年以来，积极推行教师聘任制和全员聘用合同制，进一步深化了中小学教育人事制度和分配制度的改革。教师聘任制和全员聘用合同制的主要内容如下：一是改革校长选拔任用办法，面向社会公开招聘中小学校长，坚持中小学校长持证上岗。二是推行教职工全员聘用合同制，建立公平竞争、择优聘用、能进能出、能上能下的用人机制，改革分配办法，建立多劳多得、高质优酬的激励机制，优先聘用师范类本、专科毕业生。三是各地实行了城区教师轮流支教制度，竞争落聘的教师到师资缺乏的边远学校再应聘制度，在条件较差师资缺乏的边远地区，各县、市、区还采用综合配套的特殊政策和措施来稳定教师队伍。这些举措，一方面，有利于解决城区教师相对过剩、边远地区教师缺乏的问题；另一方面，通过流动支教，城区教师把先进的教育思想、教育方法带到乡村学校，促进了乡村学校教学水平的提高。

第二节　绵阳地方青少年教育改革的重点方向

一、加快落实德育工作，创新素质教育模式

1993年12月，市委、市政府印发了《九十年代绵阳儿童发展规划纲要》，随后又相继印发了《绵阳市中小学生礼仪常规（试行）》和《绵阳市中小学生德育手册》，经绵阳市图书工作委员会审查同意，下发到学校。1994年8月31日，中共中央发出《关于进一步加强和改进学校德育工作的若干意见》，意见指出，为进一步深化改革开放，加快社会主义现代化的建设步伐，适应新形势的要求，要加强和改进学校的德育工作，把学校德育工作抓实、抓细。意见发出后，绵阳市委、市政府结合工作实际，进行研究，制定了绵阳地方青少年教育发展的一系列措施，明确了教育改革的重点方向。

（一）加强爱国主义教育，营造良好教育氛围

1994年12月5日，绵阳市委发出《关于贯彻〈爱国主义教育实施纲要〉的意见》，要求各级党委充分认识爱国主义教育的战略意义，切实加强学校爱国主义教育基地、教材、制度建设，保证《爱国主义教育实施纲要》落到实处。1995年5月，中宣部、文化部、国家教委、新

闻出版总署和共青团中央发出《关于向全国中小学推荐百种爱国主义教育图书的通知》；1996年10月10日，党的十四届六中全会上提出，加强爱国主义教育；14日，市委又发出《关于贯彻中共中央〈关于进一步加强和改进学校德育工作的若干意见〉的实施意见》，要求各级党委加强对学校爱国主义、集体主义和社会主义教育的领导。1998年，全省校风示范学校现场会在绵阳召开，全市共创建省级校风示范学校58所，市级校风示范学校238所，打造市级校园文化特色学校149所，建设"三基地一窗口"陈列室16个。绵阳市以这些学校和基地为载体，广泛开展爱国主义教育、社会主义核心价值体系教育和民族团结进步教育，使全市教育战线呈现出崭新的面貌，教育质量得到了显著的提高。

（二）推进素质教育实验，深化教育教学改革

1997年，市教委不仅取消了全市小学毕业会考，要求小学毕业生免试划片就近进入初中学习，而且还下发了《关于改革和加强绵阳市小学教育工作的意见》和《绵阳市小学教育工作评价办法》，对小学生的在校活动时间、作业量、考试、补课以及教师评价作了明确规定。此外，为深化教育教学改革，市教委还联合市纠风办下发了《关于严禁部门和单位向中小学强行征订各种非教学用报刊、书籍、资料的通知》。1998年，绵阳市涪城区、科学城被省教委确定为四川省素质教育实验县，市内其他各级各类学校也积极开展了整体推进素质教育实验，梓潼县文昌一小等14所学校被确定为实验学校，语文、数学、英语三科被确定为实验科目。为总结素质教育实践经验，深化教育教学改革，1998年，市教委组织力量编辑出版了《素质教育研究与实践》一书。与此同时，国家教委开始有计划地对大学生开展文化素质教育试点工作，发出了《关于加强大学生文化素质教育基地的通知》。1999年，又出台了《关于批准建立国家大学生文化素质教育基地的通知》和《关于深化教育改革全面推进素质教育的决定》。此后，绵阳市各级各类学校把德育工作纳入学校常规管理之中，结合精神文明建设和"让学生成才、让家长放心、让社会满意、树文明校风"等活动，努力探索以德育为核心、以创新精神和实践能力为重点的素质教育模式，取得了显著成绩，具体体现在以下几个方面：首先是德育工作的地位得到了进一步落实。各中

小学都建立起了校长负责、党组织监督保证的德育工作制度，通过充分发挥各科教学的德育功能，有计划地开展丰富多彩的活动，营造健康向上的校园文化氛围和良好的育人氛围。其次是德育工作的管理体制和运行机制不断完善。一是全市各级教育行政部门都有领导分管、有机构和专人主抓；二是市教育局每年都要对各县、市、区的德育工作进行目标考核；三是规模较大的学校都设立了政教处或学生处，较小的学校也都有专人分管德育工作，"教书育人、管理育人、服务育人"的德育体系逐步形成。再次是创新中小学德育工作的途径和方法。自 1994 年开始，各学校都以纪念五四运动、庆祝中华人民共和国建立和中国共产党建立、迎接香港澳门回归、庆祝申办奥运成功等重要事件为契机，坚持每年开展一项全市性的爱国主义教育主题活动或组织学生参加四川省统一组织的教育活动，将爱国主义教育、中国近现代史教育和国情教育相结合，既丰富了学生的活动形式，也拓宽了学生的参与面。此外，各学校还以活动为载体，积极探索德育工作的新途径。如，从 1996 年开始，条件较好的中小学都积极开展了争创校风示范校活动；1998 年后，各学校都开展了学先进，争做优秀中小学生活动；而且，一些学校还充分利用爱国主义教育基地、社会实践基地、优秀影视节目、现代教育技术手段等已有的教育资源，进行学生的思想品德教育，增强了学校德育工作的针对性和有效性。

（三）狠抓学生养成教育，提高学生整体素质

这一时期，全市各中小学将"养成教育"作为德育工作的一项基础性工作，把学生的文明礼貌、热爱学习、遵纪守法、热爱劳动、勤俭节约等良好习惯的培养作为校风、学风建设的重要内容，予以落实和加强，这种加强校园文化建设、提高学生整体素质的经验受到了四川省教育厅的充分肯定。2000 年 12 月，中共中央办公厅、国务院办公厅制定了《关于适应新形势进一步加强和改进中小学德育工作的实施意见》；2001 年 10 月，中共中央又颁布了《公民道德建设实施纲要》，为教育系统全面实施素质教育，加强和改进学校思想政治工作，尤其是中小学德育工作，提供了强有力的思想武器和行动指南。

二、强化教师队伍建设，夯实教育教学基础

（一）促进民办教师"民"转"公"

教师队伍建设是提升教育质量和推动实现教育可持续发展的关键，为推进依法治教、维护教师的合法权益、提高教师队伍素质、加强教师队伍的规范化管理，1993 年 10 月 31 日，八届全国人大常委会第四次会议通过了《中华人民共和国教师法》（以下简称《教师法》），对教师队伍的管理、任用、考核等都作了明确规定。《教师法》是新形势下加强教师队伍建设的一部重要法律。民办教师是教育发展的特定阶段下的产物，民办教师的出现，对于缓解农村特别是偏远落后地区师资紧张的状况、发展农村教育起到了积极作用；但是民办教师社会地位低、待遇差，严重地影响了他们的教学积极性。为了解决这一历史遗留问题，调动这部分教师的积极性，党中央、国务院做出了到 20 世纪末基本解决民办教师问题的重大决策。自 20 世纪 70 年代以来，绵阳市就开始了从民办教师队伍中选招优秀公办教师的工作。随着《教师法》的颁布，各地进一步加大了"民转公"的力度。1993 年 12 月，绵阳市从优秀民办教师中选招公办教师 286 人；1994 年又完成了 310 名民办教师转公办教师的工作；1995 年 4 月，完成了 700 名民办教师转为公办教师的审批录用工作。1996 年，市教委按照"关、招、辞、退、转"五字方针，加强了对民办教师队伍的管理，并在规范民办教师档案管理、坚决限制新增民办教师数量的基础上，积极稳妥地开展了 1160 名民办教师转公办的审批录用工作，并举办了民办教师学历培训班，使 980 名民办教师取得了合格证；此外，同年 5 月至 9 月，全市还广泛开展了教师资格制度的学习宣传活动。1996 年 10 月，市政府批准并转发了《市教委关于1996—1998 年统筹解决全市民办教师问题的意见》，全市民办教师转公办教师的步子进一步加快；10 月至 12 月，顺利完成了在职公办、民办教师资格认定过渡的审核审批工作，市、县（市、区）两级教育行政部门为全市 3.8 万多名在职教师颁发了教师资格证书，教师队伍的管理由单一的行政管理转向了法制化管理的轨道。1997 年，继续贯彻"关、招、辞、退、转"五字方针，加强民办教师队伍管理，减少数量、提高

质量，举办民办教师学历培训班培训 1000 多人次，1039 名民办教师被择优招收为公办教师。1998 年，"民"转"公"工作进入尾声，892 名民办教师转为公办，并开始了代课教师清理、清退、整顿工作。1999年市内三台、盐亭等地的最后一批 360 名民办教师转为公办教师，全市民办教师转公办教师工作顺利结束。同年，绵阳市教委人事处、市人事局录用调配处和涪城区教委人事科先后被省教委、省人事厅评为"四川省民办教师工作先进集体"。

（二）加快建设高水平教师队伍

1. 加强中小学教师的学历补偿教育

为提高教师队伍的综合素质，顺利推进"普九"工作，1995 年，绵阳市人事局和绵阳市教委联合发出了《关于加强绵阳市中小学教师学历补偿教育工作的意见》，要求各有关单位和部门明确责任，加强组织管理，在调查摸底的基础上，制订切实可行的教师学历补偿教育规划，使学历不合格的教师尽可能都参加学历补偿教育。此后，各县、市、区都积极采取措施，鼓励未达到大学专科学历的初中教师通过进修高等师范专科函授、自考、卫星电视教育（简称初中教师三沟通），未达到中师学历的小学教师通过进修中等师范专业课堂、函授、补偿培训相结合的办法，提高学历和业务素质。"据统计，1995 年，初中教师参加'三沟通'培训 1963 人，参考率为 95％，及格率达 55％，当年年底，全市小学和初中教师合格率分别达到了 84％和 63.7％，到 1997 年全市初中教师学历补偿教育'大三沟通'自考毕业 1555 人，全市初中教师学历达标率上升到了 81.7％，小学教师学历补偿教育'小三沟通'自考毕业 3110 人，小学教师的学历达标率达到了 96.7％，均超过全省指标。"[①]

2. 稳步推进中小学教师的继续教育

在中小学教师的学历得到有效提高的基础上，1993 年 12 月，按照四川省教委的统一部署，市教育局着手实施了小学教师继续教育登记制

---

① 绵阳市教育委员会. 教师资格制度学习资料汇编（内部资料）[Z]. 绵阳：绵阳教育印刷厂，1996.

度，全市 1.8 万名小学教师参加了继续教育登记制度培训，登记率达90%。按照《中华人民共和国教师法》的有关规定和前期试点的经验，1994 年四川省教委、省人事厅、省职改工作领导小组办公室联合发文，在全省开始实施小学教师继续教育登记制度，并出台了与之配套的《四川省小学教师继续教育登记制度暂行办法》和《四川省小学教师继续教育登记制度暂行办法的实施细则》，对建立和实行继续教育登记制度的管理部门、主管部门、具体实施登记行为的单位、参加继续教育登记的对象、继续教育活动学时量计算标准、登记办法等进行了详细说明。这一制度的建立，对于规范教师业务档案管理、促进教师继续教育工作的科学化和制度化起到了积极作用。

1997 年，绵阳市教委又按照省上的统一要求，实施了初中教师继续教育的登记制度，出台了《绵阳市初中教师继续教育实施意见》（以下简称《意见》），将中学教师培训工作的重点由学历补偿教育转移到了继续教育。《意见》要求各初中每月保证累计安排两天以上时间用于教师进修培训，每年暑假集中 5 至 7 天用于政治业务培训；要求各有关部门坚持分类指导、按需施教、讲求实效、学用结合的办法，积极做好中学教师继续教育工作，力争在"九五"期间，通过有计划、分层次、多形式的继续教育，实施"百千万"规模的培训（即百名学科带头人、千名骨干教师和上万名全体初中教师），以全面更新教师知识结构，强化专业能力，提高教师的教学水平和整体素质。

1999 年，党中央、国务院召开了改革开放以来第三次全国教育工作会议，做出了深化教育改革、全面推进素质教育的决定。为了落实第三次全国教育工作会议的精神，教育部决定实施以提高教师开展素质教育的能力和水平为重点、以提高中小学教师的整体素质为目的的中小学教师继续教育工程。1999 年，市教委和市干教领导小组、市委组织部联合下发《1999—2003 年中小学教师培训计划》，决定对全市 38951 名中小学教师进行一次普遍培训，并规定全市在职在岗的中小学教师，必须按要求接受继续教育，参加以提高政治素质、思想素质、师德修养、教育理论水平、教育教学教研能力为目标的进修和培训和中小学教师职业技能训练。凡在任期内未完成规定累计学时的教师，不予晋升高一级职称，不能参加评优选模；连续三年未完成累计规定学时的教师，一律降一级职务聘任；凡评聘高一级教师职务必须达到规定的相应教师职业技能等级。

此后，全市各县、市、区教育局和相关部门分工协作，逐步建立和完善了市、县、乡、校四级教师培训网络。市对县、市、区统筹规划、部署、指导、检查中小学教师培训工作，具体负责初中校长、教师培训。县、市、区具体负责小学、幼儿园园长、教师培训。其中，县级培训主要由各县、市、区教师进修学校、教研室和教学仪器站负责，进行中小学教师通识性培训、学科性培训、教学研究和技能培训、检测；乡级培训主要由乡镇文化教育办公室、片区文化教育办公室和中学、中心小学组织；校级培训由学校自主开展。市、县、乡、校一起构建起了一个较为完善的教师教育体系。在具体实施过程中，绵阳市坚持"为教师服务、为学校服务、为提高教育质量服务"的宗旨，从管理体制、目标体系、培训渠道、方法途径、措施保障等方面不断探索教师继续教育的新特点新途径，不断丰富和发展国家教委命名并在全国推广的中小学教师继续教育"绵阳模式"，收到了良好效果。

一是"培训、教研、科研"三结合，按需施教、学用一致、讲求实效。市级培训主要依托绵阳地方青少年教育学院，但又不拘泥于教育学院，为了整合利用教师教育资源，绵阳市在培训中先后利用了西南科技大学、绵阳师专以及电大、教科所、电教馆、江油师范等单位的现有设备条件。此外，市内四个县、市、区还合并了进修校与教研室，集中财力物力，综合利用教育资源，统筹安排教师培训、教研、科研工作，克服了培训内容重复、培训经费多负担重、影响正常教学秩序的弊病。同时，由于进修学校立足教师素质与能力的培养，而教研室立足于理论与实践，两者的结合使培训既能解决教师在教学科研中的问题，又能提高教师的理论水平与实际操作技能，因而在教师中受到了普遍欢迎。

二是面向全体、突出骨干、提升教师的业务能力。在全面贯彻教育部颁发的《中小学教师继续教育工程方案（1999—2002年）》的过程中，绵阳市教育局专门出台了《骨干教师培训工作意见》，建立了骨干教师培训工作督导评价制度、中小学优秀中青年教师奖励制度、中青年骨干教师培训工程奖励金制度、骨干教师"三公开"的选拔制度和优胜劣汰制度，对受训优秀教师、培训组织得好的单位和个人予以表彰奖励，对经过较长时间培训，教育教学和科研方面无进展、无建树的予以调整淘汰，将后起之秀列入骨干教师培养对象。这种流动培训机制，极大地促进了广大教师从经验型、教师型、因袭型向经验理论型、教师学者型、自觉变革型转变。

三是以师范院校为依托，以进修学校为主干，全面开展通识培训和学科培训。进入 21 世纪初，围绕基础教育课程改革这一重大举措，教师继续教育进入了以新课程培训为主要内容的新阶段。2001 年 6 月，经国务院同意教育部印发了《基础教育课程改革纲要（试行）》，以此为起点，一场大规模的课程改革试点工作相继在全国各地启动。2002 年秋季，绵阳市涪城区、科学城、高新区、经开区和科创园区所属的义务教育学校和市直属学校起始年级开始了义务教育课改实验。在四川省教育厅的统一部署下，2002 年 3 月，市教育局召开了全市基础教育课程改革师资培训工作会议，首先启动了涪城区、科学城两个省级课程改革实验区的工作，并对全市基础教育课程改革工作进行了全面部署，成立了新课程改革师资培训领导机构，由师资培训科、基础教育科、教科所和电教馆等部门共同实施。以绵阳教育学院、江油师范学校和绵阳教育学院小教大专部三个新课程教师培训基地为依托，建立了三个市级培训中心，审核选拔了 27 名骨干教师，参加国家级和省级培训，并将他们任命为各学科培训的指导小组组长，建立了各县、市、区教师培训机构，制订了师资培训计划和"先培训、后上岗，不培训、不上岗"等配套政策。截至 2003 年 10 月，市级三个培训中心共举办上岗培训 15 期，培训教师 2800 人，举办市、县的通识性培训和学科性培训 50 期，培训教师 3500 人，选送参加省级以上培训 600 人。此外，各县、市、区教师进修学校还根据本地实际情况，采取了不同的培训形式，有的集中在县，有的送教下乡，有的搞研训一体化，既完成了培训任务，又给教师提供了方便，还为政府节约了经费。在教师进修学校的基础上，全市还在 300 多所中学、2000 多所小学中建立了以学校教师为主的学习型组织，不少学校形成了独具特色的"校本培训"模式，开辟了教师素质提升新渠道。

3. 狠抓现代教育技术培训，提高教师队伍整体素质

一方面，把对教师的理解和关爱体现在提升教师素质和肯定教师成就上；另一方面，把培训的重点放在教师观念的更新和现代知识技能的培养上，这是绵阳市在师资培训工作中得出的重要经验。1998年，在省教委召开全省中小学实践教学与应用现代教育经验交流会后，绵阳市教委把全市中小学教师现代教育技术培训考核工作划归市电教馆承担和管理，把开展中小学教师现代教育技术全员培训列入了全市"九五"后期的教育发展的重要工作内容。此后，市教委又对继续教育学时登记、技术职务晋升等内容作了规定，明确提出全市在职中小学教师，凡1998年年底前男50周岁、女45周岁及以下者，均须参加全市统一组织的现代教育技术培训考核，并取得绵阳市中小学教师现代教育技术培训考核合格证书。1998年，基本完成全面动员、建立机构、出台政策、拟订方案、落实对象、组织教材等任务。1999年，开始全面实施培训计划，在两年多的时间里，培训主讲教师246人，设置市级培训基地26个，组织发行了《教师用电脑培训讲义》《小学电化教育讲义》《小学自然实验基本技能与创新实验》和《自制教具培训讲义》等各类培训教材共8万多册，拟定并编印了《绵阳市中小学教师现代教育技术考核手册》，聘任并培训绵阳市中小学教师现代教育技术考核市级检测员146人，组建中小学教师现代教育技术7个学科基础知识笔试和技能检测试题题库，建立绵阳市中小学教师现代教育技术培训考核管理数据库。通过以上措施，全市逐步形成了较为完整的中小学教师现代教育技术培训体系和一整套大纲教材、技术资料、数据库和管理办法。

绵阳市教委在建立培训基地进行普及性培训的同时，还着手培养掌握计算机多媒体技术、网络技术以及基于网络进行信息化教学设计等现代教育技术的骨干教师。首先，在政策导向上，市教育局规定进入这支队伍是成为市、省骨干教师队伍和学科带头人的必要条件，并把这支队伍的培养水平作为现代教育技术示范学校的重要考评标准。其次，在培训中，市电教馆先后多次举办多媒体制作班、网页制作提高班、硬件技术提高班、电视节目制作班和新闻宣传培训班等培训班；请黎加厚博士

回绵讲学 4 次，组织计算机专业教师赴上海参加中小学信息技术教育培训班。截至 1999 年，全市共有 246 名教师获得市教委颁发的现代教育技术培训主讲教师资格证书；155 名教师获得绵阳市中小学教师现代教育技术考核四级检测员资格证书；8181 名教师参加了现代教育理论和技术培训；9000 名中小学教师和 1200 名中师应届毕业生参加全市现代教育技术考核，合格率达 87.4%，4226 名教师参加全市中小学教师职业技能三级考核，合格率达 87.6%。

4. 加大师德师风建设力度，切实提高教师道德修养

广大教师队伍肩负着培养社会主义事业接班人、提高全民文化水平的光荣使命，而职业道德作为教师的立身之要、立教之本，在教育发展中就显得尤为重要。为了配合师德师风教育活动，1992 年，市教委党委在全系统开展了"教书育人、管理育人、服务育人"的教育活动。1993 年后，在组织广大教师学习党的十四大精神和《中国教育改革与发展纲要》《中华人民共和国教师法》《中华人民共和国义务教育法》《中小学教师职业道德规范》等法规文件的基础上，又相继开展了"讲奉献、比贡献""学习孔繁森、奉献在岗位"等活动，大力弘扬爱岗敬业的奉献精神，树立先进典型。1996 年，市教委会同市委宣传部、市教育工会举办了第四届"园丁杯"教师演讲比赛，经过各级各类学校的层层选拔，16 名选手参加决赛，并有两人代表绵阳参加了省级的教师演讲比赛，双双获得三等奖。此外，市教委还在深入调查了解的基础上，于 1996 年 9 月，拟定了《绵阳教师行为十不准》，在市直属学校试行后，广泛征求社会各界特别是广大教师的意见，经过充分讨论和修改，当年 12 月底，市教委正式公布了《绵阳市教师行为十不准（试行）》方案和监督举报电话，要求各级学校认真宣传并切实贯彻执行。1998 年，全市中小学深入开展了"让学生成才、让家长放心、让人民满意，树文明校风"活动。当年教师节前夕，市教委召开了"三让一树"活动座谈会，与会各部门对教育系统行风建设给予了高度评价，在当年的年度考核中，市教委被市政府评为市行风评议回访合格单位。后来，随着《公民道德建设实施纲要》的颁布，绵阳市教委进一步加大了师德师风建设力度。2002 年 4 月，绵阳市教委召开了建市以来规模最

大的一次学校德育工作会，响亮地提出了"学校教育要两手抓两手硬"的口号；同年10月，举行了师德师风巡回演讲会，在近一个月的巡回演讲中，举办演讲33场，全市三万多名教师聆听了演讲，受教育面达71.8%。师德师风巡回演讲会通过讴歌全市教育系统的先进人物和先进事迹，弘扬了师德正气，提高了教师的社会地位。

（三）切实提高教师地位和福利待遇

1993年10月31日，第八届全国人大常委会第四次会议通过了《中华人民共和国教师法》，对教师队伍的管理、任用、考核等都作了明确规定。《中华人民共和国教师法》的颁布，为教师地位的提高和福利待遇的落实提供了法律保证。但是，由于经济发展的不平衡和领导认识不到位等原因，部分地区仍然存在拖欠教师工资、损害教师权益等不良现象。为切实提高教师地位和福利待遇，绵阳市委、市政府相继出台了一系列方针政策和行之有效的措施。

1. 督查《中华人民共和国教师法》的实施情况，切实保障教师合法权益

为切实维护教师的合法权益，市人大有关领导先后到平武、江油、三台、盐亭等县、市、区的30多所中小学进行调研，了解《中华人民共和国教师法》（以下简称《教师法》）的贯彻执行情况。1995年，为推进"普九"工作，贯彻实施《教师法》，绵阳市人民政府成立了教育督导室，职责是教育督导工作坚持督政、督学并举，组织各县、市、区政府完成"五项"督导检查的自查工作，检查了解各地贯彻落实《教师法》的情况，对于推进依法治校和全市"两基"工作的发展发挥了积极作用。

2. 表彰优秀教师，提高教师社会地位

1994年8月22日，在第十个教师节来临之际，为弘扬师德师风，促进教育系统精神文明建设，市委宣传部、市教委等4个单位联合举办了绵阳市"十佳教师"评选竞赛活动，王永妍等10名教师榜上有名。同年9月5日，省政府表彰了第四批特级教师，绵阳市共有14人获此殊荣。9月8日，绵阳市召开了庆祝第十个教师节大会，市委书记周裕德、市长冯崇泰、人大常委会主任赵文定等出席了会议。会议隆重表彰

了这批获得省政府命名的特级教师和78名市级优秀教师、19名优秀教育工作者。此次会议的召开，进一步提高了社会对教师的重视度，广大教师热情高涨，积极性空前提高。

1996年5月，市教委召开了全市优秀青年教师座谈会，讨论修改先前起草的《加强青年教师队伍建设的意见》；9月通过层层推荐和考核，市教委公布了50名首批优秀青年骨干教师和100名第二批优秀青年教师的名单。1998年，全市推荐评选教育教学专家后备人选5人，省级学科带头人后备人选27人，市级青年骨干教师200人，表彰全国优秀教师9人，四川省优秀教师30人，市级优秀教师100人。同时，各级政府和学校也加大了对优秀教师和教育工作者的重视程度，对有特殊贡献的教师给予津贴和奖励。

2002年4月，绵阳市人民政府出台了《关于基础教育改革与发展的实施意见》，强调农村义务教育实行以县为主的管理体制，教师工资由县统一发放。2003年以后，全市10个县都把教师工资发放统一收到了县上，纳入财政预算，由县财政统一发放、存入教师个人账户，拖欠教师工资这一老大难问题基本得到解决。此外，绵阳各地还按照有关规定，切实提高教师待遇，保障教师的合法权益。这些措施极大地激发了广大教职员工敬业爱岗的工作热情，为20世纪90年代后期和21世纪初绵阳的飞速发展奠定了坚实基础。

3. 强化教师队伍建设，切实提高教师待遇

绵阳市委、市政府切实采取措施，强化教师队伍建设，提高教师待遇，为教师办实事。1994年，市人事局、市教育局和市财政局联合发文，出台并实施了教龄满30年教师退休后享受100％退休金的政策，提高了退休教师待遇。1994年4月，市教委制定了《绵阳市优秀教师、优秀教育工作者实施办法》。1995年5月24日，在市政府的支持下，市教委拟定了全年为教师办理的十件大事：一是保证教师工资按时足额兑现；二是对全国优秀教师、优秀教育工作者，省优秀教师、优秀教育工作者以及市级优秀教师进行表彰；三是帮助1200名教师顺利实现"民转公"；四是组织20名山区以及边远地区教师到成都等地参观考察，组织5名教师参加省乡村教师夏令营活动；五是新建教师住房8万

平方米；六是组织部分特级教师到北川县、平武县"献课"，作教育教学学术报告；七是根据教师子女优先的原则从社会上招收公办教师 150 名；八是向省上推荐优秀青年教师 20 名，市内培养优秀青年教师 100 名，各县培养优秀青年教师 1000 名；九是对特级教师每年进行一次体检，在教师队伍中开展全民健身活动；十是继续搞好农村家庭贫困教师的扶贫工作。

三、强化素质教育，"体卫艺"全面开花

在努力实施"普九"工程、改善中小学办学条件的基础上，绵阳市教委还采取一系列措施，大力推进素质教育，提高学校办学质量。1992 年以来，绵阳市各级教育部门和学校坚持以城市学校为龙头带动农村学校全面发展的思路，积极推进学校的体育、卫生、文艺工作，为学生的全面发展创造了良好条件。1996 年 1 月，绵阳市召开了建市以来第一次小学教育工作会议，会议总结交流了小学教育工作经验，拟订了加强小学教育工作的意见和评价方案，确定了今后一段时期绵阳市小学教育改革和发展的总体思路，澄清了素质教育实施中的种种误区，强化了质量意识和效益观念，对全市小学教育的规范管理、深化改革、提高质量起到了较大的推动作用。

（一）加强学校体育工作

早在 20 世纪 80 年代初期，绵阳市各县就相继建立了县、区、乡、校四级的体育联合教研组，后来随着《学校体育工作条例》和《学校卫生工作条例》的实施，市教育局进一步加大了对体育卫生艺术工作的管理力度，成立了融管理和教研于一体的体卫艺处，配置了 3 名工作人员，制定了贯彻两个条例的实施规划。此后，以两个条例为指导，结合"两基"验收复查工作和创建国家级、省级、市级示范校工作开展各类中小学校的检查验收工作。1995 年，全市共检查验收中小学 196 所，其中优秀级 66 所，良好级 56 所，合格级 41 所。1998 年，为进一步提升教学质量，市教育局在反复调研和全面规划的基础上，率先在省内提出了以强化学校体育、艺术教育为突破口，以发挥辐射作用为重点，建设面向全体学生的艺体特色学校的方案。方案从实施评估细则、管理创

建条件、验收申报流程、实际成果奖励等几个方面，对学校的体卫、音乐、美术教育等工作提出了具体要求和指标。按照《学校体育工作条例》中体育课是学生毕业升学考试科目的规定，1992年，绵阳市在试点的基础上，在全省率先推行了初中毕业生升学体育考试，并将其成绩的30％纳入文化升学考试的总分。这一举措，进一步提高了各基层学校对体育工作的认识，为学校体育教学的开展创造了良好氛围。

在《学校体育工作条例》颁布后，各县、市、区有关部门和学校还采取了行之有效的措施建立健全体育工作管理网络。一是体育工作有专人分管，年初有计划，期中有检查，年终有总结评比；二是以绵阳师专（现为绵阳师范学院）和省内体育院校为依托加大体育教师的培养力度，并利用市、县、区的教师进修学校和市教育学院的教育资源提高体育教师的业务素质；三是组织开展继续教育，鼓励在职体育教师参加成人高考，提高自身学历；四是在日常教学中，各学校按照普及与提高相结合的原则，相继完善了两课（体育课和体育活动课）、两操（学生广播体操、眼保健操）和体育课外活动的规划，确保学生每天有1小时活动时间。为充分利用已有的优质教育资源，绵阳市还成功地承办了两届四川省中学生田径运动会、三届四川省中学生足球比赛。与此同时，各校还结合本校实际，开展传统项目建设，发展优势项目。2001年，继普明中学之后，绵阳中学的男子排球项目、三台中学的男子足球项目顺利通过全国高水平体育后备人才试点校检查验收，被教育部命名为"全国高水平体育后备人才试点校"。至此，绵阳培养全国高水平体育后备人才的试点中学达到了3所，省体育传统项目学校达到了11所，市体育传统项目学校有16所。

此外，为进一步促进绵阳学校体育事业的发展，市教委采取了一系列措施。一是以检查评估为手段，采取市上安排部分经费，县、市、区配套划拨部分经费的办法，充分调动各级政府、部门和学校改善体育设施，配备体育器材；二是在对学生体质进行广泛调研的基础上，印发了《1995年绵阳市学生体质健康状况调查研究资料汇编》；三是市教育局分别与各县、市、区和市直属中学签订目标责任书，实行量化管理和考核；四是为激发广大基层学校强化学校体育工作和运动训练的积极性，绵阳市先后三次出台了中小学体育奖励政策，对在市级以上艺术体育竞赛中取得优异成绩的中小学和学生予以精神奖励和物质奖励。

（二）改善学校卫生条件

1. 加大政府的资金投入，切实改善学校卫生状况

绵阳是一个县域经济不发达的农业市，广大学校特别是农村学校的卫生设施普遍比较落后。建市后，市教育局组织力量，对全市学校的食堂、饮用水、寝室等基础设施进行了一次全面摸底，在统计分析的基础上，制定了《关于进一步加强学校卫生基础设施建设的通知》和《关于加强学校卫生防疫与食品卫生安全工作的意见》，要求各级政府要根据本地学校的卫生设施状况，分阶段、分年度制定整改方案，落实整改资金，力争在三到五年内彻底改善学校卫生设施状况。为保障学校食品卫生安全，防止食物中毒和食源性疾病的发生，市教育局、市卫生局根据国家有关要求，联合下发了《绵阳市学校食堂卫生设施要求和卫生管理制度》和《关于进一步加强学校卫生监督管理工作的通知》。按照市教育局和市卫生局的规定，各中小学将学校的法人代表规定为学校内食堂、小吃摊的卫生安全责任人，关闭了校园内无证经营的食品、饮料摊点，坚持食物供货商必须具备营业执照、卫生许可证、经营许可证和动物检疫证制度，坚持食堂从业人员持三证上岗制度、食品试尝留样制度和采购食品定点制度，坚持禁止"三无"产品进入学校制度。

2. 开展健康教育活动，提高学生卫生意识

绵阳各中小学按照教育部的要求，抓住课堂教学这个主渠道，开设了健康教育课；普通高中、职业高和大学定期举办健康教育专题讲座，通过学校的板报、广播、电视、团队会、班会等形式对学生进行健康教育。1998年，市教委与市健康教育所联合创立了学校健康教育"1+2"互教工程，学校负责把健康知识传授给学生。在具体实施过程中，由一个学生带动两位家长，再由两位家长辅导学生，通过双向互动和反馈推动健康知识的普及并规范人们的健康行为，取得了良好的效果；随后，活动经验被推广到了全省各地。2002年，绵阳市与联合国儿童基金会合作，在全市中学生中开展了以预防艾滋病为主要内容的健康教育，市上成立了分管副市长为组长、市教育局局长为副组长的绵阳市中学预防

艾滋病健康教育领导小组，各地各校也建立了相应机构。通过举办市、县、校三级师资培训，充分发挥140所项目试点学校和20所项目示范学校的作用，利用课堂、讲座、街头宣传、"1+N"互教工程等多种形式进行艾滋病健康教育，取得了良好的效果。同年，教育部体卫艺司和联合国儿童基金会根据绵阳市和自贡市的做法，编写了《四川省学校预防艾滋病和生活技能教育的研究与实践》一书，其中，绵阳市提供的总结经验的文章占了该书内容的三分之二以上。此外，绵阳市还与北京玛丽斯普特国际组织合作，在全市300所中学对68万中学生开展了青春期健康教育，进一步深化了全市中学防艾滋病、禁毒戒烟教育和性教育。

（三）加快发展学校艺术教育

学校艺术教育是实施素质教育的重要内容，在教育部颁布《全国学校艺术教育总体规划》和《学校艺术教育工作规程》后，绵阳市委、市政府积极响应教育部号召，贯彻落实相关章程和规定，多措并举，发展学校的艺术教育。

1. 建立艺术教育管理机构，充实艺术教师队伍

20世纪90年代初期，绵阳就已建立健全了市、县（市、区）两级艺术教育管理机构，市教育局将体育卫生处更名为体育卫生艺术教育处，并配备了音乐、美术高级教研员，制定了《绵阳市学校艺术教育实施意见》，从管理、教学、师资、课外活动、器材配备等方面对中小学的艺术教育工作做了明确规定，确保艺术教育工作落到实处。课堂教学是实施艺术教育的主渠道，艺术教师队伍是成功开展艺术教育的关键。为了满足开设艺术课的师资需求，绵阳市主要以县、市、区进修学校和绵阳地方青少年教育学院为依托，采取请专家讲学、外出学习参观、课堂教学观摩、新老教师结对子、开展教学业务交流等形式，对在职艺术课教师进行教材教法的专业培训；坚持开展了全市艺术学科优质课、优秀论文和教师基本功评优活动，以评优来促进教师业务素质提高、课堂教学改革和教学质量提升。这些活动的开展，为一大批优秀中青年教师脱颖而出创造了条件。

2. 举办各类艺术节，推动艺术教育活动

在认真组织常规教学的同时，全市各级各类学校坚持每周组织 1~2 节课外艺术活动，建立了各种课外艺术活动小组，部分学校成立了学生艺术团，广泛开展了"班班有歌声、人人唱好歌"活动，一批学校的合唱水平得到了迅速提高。1993 年，绵阳市举办了首届中小学生艺术节，绵阳五中的童声合唱获得全国中小学学生合唱一等奖；三台师范附小、文昌二小、丰谷小学等学校也相继获得省级合唱比赛的一等奖。1997年，市教委又动员组织全市 3900 多所学校开展了校园艺术节活动，参加活动的学校占全市中小学学校总数的 99%，参加活动总人数达 86 万多人，占全市中小学学生总数的 98%。艺术节期间，县、市、区共展示学生作品 6000 多件，演出文艺节目 106 场，参演节目 1800 多个。与此同时，各项通过层层选拔的优胜者还代表绵阳参加了四川省教委举办的第二届中小学生艺术节评比活动，并获得了 60 多个奖项，市教委也获得了优秀组织奖。

这一时期，各地各校在按规定认真执行艺术课教学计划的同时，还积极进行学科改革，艺术课教学质量得到显著提高，在历年高考中，全市艺体双上线人数从过去一二百人达到每年七百多人。此外，绵阳教育系统还坚持开展了十佳歌手赛、师生书画大赛、教师节专场文艺演出、绵阳城区广场文艺演出等活动，坚持与市文化局等部门联合开展了中小学业余音乐、美术、书法考级和水平测试工作；先后参加了 1992 年四川省第七届运动会的大型开幕式文艺演出、1999 年四川省中学生田径运动会开幕式表演、2000 年全国第四届农民运动会大型开幕式文艺表演和 2001 年四川省第十一届少数民族运动会开幕式文艺表演等。

四、教育现代化建设欣欣向荣

（一）21 世纪以前的绵阳电化教育

1975 年绵阳在平武县开始推行电化教育，平武电教队是市内最早的电教组织，当时以放映科教电影为主。1980 年，绵阳地区文教局在射洪县召开了一次电教工作会。1981 年，经地区行署批准建立了绵阳电化教育馆。此后，电化教育的热潮在地区内全面推开。到"七五"

末，"绵阳市境内开展电化教育的学校达到了 209 所，全市县级以上中小学、幼儿园和中等师范学校以及 21% 以上的农村中小学都不同程度地开展了电化教学"①。一大批优秀电教片通过省电教馆复审，编成电教教材，在全国发行，如盐亭县云溪真小学温昌泉老师设计制作的自然常识幻灯片《青蛙的舌头》被评为优秀片，在全国发行；绵阳南山中学物理特级教师李学远设计的高中物理幻灯片《直线电流磁感应强度》《电磁感应》《光的偏振》和射洪小学蒲仕正设计的小学语文幻灯片《海底世界》均获国家级一等奖，并在全国发行。除自制电教教材、购买教学幻灯片外，盐亭中学还办起了制作电教教材的幻灯制片厂，生产小学和初中使用的学科电教教材 1.4 万套，5.6 万框，产值达 1.7 万多元。从 1984 年起，市电教馆发动各县充分利用现有电教设备和电教教材开展单学科的电教应用研究，先后七次召开中学单学科电教研究会。1986 年，国家教委开通了第一个卫星教育频道，随后，市教委投资 8 万元兴建了卫星教育地面接收站，用于接收中小学、中师、电大、职教以及"燎原学校"的教育节目，在两年多的时间内，接收教育节目 5300 小时，转录、复制教育节目 1.1 万小时。与此同时，绵阳各县共计投入 45 万元新建了 15 座卫星教育地面接收站、两座发射台和近 200 个录像放映教学点。三台县不仅通过组织教师观摩特级教师、优秀教师的教学实况和投资"三教统筹"等措施进行师资培训，而且还以农校为阵地，以电教为手段，对农民进行实用技术培训，各项措施效果显著，被国家科委评为"燎原计划"的先进典型。

20 世纪 90 年代，绵阳各县、市、区各中小学校结合"普九"工程、中等师范学校办学条件标准化建设、重点职业高中办学条件建设、重点高完中办学条件建设等热点工作，积极改善电教装备。"八五"期间，在国拨电教经费仅为杯水车薪而又无专项政策的情况下，绵阳各区千方百计为电化教育筹措资金。比如三台县金鼓小学等经济落后的农村学校采取"自费公助、财产归己，有偿使用、保证教学"的办法发展电

① 绵阳市电化教育馆，绵阳市教育技术中心. 教育信息化工作文件汇编（内部资料）[Z]. 绵阳：绵阳市电化教育馆，绵阳市教育技术中心，出版时间不详.

化教学，走出了一条真正能调动教师积极性发展山村学校电教的新路子。据统计，"八五"期间，绵阳市共建成教育电视（收转）台 4 座，按市规划完成率为 80%，按省规划完成率为 67%；建成乡镇卫星电视资料中心 9 个，卫星电视单收站 45 座，按市规划完成率为 110%，按省规划完成率为 88.5%；建成卫星电视放像点 551 个（含农教放像点 130 个），覆盖 175 个乡镇，按市规划完成率为 150%，按省规划完成率为 123%。全市电教总投资达 1306 万元，全市学校电教设备及计算机设备总值达 1500 万元，电教软件教材总值达 180 万元，卫星电视设备及录像资料总值达 800 万元。到"八五"末，全市开展电化教学的学校所数达到了 1343 所，达省标以上电教学校 392 所。其中，达国标一类 21 所、二类 29 所、省标一类 134 所、二类 208 所，按市规划完成率为 124%，按省规划完成率为 294%，达"普九"三类标准电教学校 951 所，全市配备计算机的学校达 120 所，按市规划完成率为 220%，是"七五"期间的 3 倍。这一时期，全市出现了一批高规格、高层次、高效益的电教学校，如绵阳中学、南山中学、江油高中、江油师范、江油幼儿师范、江油一中、涪城区的成绵路小学、丰谷小学、教工幼儿园、公园路幼儿园等。这些学校良好的硬件环境、稳定的教学质量，得到了社会、家长和学生的广泛认同，在国家级示范性高中评估活动中，绵阳中学、南山中学首批跨入国家级重点高中行列，江油中学、江油一中、三台中学、涪城区实验小学、成绵路小学等一大批电化教育示范学校也相继上档升级，基本实现了高投入、高效益、高回报、上台阶、快速发展的良性循环。此外，为激发广大教师运用现代教育技术手段开展教学科研的积极性，1996 年 5 月，以绵阳中学、实验小学为现场，国家教委全国中小学计算机教育研究中心在绵阳召开了首届全国提高计算机教育效益研讨会。此后，市电教馆坚持每年有计划、有选择地举行学科应用研究交流会，组织青年教师 CAI 优质课竞赛，坚持每年举行一次多媒体课件及电子作品评选，每两年举行一次现代教育技术科学研究成果评奖。各县、市、区、各学校积极响应号召，也经常开展教师"五个一"活动，即每学期每个教师一篇文章、一份优秀教案、一堂优质课、一个课件、一个课题。随着电化教育的不断发展，全市广大教职工现代教育技术的意识也逐步提高，不失时机地把投资重点逐步转移到电化教育等现代教育装备上来，已成为各类学校领导和教师的共识。在实际教学中，教师也不再固守"一支粉笔一张嘴包打天下"的旧观念，他们在积极学习电教技能和计算机基础知识的同时，大胆探索如何运用电教提高课堂教学效率，为教育质量的提高发挥了积极作用。

在顺利完成"八五"目标的基础上，1996年，市电教馆又按照上级部门要求，制定了全市普教系统现代教育技术发展"九五"规划，其总的奋斗目标是："九五"期间，在全市的普教系统初步建成包括中小学电化教育、计算机教育、卫星电视教育等现代教育技术体系，能主动适应以基础教育为主体的各类教育事业改革与发展，保证"普九"技术装备，争创各类型、各层次示范学校，努力提高现代教育技术管理水平和综合效益，加速全市教育现代化进程。通过5年的艰苦努力，全市电化教育顺利完成了规划目标，在省教委现代教育技术工作目标考评中，连续4年获得一等奖。1998年市电教馆荣获教育部电教办"全国电化教育先进集体"称号。"九五"期间，"绵阳市投资3000多万元完成了3000多所中小学的'普九'电教装备，除部分村级校点调整外，其余学校软、硬件电教设备已全部达到四川省人民政府关于印发《〈四川省普及义务教育基本要求及检查验收办法〉的通知》（〔1995〕78）规定的要求，完成了占人口98%以上地区的学校'普九'技术装备的配置；全市学校多媒体计算机、网络教室、多媒体集成系统、闭路电视系统、语言实验室、液晶投影等现代设备成数十倍增加，校园网或双向传输系统建设逐步开始实施，学校现代教育环境建设向信息化、系统化、网络化发展"[①]。"九五"期间，绵阳电化教育发展成效可圈可点，如涪城区在高标准完成"双基"后，明确提出了"现代化、高质量、有特色、有实力"的奋斗目标，并顺利建成了学校计算机网络系统、网管中心以及教育信息资料库，开始有计划地在学校实施"三大系统、八大专业教室"建设，争创教育部全国计算机教育实验区。几年中，市、县两级共

---

① 绵阳市电化教育馆，绵阳市教育技术中心. 教育装备工作文件汇编（内部资料）[Z].
绵阳：绵阳市电化教育馆，绵阳市教育技术中心，出版时间不详.

培训骨干教师近 300 名，涪城区、盐亭县还与大学联办计算机专业培训特长班各 2 期，培训教师共 200 多人，仅 1999 年和 2000 年全市就完成近 2 万名中小学教师和中师毕业生的现代教育技术考核任务，考核人数占全市中小学教师总数的 50%。通过培训和考核逐步构建起了全市第二代现代教育技术骨干教师队伍的基本框架。

（二）21 世纪以来的绵阳电化教育

信息技术的浪潮伴随 21 世纪的曙光一起到来，为了更好地迎接信息技术发展带来的种种挑战，世界各国都把发展信息技术作为 21 世纪国家社会和经济发展的重大战略目标，以使本国在国家之间的较量中保持领先地位。2000 年 10 月 25 日，全国中小学信息技术教育工作会议在北京召开，会议决定，从 2001 年起，用 5 到 10 年时间在全国中小学基本普及信息技术教育，全面实施"校校通"工程，以信息化带动教育现代化，努力实现基础教育跨越式发展。同年，党中央、国务院启动了西部大开发战略，其中西部农村中小学现代远程教育是该项系统工程的一项重要内容，其具体内容是在李嘉诚基金会项目资助的基础上，在 5 年内用 50 个亿的专项资金实施西部农村中小学现代远程教育项目工程。党中央明确指出，实施农村中小学现代远程教育工程的根本目的就是要运用信息化的手段和方法，向农村地区输送优质的教育资源，推动我国农村教育实现跨越式发展。全国中小学信息技术教育工作会议的召开和西部大开发战略的启动，既给绵阳市现代教育的发展带来了新的机遇，也对绵阳市现代教育的发展提出了新的挑战。据统计，2000 年，全市有 3400 所中小学，80 万在校学生，其中，配机学校不足 300 所、装机不足 10000 台，专任计算机教师不足 400 人，受教学生不足 15 万。这就形成了绵阳计算机教育装机数量少、档次低、受教学生比例小、师资严重不足，经费严重短缺，横向比差距较大的局面。为了迎接信息化浪潮，为素质教育实践和新课程改革提供利器，绵阳市采取了多种行之有效的措施。

一是成立领导小组，做好组织保障。在国家启动实施西部农村中小学现代远程教育项目工程之际，经过积极争取，绵阳市被四川省人民政府确定为先行试点地区，为了确保这一试点工程的顺利推进，绵阳市人民政府成立了以常务副市长左代富为组长、市教育局局长赵光周为副组长的绵阳市农村中小学现代远程教育领导小组，在电教馆设立了办公室，与此同时，各县、市、区也相应成立了领导小组及其项目办公室。按工程计划，绵阳市完成项目工程的资金总额为 5395.4 万元。其中，中央财政资助 3671.1 万元，地方政府自筹 1724.3 万元，截至 2002 年，已完成的项目设备都投入了教学使用，工程项目实施卓有成效。二是多方筹措经费，做好资金保障。绵阳市各级教育部门结合本地实际，制定了发展信息技术规划，在经费筹措上形成了以政府投资为主、社会各界积极参与，多渠道、多方式筹措经费的体制。自 2000 年以来，全市新增投资近亿元，基本完成了义务教育学校"普九"技术装备的配置，新增计算机配机学校 200 所，新装机近 10000 台，学生拥有计算机从 2000 年的 80 人 1 台发展到 45 人 1 台；全市新增多媒体课堂演示系统近 100 套，接受信息技术教育的中小学生比例从 20％上升到 50％；按省级实验教学示范学校标准完成现代教育技术装备配置的学校达到近 80 所，其中国家级、省级示范性高中 15 所；村小新增光盘播放设备 630 个，小学现代远程教育接收站 400 座。三是加强教师队伍建设，做好人才保障。一方面，为了缓解和减轻中小学教师的教学矛盾和经济负担，市教育局领导一心为教师着想，多方协调，成功将中小学教师信息技术与晋升职称计算机培训考试合并为"一次培训、一次考试、联合发证"。市电教馆各部门通力协作，圆满完成了近万名中小学教师的"二合一"培训考试工作，建成了培训基地，编制了切合教师工作需要的培训教材及其学习光盘，开发了机考系统及海量考试题库，形成了一套严密的学籍管理办法和考务管理办法。另一方面，为了促进信息技术与学科教学整合，在全国著名教育技术专家黎加厚博士的帮助指导下，市电教馆在四川率先自发举办了"英特尔未来教育培训班"，在全国率先举办了"国家教育技术标准"培训班和"信息化教学设计"培训班，组织学科教师去上海专题考察学习信息技术与学科整合；邀请了上海的教学专家来绵阳现场"献课"讲学；从上海率先引进了英特尔未来教育的先进理念、培训模式和培训教材；在市内率先组织了信息化教学方法的推广和研究，产生了良好反响。四是积极创建示范学校，发挥模范作用。绵阳市以抓现代教育技术示范学校为突破口，积极开展了争创各类型、各层次示范学校工作，继"八五"期间发展市级电化教育实验学校取得成功经验之后，"九五"期间，全市又创建了4所国家级现代教育技术实验学校、5所省级现代教育技术示范学校，发展了17所市级现代教育技术示范学校、25所县级现代教育技术示范学校。2000年来，全市成功创建了国家级现代教育技术实验学校4所，省级现代教育技术示范学校9所、市级37所，省级实验教学示范学校10所、市级18所。这些示范学校不仅是绵阳地方青少年教育信息化和现代化的窗口，而且也为绵阳市创建省级、国家级示范性普通高中打下了坚实的技术装备基础，更为全市中小学提供了经验、树立了榜样。2001年初，经过艰苦努力，绵阳中学、南山中学、科学城一中率先通过国家教委组织的验收，成为四川省首批国家级示范性普通高中，江油中学、江油一中成为省级示范性普通高中；2002年初，三台芦溪中学成为省级示范性普通高中。

总的来看，在社会主义市场经济确立初期，绵阳地方青少年教育现代化建设欣欣向荣，其中在"九五"期间，成果尤其丰硕。据统计，全市共立项现代教育技术研究课题国家级4个、省级5个、市级16个，其中已结题验收合格14项；全市中小学教师在省级以上刊物发表现代教育应用研究论文共86篇，参加现代教育技术应用优质课竞赛获市级奖50项、省级以上奖14项；现代教育技术科研论文成果获市级奖108项、省级奖18项、国家级奖4项；优秀电教教材获市级奖62项、省级奖8项、国家级奖4项；优秀CAI课件奖获市级奖186项、省级奖10项、国家级奖5项。其中市电教馆专业技术人员参与主研的省级课题2项，获省级、国家级成果奖5项，制作电教教材9部16集。

第三节　绵阳地方青少年教育蓬勃发展

伴随着社会主义市场经济在我国的初步确立和继续发展，绵阳市委、市政府不失时机地抓住历史机遇，加大了对教育的投入力度，力争做到"三个增长"（预算内教育事业费的增长高于财政经常性收入的增长、按在校学生数平均的教育费逐年增长、教师工资和生均公用经费逐年增长），并采取了一系列行之有效的措施普及九年义务教育，深化高中教育改革，发展职业技术教育，加快推进民办教育和高等教育，取得了良好的成绩，为 20 世纪 90 年代乃至 21 世纪初全市教育的大发展指明了方向。

一、义务教育得到普及巩固

绵阳市根据《中国教育改革和发展纲要》以及全国、全省教育工作会议精神，提出了"普及九年义务教育"目标任务。1994 年 9 月 22 日到 23 日，绵阳市委、市政府召开了全市教育工作会议，研究部署了 1994 年及今后几年全市教育发展规划，重点讨论了全市普及九年义务教育工作。会议结束后不久，绵阳市委、市政府做出《关于深化教育改革，大力普及九年义务教育的决定》，该决定按照分区规划、分类指导、分步实施的原则，制定了各县、市、区分年应达到的普及九年义务教育的人口覆盖率指标和分年应实现普及九年义务教育的乡镇覆盖率指标。此外，决议还以附件的形式明确了各县、市、区政府和教育、财政、税务、城建等相关部门的责任。以此为起点，全市各级党政部门、教育行政部门和学校群策群力，打响了"普九"攻坚战。

（一）调整学校布局，优化教育资源

调整中小学校布局、优化教育资源不仅有利于用好有限的教育经费，更有利于提高各类学校整体办学效益。因此，市委、市政府在《关于深化教育改革，大力普及九年义务教育的决定》中，对调整学校布局提出了具体要求，即县、市、区政府要因地制宜地搞好义务教育学校调整布局工作，农村小学在坚持就近入学的前提下，高年级学段可适当集中；办好基点小学和中心小学，有条件的地方可办寄宿制小学；初中原则上应保留现有校点，新、扩建初中应设在新建制乡（镇）政府所在地，乡镇初中一般应达到 12 个班，万人以下人口的乡镇原则上不再新建、单设初中。

1998 年，国务院办公厅转发教育部《关于义务教育阶段办学体制改革试验工作的若干意见》（国办发〔1998〕96 号），要求进一步规范公办改制行为，吸引社会力量健康办学。2019 年 6 月 13 日下发的《中

77

共中央国务院关于深化教育改革，全面推进素质教育的决定》又明确提出：适当扩大乡镇中心小学规模，提高规模效益，平坝和丘陵地区要进一步撤并规模太小的村小校点，保留的村小原则上不少于 3 个班，每班不少于 25 人；山区在适当发展寄宿制小学的基础上，适度收缩村小校点。2001 年下发的《国务院关于基础教育改革与发展的决定》（国发〔2001〕21 号）又再一次对中小学布局做出了具体的调整规定。此后，各地都因地制宜，在广泛调查论证的基础上，对学校布局和结构进行了多次调整。据统计，1993 年全市有小学 3482 所，1999 年减少到了3080 所，减少了 402 所，2000 年又进行了一次大的调整。2001 年全市有小学 2335 所，累计减少了 1147 所，到 2003 年底统计时，进一步下降到了 1934 所，比 1993 年减少了将近一半。中小学布局和结构的调整，有效地整合了教育资源，改善了中小学办学条件，扩大了办学规模，为全市"普九"工程的顺利推进和教育质量的全面提高打下了坚实的基础。

此外，绵阳市教育行政部门还积极推进子弟学校的剥离工作。1996年完成了 407 信箱子弟校的剥离，1997 年完成了丝厂子弟校的剥离，1998 年秋天完成了朝晖小学的剥离，1999 年完成了五洲电源厂子弟校的剥离，2000 年完成了 208 信箱子弟校的剥离，2001 年完成了 204 信箱子弟校的剥离和大型企业长钢子弟校的剥离。子弟校剥离后，通过调整和重组，被注入了新的活力，使整个教育体系布局结构更加科学合理。

（二）加大教育投入，改善办学条件

增加教育投入不仅是落实教育战略地位的重要保障，而且也是政府落实教育战略地位的重要标志。为了切实改善中小学的办学条件，市委、市政府在《关于深化教育改革，大力普及九年义务教育的决定》中，对增加教育投入提出了明确要求，主要有以下九个方面：

一是要按照中央和地方政府教育拨款的增长要高于财政经常性收入的增长，并使按在校学生人数平均的教育费用逐步增长的原则，切实保证"三个增长"的实现，凡未做到"三个增长"的地方，党政机关一律不能由地方财政安排建设项目和购买小轿车。二是从 1995 年起，市、

县（市、区）、乡镇教育事业费实行预算单列。每年由市、县（市、区）教育部门编制年度预算，征得同级财政部门同意后，经政府批准后下达给教育行政部门执行。教育事业费预算无论采取何种管理办法，都必须保证教师工资按月足额发放。三是加强对各级政府教育投入水平和各种教育税费征收情况的监控。四是执行绵阳市中小学预算内教育事业费公用经费预算定额。五是市、县（市、区）都要设立和增加"普九"专项经费，支持和帮助民族地区和贫困地区"普九"达标。六是进一步改革和完善教育费附加征收办法，用足用好已出台的教育经费政策。七是鼓励社会多渠道、多形式集资办学。可以集资改造中小学危房，改建、扩建义务教育学校。八是按年工资总额的1‰继续征收城乡干部、职工个人教育费。九是要像抓乡镇企业那样抓校办企业的发展，多渠道、多途径增加校办企业的人力物力投入，加强对教育经费的管理、审计和监督，提升教育经费的使用效益。

这些新举措新政策，为教育经费的稳定增长提供了可靠保障。1992年，预算内教育事业费增长了27.4％，同时，生均经费也有较大幅度增长。1993年，全市预算内外普通教育经费共2.295亿元，其中，预算内教育事业费就达1.35亿元，占58.8％。1995年，全市教育经费总投入为4.11亿元，比上年增长22.51％，其中，国家财政性教育经费拨款为3.318亿元，比上年增长15.79％。1998年，全市财政性教育经费的总额达到了4.98亿元，占全市GDP的1.61％。其中，预算内教育拨款比上年增长15.58％，高于同期经常性财政收入增长4.56％，生均教育经费为小学318.74元，中学570.22元。此外，市上每年还在市级机动财力中安排两百万元以上的资金作为"普九"专项经费，用于乡镇初中建设补助、实行义务教育乡镇的奖励拨款和改造破旧校舍补助，使全市校舍、师资、设备三配套建设取得了显著成绩。与此同时，为保证"普九"达标，各县、市、区也都加大了对教育的投入力度。涪城区在1993年建区之初，就把"普九"工作列入了"小康工程"的重要指标，提出了在1993年全区实现"普六"，1994年全面实施"普九"，1995年全区实现"普九"的"三步走"战略。通过提高领导干部认识、抓统筹规划落实责任、抓资金投入改善硬件、抓教师队伍促"软件"过硬等多项措施，涪城区先后投资 6000 多万元，完善"普九"硬件设施，并于 1995 年顺利通过验收，在全市率先实现了"普九"目标。三台县、盐亭县等县紧随其后。三年间，三台县投入经费 1.13 亿元，新建、扩建、改建校舍 36 万平方米，改造危房 3.64 万平方米；盐亭县投入经费 8764 万元，新建校舍 17.6 万平方米，新增校地 202 亩；平武县投入经费 4348 万元，新建、维修校舍 4.12 万平方米。各地在加大教育投入力度的同时，还结合"普九"工作进一步加大了校点的收缩力度，有效地优化了教育资源，提高了办学效益。经过几年努力，1998 年 10 月，三台县、盐亭县、平武县也顺利通过了省、市联合组织的验收，顺利完成了"普九"目标任务。到 1998 年底，全市各县、市、区基本完成了"普九"任务，以县为单位计算，累计"普九"人口覆盖率达 97%，以镇乡为单位计算，累计"普九"人口覆盖率达 99%。

（三）规范"普九"检查，确保验收质量

1996 年 9 月 16 日，市教委制定了《绵阳市普及九年义务教育检查验收程序及操作办法》。随后，根据游仙区和江油市人民政府的申请，四川省和绵阳市人民政府组织人力对两地普及九年义务教育情况进行检查验收。检查表明：1993—1995 年，游仙区的教育总投入达 1.0354 亿元，新增办学用地 220 亩，新增校舍 59417 平方米，维修校舍 12370 平方米，改建、扩建学校 51 所，更新课桌凳 17129 套。1992—1996 年，江油市对教育的总投入达 3.8930 亿元，新增校地 268 亩，新增校舍 26712 平方米，新建、改建校舍 96400 平方米。通过不断加大教育投入，游仙区和江油市的教学设备、教育设施都得到了明显改善，经过国家教委复查，确认达到了"普九"目标。

1997 年 7 月 14 至 17 日，市教委对按规划应完成"两基"任务的安县、梓潼两县进行了过程督导检查。据统计，1994—1996 年，梓潼县对教育的总投入达 8252.76 万元，三年新增校舍 51687 平方米，维修校舍 139524 平方米。1997 年，又筹措了 1000 多万元资金用于教育基本建设，有效地改善了中小学面貌和办学条件。在此期间，安县对教育的总投入达到了 9073 万元，新增办学用地 34 亩，新增校舍 79636 平方米，更新课桌凳 23195 套，新添置教学仪器设备 161 万元，新增图书

24.79 万册，教学设备、教育设施得到进一步完善。1997 年 10 月，梓潼县、安县也顺利通过"普九"达标验收。至此，在涪城区（含高新区）、游仙区顺利实现"普九"目标的基础上，全市又新增了两个实现"普九"目标的县、市、区，"普九"达标的乡镇达到 201 个，累计人口覆盖率已达 81.5%。1999 年 10 月，随着市内北川县顺利通过省、市人民政府组织的"两基"督导评估，绵阳市普及九年义务教育的任务宣告完成。

（四）加强教学视导，巩固"普九"成果

为了巩固"普九"成果，提高基础教育质量，绵阳市进一步落实了对各县和基层学校的教学视导制度。2001 年，根据市人民政府教育督导室制定的《绵阳市中小学督导评估方案》及国务院《关于基础教育改革与发展的决定》，市教育局组织有关人员开展了对各县、市、区学校办学水平及教育行政管理的督导评估，特别是对江油、梓潼、安县的 19 个乡镇共 72 所中小学的"两基"巩固和提高情况进行了复查。2002 年，又围绕贯彻落实中央、省、市三级基础教育工作会议精神和国务院《关于基础教育改革与发展的决定》，对各县进行了落实"以县为主"的专项督导检查，同时分别对三台、盐亭、游仙三个县（区）的"两基"工作进行了第二轮复查，进一步巩固了义务教育成果。"到 2003 年，全市小学学龄儿童入学率达 106.13%，小学升学率为 102.72%，分别比 1999 年提高了 0.35 个百分点和 1.74 个百分点，初中升学率比 1999 年提高了 20% 以上，全市人均受教育年限达到了 7.29 年，高出全省平均 0.23 年。"①

普及九年义务教育功在当代，利在千秋。绵阳市提前一年全面实现了普及九年义务教育的目标，顺利完成了"扫盲"任务，在省内外都产生了极大的影响，得到了省教委和教育部的充分肯定。2001 年 6 月，绵阳市一举获得了"全国两基工作"先进地区光荣称号。

此后，绵阳基础教育良性发展，形成了强大的辐射力和吸引力，吸

① 中共绵阳市委 绵阳市人民政府. 绵阳年鉴 2004：教育［M/OL］.（2004-11-30）［2019-12-26］. http://www.my.gov.cn/mlmy/mygk/mynjian/mynj2004/1081341.html.

引了来自海内外的近两万名学生。大量外地学生的到来，刺激了房地产、交通、旅游等第三产业的发展，有力地推动了全市的消费增长。据不完全统计，由绵阳教育带来的消费市场达到 4 个多亿，为全市发展增添了动力，带来了绵阳社会经济的繁荣。此外，绵阳优质的中小学教育吸引了大量外地学生，提升了绵阳学校的生源质量，为建设科技城提供了一定的人才保障；外来学生和家长在绵阳学习、工作和生活，亲身感受绵阳作为现代化城市的魅力，进一步提升了绵阳的知名度和影响力。可以说，这一时期绵阳基础教育的发展成果为全市教育和经济的可持续发展奠定了坚实的基础。

二、普通高中发展蒸蒸日上

（一）优化结构布局，提升规模效益

在大力实施"普九"工程、改善中小学办学条件、调整中小学布局的同时，绵阳市教育局还进一步加大了对普通高中的调整力度。1992年，绵阳市委发出了《关于调整普通高中布局的通知》，结合全市教育发展的实际情况，提出了对普通高中的布局结构进行调整的总体思路：一是摘掉 14 所初中学校的"高中帽子"，缩短普通高中战线；二是要求全市 16 所农村高完中逐步办成综合高中，既可招收职高班，也可在高三分流进行职业技术教育；三是办好 23 所城镇一般高完中。调整的原则：集中力量办好示范性普通高中，逐步实现普通高中向城市、县城集中，充分发挥区位优势，对那些区位差、规模小、教学质量和办学效益低的学校，坚决予以调整，限制其招收新生。据统计，1995 年时，绵阳市境内有普通高中 50 所，招收新生 8863 人，校均招生规模 177 人，其中低于校均招生规模的学校就有 32 所，规模效益差，教育资源的浪费极其严重。针对这种情况，市教育局在充分调查研究和广泛征求意见的基础上，根据人口、经济和教育状况等，统筹规划市区和三类县的普通布局调整和加快建设，扩大普通高中办学规模高中所数，规定所有普通高中必须按规划达到《四川省普通高（完）中办学基本要求》，并分年检查验收，纳入目标管理和年度考核。在此基础上，对普通高中招生实行资格审查制度，对区位差、规模小、办学条件差、教学质量和办学

效益低的 10 所学校，或保留建制，停招新生，或限期整改。与此同时，大力扶持薄弱学校，推进合格高中建设，集中力量扩大重点中学办学规模，停办其初中，使其普通高中招生数、在校生数占全市普通高中招生数和在校生数的比例逐年增加。

通过调整，"到 2001 年，全市普通高中在 1995 年的基础上调减 12 所，新建、改建 5 所，招收普通高中新生的学校共 43 所，校均招生规模 400 多人，当年全市共招收新生 2 万余人，是 1995 年的 2.3 倍。2002 年，全市计划招收普通高中新生 2.66 万人，超过 1995 年全市普通高中在校生总规模"[①]。

（二）建设示范学校，发展优质教育

为做大做强优质普通高中，满足广大市民及其子女的教育需求，绵阳市教委根据高等学校普遍扩招的状况，及时调整了招生结构，同时积极指导各高中学校创建国家级、省级、市级示范学校。1995 年，原国家教育委员会提出了在全国建成 1000 所国家级示范性普通高中的规划。根据这一规划，绵阳市教育部门及时制定了争创四川省首批国家级示范性普通高中的奋斗目标，为创建示范校，主要采取以下措施。

1. 统筹规划，积极开展争创活动

对争创省重点中学提出了以市区为中心，大县 2～3 所，小县 1 所的要求，并将这些目标任务规划到年，落实到校，纳入考核。在此基础上，有重点地加大投入，扶植一批基础较好的学校争创国家级示范性普通高中，以此带动整个争创活动。市教育局还在招生政策上鼓励支持争创活动，规定通过省级评估的国家级示范性普通高中可以面向全市招生，逐步扩大到省重点中学面向全市招生，建立开放的生源市场。争创活动促进了县、校之间办学条件和办学水平的良性竞争，为学校的进一步发展提供了一个崭新平台。在全面完成"普九"历史任务的基础上，2002 年，绵阳市教育局及时启动了"双百工程"，即力争在 3 至 5 年时间内，分别建成市级示范小学 100 所、市级示范初中 100 所，并制定了绵阳市示范小学、初中的评估细则和示范初中联考制度，以推动义务教

① 赵光周. 科教兴市：绵阳的探索 [M]. 北京：人民教育出版社，2003.

育规范化建设，为全市教育的可持续发展奠定了基础。

2. 加大投入，努力改善办学条件

争创活动是一根红绳，贯穿改善办学条件的整个过程，通过争创活动，市、县两级政府逐步认识到高质量普通高中教育对当地教育、经济发展的巨大作用，为加快普通高中的发展速度，提高普通高中的办学质量，政府制定了一系列措施。首先，增加了政府投入。从 1998 年起，市财政每年拿出专项经费，有重点地予以投入；各县、市、区根据"县办县管"的原则，在"普九"攻坚的同时，也千方百计挤出经费发展普通高中教育。"九五"期间，市财政对市直属中学的投入达 1 亿元以上，2000 年的财政投入更是达到了 1995 年的 5 倍之多。其次，重视政策性投入。如采取提高学费标准、实行两类计划招生、适当收取办学成本补偿费等措施。再次，实行银校合作、校企合作，鼓励举办民办学校和股份制学校等，吸纳社会资金用于发展普通高中教育。到 2002 年，市直属中学贷款额超过 6000 万元，建筑商带资建校超过 4000 万元。同时，多种形式的民办学校高起点、高投入的参与，也为绵阳普通高中教育的发展带来了生机与活力。2002 年，仅市区就有 4 所投资均在 1.5 亿元以上的民办学校（股份制学校）在绵阳招收普高新生。上述情况表明，全市普通高中教育基本建立了以政府拨款为主、多渠道筹措建设资金的体制。

3. 以提高效益为中心，优化资源配置

首先，通过协调，将一批中等职业学校改办为普通高中，如 2000 年将省部级重点中专绵阳机电工业学校改办为绵阳实验高中，两届招收普高学生 1000 多人。其次，对企事业单位子弟校的逐步剥离和其他闲置的教育资源的开发利用也为名牌学校低成本扩张、高质量发展提供了可能，如南山中学接收原长虹电源厂子弟校，新增校地 42 亩。最后，为了支持各重点中学扩大规模、改善条件，绵阳市、县两级政府还通过统筹规划城市用地，为学校的争创活动创造了条件。据统计，市政府为绵阳中学争创国家级示范性普通高中先后征地 4 次共 57 亩，使绵阳中学的占地面积已由 145 亩扩大到了 350 亩，南山中学也由 170 亩扩大为近 400 亩。在创建国家级示范性普通高中、省级示范性高中的过程中，三台中学校新增校园面积 60 亩,安县中学新征校地 160 亩。此外,这一时期各学校的在校生人数也稳步上升。到 2002 年,绵阳中学、南山中学两个学校普通高中在校生一共为近 9000 人,是 1995 年两校在校生总数的 3 倍,相当于 1995 年全市普通高中招生的总规模。

(三)强化教育管理,提升教学质量

办学条件的改善和办学规模的扩大是建立在一定的教学质量基础之上的,较高的教育质量是改善办学条件和扩大办学规模的出发点和归宿。要实现这个良性循环,必须大力提高普通高中办学整体水平。为了促进高中教育教学质量的提高,市教育局从以下几个方面开展了工作。

1. 深化内部管理体制改革

1997 年以来,绵阳市进一步推进学校内部管理体制改革,实行校长负责制。随后又对校长负责制作了进一步的完善,充分给予了学校校长的自主权,积极贯彻落实市政府《关于基础教育改革与发展的实施意见》,全面推行学校人事制度,极大地激活了学校的办学活力。2001年,市直属学校实行了校长公开招聘并大幅度精简非教学人员,充实了一线教学人员。

2. 建立并逐步完善竞争激励机制

过去学校内部管理体制改革引发的校内竞争逐渐发展为校际竞争,进而形成县、市、区之间区域竞争格局。在绵阳城区做大做强绵阳中学、南山中学的同时,还在人口大县三台和江油各扶持两所示范高中,江油市有江油一中和江油中学,三台县有三台中学和芦溪中学。另外,为平衡各个地区的高中教学实力,市教育局还大力扶持和引导盐亭中学、安县中学等学校,使这些学校的发展空间得到一定程度的扩展,这种县与县之间、校与校之间,甚至教师与教师之间的竞争,促进了教师队伍的建设和教育质量的全面提高。同时,针对竞争带来的不规范办学行为,市教育局采取"先培育竞争,再规范竞争"的策略,就学校招生、教师流动、学籍管理、宣传等方面制定了一系列规章,使竞争步入良性的轨道。全市的普通高中教育基本形成了以绵阳中心城区普通高中为龙头,以江油、三台为支撑,以县城和区位较好的农村普高为主体,以创建国家级示范性普通高中、省重点中学为动力的发展格局。

3. 建立健全教育质量管理制度

为提高学校教学质量，绵阳市教育局不断完善、逐步建立起了全面的教育质量评价考核制度。首先，每年教育工作会上，市教育局都要根据目标任务，将高考目标细化下达到各县、市、区和学校；其次，为提高高考升学率，全市还建立了统一规范的考试诊断制度和及时有效的信息反馈制度，加大了教育科研的力度。每年高考前，市教育局都要组织几次诊断性模拟考试，通过综合分析，为各学校、各学科，甚至不同层次的学生提出对策，提供信息，从而提高了复习迎考工作的针对性。每年年终和高考过后，市教育局都要及时召开会议，全面总结教育工作发展情况和高考情况，大力表彰完成年度目标任务以及高考工作的先进单位和个人，对做出突出贡献的先进单位和个人给予重奖。完善的质量管理制度和有效的激励机制极大地调动了各县、市、区抓管理、重质量的积极性，为全市教育质量的稳步提升创造了条件。1997 年，绵阳市高考上线 2343 人，超过了全省高考大户遂宁市，此后，绵阳市高中教育一直保持了稳步上升势头。2000 年，全市高考硬上线人数一举突破4000 大关，达到 4800 余人，比 1999 年增长 1928 人，增幅达 66.9%，上线率居全省第四；2001 年，绵阳市高考硬上线人数达到 6925 人，比2000 年增长 2114 人，增幅达 43.9%，上线率居全省第一；2002 年高考再次取得令人惊喜的好成绩，高考本科硬上线人数达 6537 人，比2001 年增长 1797 人，增幅达 37.9%，本科硬上线率达 47.0%，居全省第一，同时万人上线率也居全省第一。

三、职业技术教育继续发展

1992 年以来，随着"科技兴绵"战略的实施和推进，特别是四川省委、省政府做出优先发展"成、德、绵一条线"经济的决定，对绵阳地方青少年教育提出了新的更高的要求。深化教育改革，推动经济建设更多依靠科技进步和劳动者素质提高，大力推进职业技术教育的发展、打破制约经济发展的瓶颈成为刻不容缓的重要任务。正是在这种时代背景下，绵阳市委、市人民政府做出了《关于深化教育改革大力发展职业教育的决定》。该决定指出，职业技术教育是教育与经济结合最紧密的部分，对于经济的迅速发展起着至关重要的作用。但由于多种原因，全市职业技术教育无论办学体制，还是规模和质量都还不能适应经济建设和社会发展的需要，大力发展职业技术教育是全市"八五"期间乃至今后很长一段时期的重要任务。因此，要认真落实中央、省委关于发展职业技术教育的有关文件精神，坚持大力发展的方针，把职业技术教育推向一个新阶段。该决定还就发展职业技术教育的目标任务、如何落实大家来办的责任以及如何进一步完善职业技术教育的政策措施等进行了系统阐述。该决定要求到1995年，将现有18所职业中学办成单设职业高中，至少再改办或新办5所职业高中，全市各类中等职业技术学校的招生数和在校生数与普通高中的招生数和在校生数的比例达到1.5：1以上，力争达到2：1。同时，积极发挥中等专业学校在各类中等职业技术教育中的骨干作用，市属普通中专应努力扩大规模，并继续挖潜举办职业高中班，各类技工学校也应扩大办学规模。"八五"期末，全市技工学校年招生要达到4000人以上，要进一步改善3所县农民技术学校的办学条件，逐步扩大规模，并使在校中专班、中级技术班的人数保持在900人左右。同时，单设职业中学一般都应达到规范要求，建成10所左右的重点职业中学，把1所县农民技校办成中专，市属中专办学条件均应达到规范要求，重点建好2~3所省、市重点中专。到1995年全市各类中等职业技术学校发展到136所，有在校学生44382人，占高中阶段学生总数的68.8%。职业高中由10年前的8所发展到94个学校（点），招生数占普高招生的1.7倍；中专、师范招生扩大，教学质量、办学水平有了很大提高。这一时期，绵阳职业技术教育得到了一定程度的发展，但好景不长，职业技术教育的发展态势很快就停滞不前，从1995年起，各地都相继品尝到了大干快上、盲目发展的苦果。由于职业学校多而零散，规模过小、各自为政，招生秩序混乱、校舍、场地跟不上职业教育的发展势头，教师的专业能力较差、教师资源匮乏，专业设置不合理、与市场需求脱节、专业设备、实习基地缺乏，普遍存在"黑板上开拖拉机"的情况，本来生机勃勃的中等职业教育很快失去了特色。再加上市场经济格局的形成，中专生、技校生包分配和职高生就业优惠政策都相继失效，招生承诺不能完全兑现，中等职业教育的声誉一落千丈。1995年，绵阳职业教育的生源开始明显减少，导致部分地方教师流失、教学资产闲置，职业教育渐渐陷入了举步维艰的境地。1997年，全市各级各类中等职业学校平均在校生不到800人；1998年，全市中等职业教育招生不到7000人；到1999年时，职业教育生源只剩下1.4万人左右，在全市9所中专学校中，学生数最少的仅有100多人，最多也不过1800人，且均呈继续下降的趋势。面对职业教育发展的严峻形势，绵阳市委、市政府围绕科技城建设和"大职教"观念，从政策上对职业教育的发展给予了大力支持。

（一）优化职业教育布局结构

在职业教育发展举步维艰的时刻，绵阳市委、市政府召开了专门会议，并组成联合调查组，对全市职业技术教育发展的现状进行了调研。调查组还根据调查了解的情况，提出了对职业技术学校进行合并重组的方案。在市委、市政府的大力支持下，市教委全面科学地分析了全市职业教育的现实状况和未来趋势，确立了整合优化职业教育的基本原则和相关政策，积极推动职业中学、技校、中专、成人教育、高职等教育科学组合，合理分布，根据科学城建设的总体规划和布局要求，逐步建立起以政府办学为主体，社会各界共同参与，公办、民办学校互相促进、共同发展的多元化办学体制。从1998年开始，全市各县、市、区按照"收缩校点、做大做强"的原则，对职业教育进行了大刀阔斧的调整。如涪城区将市职业中学与御营职业中学合并重组，建立了绵阳市职业技术学校；游仙区教育职业中心将一所计算机学校和职业中学联合起来，建立了游仙区职业教育中心；梓潼县将成人中专与城关职业中学兼并，建立了梓潼职业中学；绵阳市将全市25所技校调减到了7所，将工业学校、机电学校、建材学校三所中专合并，成立了绵阳高职学院。同时，对由社会力量开办的职业学校也进行了大刀阔斧的整顿，严查办学资格，对没达到办学条件的学校果断撤销其资格。总的来看，这次调整分为三个方面：一是用行政手段和经济手段，对中专、职高和部分技校进行撤、并、重组；二是对信誉差、招生人数少的社会力量所办学校实行停止招生，并让其消亡；三是对部分办学条件差的技校、成人中专校，让其在自然竞争中逐步淘汰。

（二）调整职业教育专业设置

随着市场经济的发展，新兴产业不断涌现，一些传统产业逐渐失去了市场。为了更好地适应经济发展需求，使职业教育能够紧贴社会经济的发展脉搏，市教委在调整职业教育布局结构的同时，还引导各职业教育机构面向市场，大力调整专业设置。一方面是停办毕业后安置率低、市场前景暗淡的专业。针对会计和文秘等传统专业开办过多、人才饱和的状况，绵阳市大多数中等职业学校都先后停办了会计、文秘专业，控制了计算机专业的招生规模。另一方面，开办电子、旅游、制冷、美容、烹饪、家电维修、数控车床等新兴专业。其中，民航旅游专业是绵阳市职教领域顺应市场变化、瞄准市场需求设置专业、实行"订单生产"的成功范例。1997 年，绵阳南郊机场动工兴建，绵阳职业技术学校在进行广泛的市场调研的基础上，与有关方面达成一致，果断开办了民航旅游服务班，当年计划招收 50 人，实际报名的达到了 800 多人，首届毕业生供不应求，实现 100％就业。第二年，绵阳职业技术学校就将民航旅游专业的招生指标扩大到了 100 人，到 2002 年，发展到了1600 名，毕业生就业情况良好，成为该校最大的骨干专业。

（三）采取多样化的办学形式

1992 年，绵阳市委、市人民政府发布了《关于深化教育改革大力发展职业教育的决定》，明确指出，发展职业技术教育要提倡用人部门、行业、企事业单位办学，尤其要鼓励有关部门特别是经济部门、企事业单位与教育部门联合办学。要坚持推行"先培训，后就业"的原则，切实落实职业技术学校毕业生的各种优惠政策，有关部门和单位要优先招收具有正规学制的中等以上职业技术学校毕业生和取得技术等级证书的高中毕业生。有招工任务的单位，不得以任何理由挤占或拒绝接受计划劳动部门下达的录用职业中学毕业生和取得技术等级证书的高中毕业生的专项指标；农村企事业单位招工和国家从农村招聘干部和各类技术人员，必须优先从农村受过职业技术教育的毕业生中招收、聘用。

此后，市教委按照各个层次的学生需求和家长期望，采取"上挂下联中拓展"的办法，扩宽办学渠道、增强办学实力、拓展办学规模。如绵阳水利电力学校与四川大学、西南科技大学等高校联合创办成人教育专业。此外，该校还与绵阳市各县区成人教育中心合作，建立了 7 个办学点。中专和高职一体的绵阳职业技术学院与四川大学联合举办了网络教育本科班，设有不同起点的专科班、专升本班，该校还通过与市内外、省内外的中等职业学校联合，设立了多个办学点，扩大了办学规模。绵阳财经学校、绵阳职业技术学校、江油市工业学校、三台刘营职业中学等条件较好的中等职业学校也积极开办"高职班"，通过与生源学校开展下联，举办了"中职前期班"，引导有意愿就读中等职业学校的学生提前分流。1997 年 5 月，经省教委批准，绵阳市境内的绵阳御营职业中专校、江油市职业中专校、科学城职业中专校和三台县职业中专校四所职中增挂职业中专校校牌。至此，全市各中专校都形成了"中专＋成人大专""就业＋升学"和"中职＋大专自考"模式。

在练好内功的同时，绵阳市各中等职业教育学校还大力加强与劳动就业部门以及企事业单位的横向联系，敏锐捕捉社会各用人单位的需求信息，积极拓展就业渠道，以"出口"带"入口"，取得了喜人成绩。2002 年以来，全市不少学校的就业安置率都在 100%，全市职业学校毕业生的总就业率也在 95% 以上，甚至还出现了部分专业人才供不应求的情况，如江油工业学校等学校的毕业生就业合同签到了第二年。这一时期，职业学校的招生市场也一改前几年单边下滑的态势，招生规模连年扩大，在校生人数屡创新高。2002 年，全市中等职业学校招生 24319人，呈现出"进口旺、出口畅"的良性发展势头。

（四）加大教师队伍建设力度

职业教育与普通教育的一个重要的区别点就在于它与工作岗位直接对接，这无疑对职业学校的教师提出了更高的要求，即他们除了掌握相应的科学文化知识外，还必须有过硬的技术专长。为了应对学生成才的需求，绵阳市委、市政府在教师队伍的优化上也出台了一些特殊政策，如能够胜任职业教育教师的企业下岗人员，若是因为职业学校需要，可以不受编制的限制；市委、市政府将城市教育经费的 20% 用于职业教育发展。与此同时，各职业学校也根据学校的实际情况，在教师队伍建设方面出台了一些政策措施，如绵阳职业技术学院在成立之初，就要求教师成为科研专家型教师。2001 年，学校派出了 27 个教师攻读工程硕士；2002 年，又有 30 多名教师报考硕士，并送出了 40 多名教师参加双师型培训。此外，学校还设立了专门的科研基金，由学校拨款将教师送去考察学习，让优秀骨干教师在闲暇时间进行教育科研，让老师到产学结合的实体企业中去兼职，学校的评优奖励也向奋斗在教学一线的教师倾斜。再比如绵阳水利电力学校在帮助教师制订个人发展规划的同时，积极支持教师进修、考研，并与教师签订相应的就业协议，学校支付教师 60％的读研费用，教师则必须至少在学校工作 5 年。通过分配录用、送出去培训、下企业锻炼、从外地聘请等渠道，各职业学校基本解决了专业课教师缺乏的问题，建立起了一支业务过硬的文化课教师队伍和专业课教师队伍。

（五）规范职业技术教育管理

中等职业学校的学生绝大部分来源于农村，除了极少数学生自愿升入大学外，绝大部分都是为了学一技之长在城市找一份工作，也就是为了跳出"农门"。为了满足广大学生和家长的愿望，市教委以市为主，制定了职业教育管理的规范要求。一是积极鼓励和支持各职业学校成为职业教育战线的国重、省重。1996 年，省重点职业中学绵阳市御营职业中学被省市确定为全市唯一争创国家级重点职业中学的学校，绵阳市职业中学、科学城职业学校、江油市中坝职业中学和三台刘营职业中学也被确定为争创省重点职业中学的学校。1997 年 3 月 25 日，省教委抽调人员组成省级重点职中检查评估小组，对已获得省级重点职中的绵阳市职中、江油中坝职中进行评估复查，对御营职中、科学城中等职校、三台刘营职中晋升为省重点职中进行确认评估，经评估，省教委确认绵阳市职中、江油中坝职中复查合格，认定御营职中、科学城中等职校、三台刘营职中晋升为省重点职中。二是大力调整中等师范学校结构。1997 年，全市中师标准化建设全面完成，中师标准化建设成果还受到了省教委的表彰奖励。其中，绵阳师范、江油师范、江油幼师三所学校的标准化建设更是受到了国家教委的高度评价，被誉为全国中师"三枝花"。开展中师标准化建设，使得全市中等师范学校的软硬件设施和教育教学质量都得到了进一步提高。三是在市教育局"加强素质教育、培养专业人才"的总体要求下，绵阳市各职业学校都制定和完善了人才培养方案，并细化分解到了每一阶段、每一专业。如 1999 年，绵阳水利电力学校率先把教学水平评估作为突破口，建立起了从课堂教学到学生实习，从教学内容、过程到效果等一整套完整的评估标准，按照"实用够用"的原则，删繁就简，对职业学校的教材和教学内容进行了大力改革，规范了教育教学行为，增加了专业课和实训课的内容，有效地提高了学生的动手能力，受到了用人单位的欢迎。此外，在招生和毕业生就业方面，一方面，绵阳市采取普通教育和职业教育统一规划、同时录取的基本原则，在投入上充分考虑普通教育和职业教育发展的需要，实现两者并重。如从初三开始就根据学生的意愿进行分流，鼓励升普高困难的学生提前接受职业教育，保障职业学校生源。另一方面，为促进职业学校提高教学质量、提高毕业生就业率，绵阳市在全国职业教育系统率先推出毕业证与技能等级证"双证"（多证）一起拿制度。

（六）加大职业教育资金投入

1992 年，绵阳市委、市人民政府做出了《关于深化教育改革大力发展职业教育的决定》（以下简称《决定》），明确规定市财政每年在正常经费中安排 30 万元用于中专校职高班补助，从市级机动财政中拿出 60 万元用于全市职业教育发展，使职业中学的生均经费由 1985 年的 236 元增加到 1993 年的 451 元。[1] 此后，绵阳市委、市政府按照《决定》要求，在职业教育发展方面，加大资金投入，如为了支持御营职业中学创建国家级重点职业中学，绵阳市和涪城区都增加了对该学校软硬件设施的财政投入，仅 1996 年市区两级累计投资就达到了 500 多万元，征地两亩，添置电子、烹饪、财会、机械等专业设备 150 多万元。在"大力发展、大家来办"的思想指导下，各县、市、区和各有关部门都相继开办了职业中学，一时间，职业技术学校遍地开花。1993 年，全市就有各类职业技术学校 86 所，当年招生 1.7 万人，在校生人数也由 1985 年的 5800 人增加到了 1993 年的 21000 人。

综上所述，这一时期，绵阳党委、政府采取争创示范学校、对各校

---

① 绵阳市委 市政府. 关于深化教育改革大力发展职业教育的决定 [Z]. 1992.

的教学效果进行检查、调整布局、扩大规模、打破条块分割、内强专业外拓就业渠道等措施，为绵阳职业教育的发展提供了有力支撑，为全市职业教育走出低谷，迎来第二个快速发展的黄金时期起到了重要作用。

四、高等教育发展成果丰硕

绵阳市境内的高等教育起源于 1938 年，随着东北大学迁入绵阳三台，绵阳高等教育也揭开了发展的序幕。但是 50 多年来，绵阳市境内的普通高校也只发展到了 4 所，即西南工学院、绵阳师范专科学校、绵阳经济专科学校和中国民航飞行学院绵阳分院。科学城首先应该是教育城，为了构建起一个门类齐全、结构合理、协调发展、质量优良的现代大教育框架，绵阳市委、市政府在努力强化基础教育战略地位的同时，采取多项措施，积极支持市境内高校做大做强、上档升级。

（一）绵阳本地高等教育跃上新台阶

1. 西南科技大学

1999 年，西南工学院有 10 多个教学系部、30 个本专科专业，在校学生 7000 多人。随着国务院西部大开发战略、科教兴国战略的推进和绵阳科技城建设工程的启动，发展绵阳高等教育，构建适应工业化进程和城市化发展需要的高等教育体系随之提上了议事日程。同年，西南工学院提出了以本校为基础，由绵阳市人民政府、中国工程物理研究院、中国空气动力研究与发展中心、长虹电子集团公司参与，联合组建西南科技大学的设想方案。经过省、市政府和教育部门的积极争取、上报，2000 年 8 月，教育部正式批准组建西南科技大学；12 月 21 日，西南科技大学正式挂牌成立。挂牌后，学校的招生规模不断扩大，2000 年在校生人数一举上升到了 14000 多人，在随后的几年中，这一数据不断刷新。与此同时，学校还积极推进产学研合作办学，不仅建立了由省、市政府以及中国工程物理研究院、中国空气动力研究与发展中心、四川长虹电子集团公司、中国燃气涡轮研究院、西南自动化研究所、西南应用磁化研究所、九洲电子集团等大型企事业董事单位多元化共建的联合办学体制，而且从董事单位聘请了 3 名院士担任内设学院的院长，聘请了 158 名教授、85 名副教授和 58 名讲师担任学校的兼职教师，有效地增强了学校师资力量。此外，在协作办学的过程中，西南科技大学进一步强化了与联办单位的国家各级科研项目申报工作。

2. 绵阳师范学院

西南科技大学的挂牌，翻开了学校发展的全新篇章，也带来了绵阳高等教育联合重组、上档升级的热潮。2002 年 3 月 22 日，经过教育部同意，绵阳师范高等专科学校与绵阳教育学院顺利合并，绵阳科技城又诞生了一所新的普通本科高等院校——绵阳师范学院。学校在正式挂牌成立后，设置了 27 个普通本科和 31 个普通专科专业，14 个成人本科和 52 个成教专科专业，并以人事制度、分配制度改革为突破口，制定和完善了定编、定员、定岗等方案和科处级干部选拔任用办法，制定并实施了以岗定薪、按劳取酬、优绩优酬等分配制度改革方案，极大地调动了教职员工的积极性，在此基础上，学校还对已有学科结构进行了优化、调整和规范，力争进一步扩大办学规模。

3. 绵阳职业技术学院

2001 年 4 月，经四川省人民政府批准，绵阳市人民政府将绵阳建材学校、绵阳工业学校、绵阳机电学校三所学校合并，组建了绵阳市内第一所市属普通高等专科学校——绵阳职业技术学院。在省、市政府和教育部门的大力支持下，学院全面进行了机构改革，实施了竞争上岗和全员聘任制度，优化了师资队伍结构；投入 2600 多万元用于修建综合教学大楼和学生公寓，添置教学设备；根据人才培养目标，制定并实施了高等职业技术人才培养方案，并同省内外的 9 所职业中学和四川大学、重庆大学等联合办学，构建起了从中等职业教育到高等职业教育再到本科教育的直升通道。

绵阳高等教育上档升级，规模迅速扩大，质量进一步提升，逐步形成了以西南科技大学为龙头，以民航飞行学院绵阳分院、绵阳师范学院等高校为重要组成部分，融合普通高等教育、成人高等教育、远程网络教育为一体的现代高等教育体系。

（二）省内外知名院校相继抢滩绵阳

一方面，绵阳本土高校纷纷上档升级，另一方面，绵阳良好的投资环境和教育基础像一块巨大的磁场，吸引了众多省内外著名高校相继抢滩绵阳。1999 年 9 月，四川生殖卫生学校、成都中医药大学、泸州医学院、川北医学院先后与绵阳医科学校联办了成人教育本科班和专科班。2000 年 9 月，成都信息工程学院联合中国空气动力研究与发展中心开办了成都信息工程学院绵阳校区。2001 年 9 月，绵阳中等教育联合办学出现高潮，先是四川师范大学与江油师范学校联办了川师大绵阳初等教育学院，实施初中起点"五年制"和高中起点"三年制"普通专科教育；后是成都理工大学与绵阳财经学校联办了成人教育本科班和专科班；长沙理工大学和西华大学分别与绵阳水电学校联办了部分成教和高职专科专业；再是四川音乐学院与绵阳高新区科润光子科技有限责任公司合作，在绵阳开办了一所民办二级学院——四川音乐学院绵阳艺术学院。2002 年 9 月，河海大学与绵阳市人民政府签订了以绵阳水电学校为基础，签订河海大学绵阳二级学院的协议；西南财经大学登陆绵阳科技城，与绵阳市人民政府联办了西南财大电子商务学院。此外，随着西部大开发战略和《绵阳科技城发展纲要》的实施，清华大学、北京大学、中国科技大学、四川大学等国内众多知名高校的优秀人才和一批海外留学人员也纷纷来绵创业。无论是开办二级学院，还是与绵阳中等教育学校联合办学，都对绵阳高等教育的发展起到了重要的推动作用。

（三）绵阳高等教育助力建设科技城

2001 年 7 月，国务院做出了《关于建设绵阳科技城有关问题的批复》，至此，绵阳科技城建设工作正式启动。随后，绵阳市委、市政府相继出台了《绵阳科技城发展纲要》《关于建设绵阳科技城的若干政策规定》等重要文件，制定了科技城的建设目标、发展重点和具体措施，明确提出了加大改革力度，发展科技教育事业；走创新之路，适度超前发展教育的方针，要求各有关部门集中力量办好西南科技大学、培养大批具有创新精神和实践能力的"四有"新人。

此后，绵阳高等教育超常规发展，不仅有力地推动了绵阳基础教育和其他各项事业的发展，而且也为科技城的建设提供了强大人才支撑。据统计，仅西南科技大学和绵阳师范学院就有包括两院院士在内的高级专业技术职称人员近 1000 名，其中西南科技大学 800 多人，绵阳师范学院 196 人。建立校内科研机构 31 个，承担国家级、省部级在研科研项目 304 项，其中，仅西南科技大学承担的国家"863"和"十五"攻关项目、国家自然科学基金项目、省部级和国际合作项目就有 117 项，已获国家级、省部级等奖励项目 201 项；绵阳师范学院获国家级科研成果奖 40 项、省部级奖项 165 项。此外，绵阳各高校师生还在国际和国家级刊物上发表了大量学术论文，出版了大量学术专著，并获得数十项国家专利。这些成果不仅提升了绵阳的知名度，增强了绵阳的科研后劲，而且还极大地满足了经济发展对不同类型不同层次人才的需求，推动了科技城社会和经济的发展。与此同时，绵阳市内各高校根据科学城建设和发展的需求，对原有学科和专业进行了优化调整。其中，西南科技大学建成了以电子信息工程、材料科学工程、生物与环境等学科为龙头，以制造科学与工程、土木建筑工程等学科为骨干，以数学、物理、化学为支撑，以经济学、管理学为配套的具有鲜明特色的专业和学科群。绵阳师范学院在完善原有专业的基础上，新开设了广播电视新闻学、经贸英语、饭店管理、旅游管理等新型专业。绵阳职业技术学院则根据科技城建设的发展和产业结构调整的方向，设置了 30 多个培养实用人才的专业。据统计，绵阳市内各高校每年输送的毕业生达到 17800 名左右，极大地满足了科技城建设对不同层次人才的需求。

五、扫盲工作取得一定进展

在社会主义市场经济确立初期，在大力推进普及九年义务教育工程的同时，各地还狠抓青壮年文盲扫盲工作。1993 年 7 月 24 日至 31 日，受省政府委托，省教委、绵阳市人民政府组织市教委、市农牧局等 8 个扫盲领导小组成员单位以及市县教育部门的 40 多名干部，对江油、涪城、游仙等 7 个县、市、区 21 个乡镇的 67 个村进行了高标准扫盲复查抽考验收，共计抽考 2523 人，合格 2455 人，合格率为 97.3%，15～43 周岁的青壮年非文盲率已经达到了 98.5%。1995 年 5 月 4 日，省政府确认 26 个县、市、区为基本扫除青壮年文盲单位，绵阳市北川县、平武县位列其中。截至 1995 年，绵阳市通过举办成人中专、成人中心校、乡镇成人学校和村级农校等，全市在青壮年中基本扫除了文盲。经省政府检查验收，青壮年中文盲占比由 1985 年的 16.6%下降到 1.4%。至此，绵阳市境内 9 个县、市、区全部实现了基本扫除青壮年文盲任务。

六、民办教育走上发展快车道

民办教育是改革开放以来随着人们对文化、技术需求的增长而大规模发展起来的，最早的民办教育以文化班居多，如成人中考、高考前复习班等，随后，各种技术培训班逐渐多起来。为了加快发展社会力量办学、鼓励民间资金发展教育，1997 年 7 月 31 日，国务院发布了《社会力量办学条例》，同年 10 月 1 日起正式施行。该条例就民办教育机构的设立、教学与管理等做出规定，并指出各级人民政府有关部门应当依照有关法律、法规对社会力量办学给予扶持。2002 年 12 月 28 日中华人民共和国第九届全国人民代表大会常务委员会第三十一次会议又通过《中华人民共和国民办教育促进法》，这部法律进一步明确了民办教育机构的设立、组织与活动、权益、法律责任等方面的问题，明确提出了民办教育事业属于公益性事业，是社会主义教育事业的重要组成部分，国家对民办教育实行"积极鼓励、大力支持、正确引导、依法管理"的方针，各级人民政府应当将民办教育事业纳入国民经济和社会发展规划。

与全国乃至全省其他经济发达的地区相比，绵阳市境内的民办教育起步较晚。2000 年前，绵阳市境内的民办教育主体是幼儿园和培训学校，规模偏小、整体水平不高、民办职业教育薄弱、结构很不合理。2000 年 9 月，党中央、国务院做出了建设绵阳科技城的重要指示。次年 7 月，国务院正式批复了《绵阳科技城发展纲要》。该纲要明确提出了教育适度超前发展的原则，要求各级政府和教育行政部门积极鼓励和支持社会力量创办基础教育学校，以解决基础教育投入渠道单一、教育资金缺口大、教育与经济发展不相适应等问题。随着科技城建设工程的启动，绵阳教育事业特别是民营教育迎来了一次全面发展的大好机遇，绵阳各地不失时机地抓住历史机遇，相继加大了对民办教育事业的支持力度，民办教育由此进入了发展的快车道。

为了加快民办教育的发展进程，优化全市的教育结构，2000 年，市教育局局长赵光周亲自率队到广州等地考察民办学校。2001 年，市政府下发了《关于大力发展民办教育的意见》。该意见明确提出："积极鼓励多种形式投资办学，大力发展非义务教育阶段的各级各类民办教育，提出在招生、业务指导、教研活动、教师管理、表彰奖励和评审示范学校等方面民办学校与公办学校要同等对待①"。2002年，市政府在《关于基础教育改革与发展的实施意见》中又再一次地对民办基础教育学校做出了明确具体的规定，为绵阳市民办学校的发展大开绿灯。此外，绵阳市教育局和其他部门积极协同，通过年审等形式对民办教育机构进行规范化管理，大胆推进"公"与"民"之间的合作，走出了一条集约化、集团化的现代教育发展新思路。正是政府这些极具魄力的扶持和优惠政策，吸引了大量社会力量来绵兴教办学。如2000年9月，绵阳市涪城区人民政府和绵阳东辰集团合资兴办了绵阳东辰实验学校，随后，安徽万博集团登陆绵阳这方教育热土，投资兴建了绵阳万博实验学校。此外，还培养出了绵阳中学教育集团、南山中学教育集团这样的"教育航母"，扩大了优质教育的规模、降低了民办教育的风险。这一时期，绵阳敢为人先，积极探索，出台了多项方针政策使民办教育由弱到强，民办公助、股份制等多种办学体制相继得到发展，突破了原来单一体制的束缚，建立起了多渠道投资、多元化办学的现代教育体制，民办教育的发展成为绵阳教育事业发展的一大亮点。

1992年到2002年是绵阳地方青少年教育发展的黄金时期，在此期间，绵阳市提前一年全面完成了"普九"目标，高考上线人数大幅度增加，万人上线率、硬上线率等指标一举跃升到了全省第一，各类职业教育机构面向市场，调整专业设置，互相融合，协调发展，使职业教育一举走出低谷，呈现出"进口旺、出口畅"的可喜势头；民办教育从弱到强，成为全市教育发展的新亮点；高等教育上档升级，队伍不断壮大，初步形成了基础教育、职业教育、民办教育、高等教育协调发展，互相支撑的教育格局，为科技城提供了强大的人才和智力支撑，为教育发展指明了方向。在十多年时间里，绵阳市广大教育工作者用一组组不断刷新的数据、一个个拔地而起的现代化学校，向全市人民递交了一份满意的答卷，翻开了绵阳地方青少年教育的崭新篇章。

---

① 绵阳市人民政府. 关于大力发展民办教育的意见［Z］. 2001.

第四节 绵阳地方青少年教育改革的经验和不足

一、绵阳地方青少年教育改革的主要经验

(一) 正确决策,落实改革

20世纪90年代初,为推动全市经济发展,深化教育改革,绵阳市委、市政府在调整学校布局结构、深化教育改革、普及九年义务教育、发展职业技术教育、实施素质教育等方面相继做出了一系列重大决策,响亮地喊出了"科教兴市""教育优先""科技城首先是教育城"等口号,制定并出台了一系列支持教育发展的新措施。如从1995年起,市、县(市、区)、乡(镇)教育事业费实行预算单列,每年由市、县(市、区)教育部门编制年度预算,征得同级财政部门同意后,经政府批准后下达给教育行政部门执行,必须保证教师工资按月足额发放。市、县(市、区)都要设立和增加"普九"专项经费支持和帮助民族地区实现"普九"目标,进一步改革和完善教育费附加征收办法。农村教育费附加按上年农民人均纯收入的1.5%由乡镇财政所负责收足,除县、市、区教育行政部门以其中的10%~30%用于发展农村义务教育外,全部由乡(镇)教育办公室安排使用,按年工资总额的1%继续征收城乡干部、职工个人教育费,鼓励社会多渠道多形式集资办学。这些决策和措施,不仅为教育发展指明了方向,而且对激发各县、市、区的积极性,增加教育发展的投入,维护广大教师的合法权益都起到了积极作用。

(二) 勇于创新,敢为人先

绵阳地方青少年教育的快速发展得益于市委、市政府在政策上的大力支持,得益于科技城建设的良好机遇,更得益于绵阳地方青少年教育系统班子观念上的大胆创新。在绵阳,教育工作者率先冲破了城区教育服务城区的观念,允许绵阳中学、南山中学两所名校面向全市招生,开放办学。观念上的创新促使绵阳地方青少年教育挣脱了传统办学模式的

束缚，走出了一条"公办民办共存、民办公助、股份制合作、集团化发展"的现代教育之路。2000年，绵阳市委、市政府制定了《大力发展民办教育的意见》，出台了一系列支持民办教育发展的优惠政策，在全省率先废除了公办学校教师和民办学校教师的区别，在民办学校任职的教师，资格认证、业务培训、职称评定以及晋级评优等和公办学校一视同仁，公办教师和民办教师双向流动，连续计算工龄。此外，市财政每年还拿出30万元民办教育专项资金，鼓励民办学校的发展，表彰和奖励有突出贡献的个人和集体，并在全省率先实行给予民办教育投资者以政治待遇的政策，推荐贡献大、热爱教育事业的民办教育者担任教育局副局长、人大代表、政协委员等各种职务。这些措施，极大地调动了社会各界人士发展民办教育的积极性，促进了优质教育资源与民间资本的有效结合。

（三）健全管理，加强领导

绵阳市教育发展的辉煌成就离不开全市教育系统广大教职工的艰苦努力，更离不开绵阳市委、市政府的正确领导。这一时期，绵阳市委、市政府主要从党风廉政建设和行风建设两方面入手加强党对教育事业的领导。此外，市教育局党委还建立健全了《党委议事工作制度》《党委、局长办公会议规程》《机关经费管理制度》和《局领导分工意见》等规章制度，规定凡涉及经费安排、基建项目、人事调配、干部任免等均由党委会和局长办公会认真讨论、集体决策，干部任免、评选表彰先进一律实行投票决定。

1. 加强党风廉政建设

首先是在思想教育阵地开展"三抓"活动，进行学习和作风建设，建立健全党的组织管理制度。为了抓好党风廉政建设这一工作，市教育局党委出台了《绵阳市教育局贯彻执行党风廉政建设责任制规定的实施办法》《绵阳市教育局党风廉政建设和反腐败工作责任分工意见》《绵阳市教育局党风廉政建设责任制实施考核办法》《绵阳市教育系统党风廉政建设责任制考核细则》和《绵阳市教育局党风廉政建设责任追究制度》等文件，层层签订目标责任书，加强督查，努力做到党风廉政建设与业务工作一起部署、一起落实、一起检查、一起考核，同时坚持对各直属单位的党风廉政工作进行检查考核，评比表彰优秀单位。其次，市教育局党委坚持开展中心组学习制度，坚持每季度学习 3~4 天，并将各单位中心组学习情况纳入党建目标考核，要求各直属单位除坚持每周半天的政治学习外，还要充分利用业余党校活动时间、学校寒暑假的集中学习时间，认真组织党员、干部和师生进一步学习邓小平理论、"三个代表"重要思想、党的方针政策及法律法规和教育、教学、教研业务知识、科学文化知识。另外，市教育局党委还通过制定直属支部（总支）党务工作考评方案，对基层党组织实行量化管理，对基层领导干部进行定期考评。

2. 加强行风建设

这一时期，市教委党委首先从群众最关心的问题入手，加强行风建设，治理乱收费现象。20 世纪 90 年代初，按照省委、省政府的要求和指示，通过"分级清理、边清边改"的方式逐步取消学校自立收费项目，建立了起收费许可证制度、集资审批权制度和收费统计制度，为学生家长减轻负担 1000 万元。1993 年 12 月，市教委在对全市 3995 所中小学 1992 年秋季以来收费情况进行清理检查的基础上，又取消了学校自定的学籍保证金、公物押金、勤工俭学费等 35 个收费项目，降低了 4 项收费标准，清退了 183.69 万元资金，得到了社会的广泛好评。1994 年，市教委党委进一步做出规定，由市县教育督导室在每年春、秋开学后对学校收费情况进行一次普查，将治理"三乱"制度化。同年 7 月，为强化中小学收费管理的社会监督，市教委党委决定从当年秋季起全省中小学开始实行收费登记册制度。1995 年，进一步加大了对学校收费管理的监督力度。据统计，全市清退中小学乱收费共计 37.75 万元，基本达到了省政府提出的治理中小学乱收费"一证一册一据一查"的阶段目标。1997 年，市教委被市政府评为绵阳市首批行风评议合格单位。1998 年，市教委会同市纠风办、市物价局组成调查组深入 7 县 16 个乡镇的 30 多所中小学校，检查收费情况，查处案件 21 起，通报 8 人，行政处分 6 人，清退违规收费 28.5 万元，完善了一把手负责制度。2002 年，全市查处乱收费案件 18 起，清退违规资金 91.98 万元，处理违纪人员 26 人。

在加强行风建设的过程中，市教育局同市纪委、纠风办、财政、物价等部门通力协作，齐抓共管。为抓好教育乱收费治理工作，绵阳市成立了由政府分管领导牵头，有关职能部门一把手为成员的治理教育乱收费领导小组，采取"一把手亲自抓，抓一把手"的方法，层层落实责任，各部门通力协作，共同制定规范，齐抓共管，形成合力，以城区和公办义务教育学校为重点，"开前门、堵后门"，查处典型，标本兼治，从源头上治理中小学乱收费现象。对那些该收而又无收费依据的项目，经有关部门同意，采取默许的态度；对那些虽有具体标准，但操作时弹性较大的项目，采取核算一个标准、不得突破的办法，如预收课本费核定标准后实行多退少不补的规定。与此同时，还制定公布了违反教育收费的处罚规定，对违规收费的学校实行一票否决制。此外，绵阳市通过对普高择校生实行"限分数、限人数、限钱数"的"三限"政策，进一步增强了学校的可操作性。通过开展评选"校风示范学校"、创建"示范小学"和"示范初中"等活动，为教育系统行风建设提供了良好的载体，也为全市教育发展提供了优良的环境。

二、绵阳地方青少年教育改革的不足之处

（一）初中教学质量较低

在全市的基础教育教学中，初中教学质量可以说是最薄弱的一环，每年毕业生 6 万~8 万，但合格的、成绩好的不到 10%，其原因主要是初中长期缺合格教师，这点在农村初中出特别突出。从总体上看，教师教学水平不高、流动性大，投入不足、校舍差、实验设备缺乏、图书严重不足等都是造成初中教学质量长期低下的重要原因。

（二）优质高中数量较少

通过调整结构、建设示范学校，全市高中的教育质量得到了很大提高，但是与老百姓的需求相比还有一定的距离。各市、县（市、区）两级政府，教育行政部门以及各校校长要进一步统一认识，站在学生和家长的角度考虑，站在全市教育发展的大局考虑，努力发展优质高中，提高办学水平，满足社会需求。

（三）基础教育投入不足

政府是基础教育的投入主体，办好基础教育是政府的责任，政府投入不到位，基础教育很难发展。从横向看，绵阳市、县两级政府的投入比例不高，甚至可以说低于全国全省很多地区。全市各县、市、区及乡党委政府要加强基础教育的领导，按照国家出台的有关政策兑现教师福利，做到不克扣、不挪用。要从实践"三个代表"的高度认真思考，统筹谋划，确保绵阳市基础教育在21世纪前一二十年有一个较大发展，为绵阳"两个文明"建设做出贡献。

（四）教育信息化水平较低

21世纪初，绵阳地方青少年教育信息化建设的步子有所加快，但总体来看，还是落后于全国先进地区，这与绵阳市在全国的地位极不相称，更与科技城建设的要求不一致。信息技术课教师人员缺乏且业务水平较低，加之教育行政部门自身管理也存在一些问题，导致绵阳地方青少年教育，特别是农村教育无法在质量上得到大幅度提高。总的来说，经济条件较差、投入不足、硬件建设缓慢是制约绵阳地方青少年教育信息化建设的主要障碍。因此，必须把加快绵阳中小学教育信息化建设作为绵阳基础教育发展的一个突破口，进一步加快绵阳地方青少年教育信息化建设的步伐。

第四章　21世纪初期绵阳地方
青少年教育继续发展（2002—2012）

　　党的十六大指出："教育是发展科学技术和培养人才的基础，在现代化建设中具有先导性全局性作用，必须摆在优先发展的战略地位。"①以胡锦涛为总书记的党中央站在全面推进改革开放和社会主义现代化的战略高度，作出了人才资源是第一资源的科学论断，提出了人才强国战略。党的十七大报告提出了优先发展教育，建设人力资源强国的伟大战略，并且首次将优先发展教育列为改善民生的首要任务。党的十八大指出："要扎实推进社会主义文化强国建设，必须推动社会主义文化大发展大繁荣，兴起社会主义文化建设新高潮，提高国家文化软实力，发挥文化引领风尚、教育人民、服务社会、推动发展的作用。"②进入21世纪以来，党中央反复强调要把教育发展放在突出位置，在全党全社会的共同努力下，教育优先发展战略得到有效实施，党和国家不断深化大家对教育重要性的认识，优先发展教育逐步内化为党和国家的坚定意志，外化为各级党委政府的自觉行动。中共绵阳市委、市政府积极响应党中央的号召，认真贯彻党中央的一系列重要会议精神，全面落实教育优先发展战略，把改革创新作为前进动力，把促进公平作为重要原则，把提高质量作为首要任务，把服务社会作为关键所在，突出内涵发展和结构优化，采取多种措施巩固成果，深化改革，提高质量，持续发展，努力办好人民满意的教育，从而优化了教育资源配置，促进了教育公平，推

---

　　① 江泽民. 全面建设小康社会，开创中国特色社会主义事业新局面——在中国共产党第十六次全国代表大会上的报告 [J]. 求是，2002（22）.
　　② 胡锦涛. 坚定不移沿着中国特色社会主义道路前进　为全面建设小康社会而奋斗——在中国共产党第十八次全国代表大会上的报告 [J]. 求是，2012（22）.

动了绵阳地方青少年教育事业的发展，加快了建设西部教育强市的步伐。

第一节　绵阳发展地方青少年教育的着力点

2002年1月23日，市委、市政府召开绵阳市基础教育暨2002年教育工作会，会议要求抓住科技城建设的历史机遇，大力实施"科教兴市"战略，切实保障教育投入，进一步深化教育体制改革，优化教育结构，发展优质教育资源，逐步普及高中阶段教育，努力把绵阳建设成教育水平居全省前列、与科技城发展相适应的教育强市。同年4月，按照《中共绵阳市委关于贯彻〈中共中央关于构建社会主义和谐社会若干重大问题的决定〉的意见》，绵阳市人民政府下发了《关于基础教育改革与发展的实施意见》，明确了绵阳市"十五"期间基础教育的目标任务。此后，绵阳市坚持把科教兴市战略和人才强市战略放在优先发展位置，多措并举深化教育体制改革，优化教育资源配置，促进教育公平和教育协调发展。

一、加强经费保障，改善办学条件

（一）教育经费的相关政策

2003年，市政府出台了《关于进一步推进特殊教育改革与发展的通知》，加大了对特殊教育的经费支持力度，为全市特殊教育事业发展提供了政策保障，推动了特殊教育的迅速发展。2003年6月，绵阳市人民政府出台了《关于进一步加强农村教育工作的实施意见》（以下简称《意见》）。《意见》规定市政府在加强教育的统筹规划、搞好组织协调的基础上，要加大义务教育的管理和扶持力度，尽最大努力保证义务教育发展的需要。为确保义务教育学校正常运转，《意见》明确了市人民政府要逐县、市、区核定财力并加大对财政困难县的转移支付力度。通过增加转移支付，增强义务教育经费帮助财政困难县的保障能力。县、市、区政府对本县、市、区义务教育负主要责任，负责统筹规划当地基础教育的发展，尤其是九年义务教育的实施；加大对教育的投入，保证学校的正常运转。同时要求县、市、区政府根据国家规定筹措教育经费，改善办学条件，改造危房，不断提高教师待遇，并将农村义务教育全额纳入预算，将预算和执行情况依法向同级人民代表大会及其常务委员会专题报告，接受其监督和检查。镇（乡）人民政府在承担农村义务教育办学责任的同时，还要注重发挥村民自治组织在实施义务教育中的作用，镇（乡）、村根据实际情况，按照有关规定组织农民为学校建设义务投工投劳，并按规定划拨新建、扩建校舍及其他学校所必需的用地等。2006年12月5日，市委、市政府做出《关于加快县市区教育发展的决定》（以下简称《决定》），提出坚持以人为本、教育优先发展的原则，着力健全和完善国民教育体系，促进区域教育均衡协调发展，通过推进教育先进县建设，使县域内教育形成体系完备、条件达标、管理规范、发展协调、效益较好的局面，不断地将人力资源转化为人力资本，切实为加快建设社会主义新农村，促进县域经济社会协调可持续发展，实现绵阳发展新跨越提供坚实的人才支撑和可靠的智力保障。《决定》中提出的总体目标是"十一五"期间，统筹幼儿教育、义务教育、普通高中教育、职业教育、成人教育、特殊教育、培养新型农民等各种类型的教育，促进各级各类教育协调发展，形成较为完备的现代教育体系，不断提高人均受教育年限和人口素质。涪城区、江油市2007年年底以前完成教育先进县的建设目标，安县、游仙区、三台县2009年底以前完成教育先进县的建设目标，其余各县力争在"十一五"期间完成教育先进县的建设目标。

为实现市委、市政府在《关于加快县市区教育发展的决定》中提出的"十一五"期间教育发展的总目标，绵阳市委、市政府在教育经费方面制定了多项政策，一是按照中央和地方政府教育拨款的增长要高于财政经常性收入的增长，并使在校学生的平均教育费用逐步增长的原则，规定市、县（市、区）乡镇教育事业费实行预算单列，每年由市、县（市、区）教育部门编制年度预算，获得同级财政部门同意，经政府批准后下达给教育行政部门执行，教育事业费预算无论采取何种管理办法，都必须保证教师工资按月足额发放；二是进一步改革和完善教育费附加征收办法，要加强教育经费的管理、审计和监督，提升教育经费的使用效益；三是建立规范的成本核算体系，编制教育经费年度需求计划，确保教育经费投入的增加和教育投资效益的提高；四是实施中央和地方分税制配套的改革，建立规范化的各级财政转移支付专项制度，调节各区县的投资结构，促进教育的均衡发展；五是建立与招生和毕业生就业制度配套的非义务教育学生缴费上学制度，形成规范化的非义务教育成本补偿机制；六是进一步完善高等学校收费制度改革，建立学生贷款、奖学金、助学金制度；七是要用足用好已出台的教育经费政策，鼓励社会多渠道、多形式集资办学，改造中小学危房，改建、扩建义务教育学校；八是像抓乡镇企业那样抓校办企业的发展，多渠道增加校办企业的投入；九是要按年工资总额的1‰继续征收城乡干部、职工个人教育费；十是市、县（市、区）都要设立和增加"普九"专项经费，支持和帮助民族地区和贫困地区完成"普九"任务。

2011年，绵阳市政府出台了《绵阳市中长期教育改革与发展规划纲要（2011—2020年）》，提出了要加大经费投入和加强经费管理。一是要加大教育投入。各级政府要把教育作为财政支出重点领域予以优先保障，进一步优化财政支出结构，统筹各项收入，建立健全以政府投入为主、多渠道筹集教育经费的体制，大力保障教育资金的投入。二是要完善投入机制。要按照事权职责和财政体制，明确责任主体，构建"分级负责、相互匹配、统筹协调"的办学体制和经费保障机制。坚持义务教育以县级为主，高中阶段教育以市、县级为主，高等教育以省级为主的教育管理体制。将义务教育全面纳入财政保障范围，义务教育经费投入实行国务院和地方各级人民政府根据职责共同负担，省级加强统筹落实的投入体制。非义务教育实行以人民政府投入为主、受教育者合理分担、其他多种渠道筹措经费的机制，逐步化解非义务教育阶段公办学校债务；普通高中实行以财政投入为主，其他渠道筹措经费为辅的机制；中等职业教育实行政府、行业、企业及其他社会力量依法筹集经费的机制；高等教育实行以举办者投入为主、受教育者合理分担培养成本、学校设立基金接受社会捐赠等筹措经费的机制。三是要加强经费监督管理。四是要实施"教育投入保障机制改革试点"。在涪城区实行政府依法增加投入，社会多渠道筹措教育经费，保障教育事业发展投入增长的试点；在高新区、江油市开展统筹各类项目资源，建立改善办学条件、增加办学投入机制的试点。制定各级学校生均经费基本标准和生均财政拨款基本标准。建立教育投入分担机制。巩固完善义务教育经费保障机制，切实落实各级政府教育投入分项分担责任。建立完善非义务教育多渠道筹措经费的长效机制，尽快化解义务教育学校债务。积极探索地方政府收入统筹用于支持教育的办法，积极调整财政支出结构，新增财力重点支持教育发展。对长期在农村基层、艰苦边远地区和民族地区工作的教师实行工资福利倾斜政策。① 2012 年 1 月 13 日，绵阳市人民政府出台了《关于进一步加大财政教育投入的意见》，要求"各级政府必须充分认识加大财政教育投入的重要性和紧迫性，采取切实有效措施，健全以政府投入为主、多渠道筹集教育经费的体制，大幅度增加教育投入，严格落实教育经费法定增长要求，提高财政教育支出占公共财政支出的比重，提高预算内基建投资用于教育的比重，把拓宽财政性教育经费来源渠道的措施落实到位，确保资金全额用于支持教育事业发展"②。

（二）实施的措施以及成效

"2003 年全市地方教育经费总收入 11.89 亿元，比上年增长 7.31%，全市地方教育经费总支出 11.85 亿元，比上年增长 7.53%。"③ 2005 年，全市地方教育经费总收入 15.66 亿元，比上年增长 10.91%，全市地方教育经费总支出 15.74 亿元，比上年增长 12.91%。共计资助贫困学生 117973 人次，其中享受免费教科书 58359 人次，免杂费 36000 人次，补助城市低保家庭学生 7075 人次，补助农村贫困住校生生活费 15739 人次，职教贫困生 800 人次。共资助贫困学生资金 1829.114 万元，其中，中央免费教科书补助金额 741.68 万元，四川省补助贫困学生经费 326.4 万元（含免杂费 246.4 万元），市补杂费、免

---

① 绵阳市人民政府. 绵阳市中长期教育改革与发展规划纲要（2011—2020 年）[Z]. 2012−06−06.

② 中共绵阳市委 绵阳市人民政府. 绵阳市人民政府关于进一步加大财政教育投入的意见 [EB/OL]. (2012−09−28) [2019−12−30]. http://www.my.gov.cn/public/2311/1282521. html.

③ 中共绵阳市委 绵阳市人民政府. 绵阳年鉴 2004：教育 [M/OL]. (2004−11−30) [2019−12−26]. http://www.my.gov.cn/mlmy/mygk/mynjian/mynj2004/1081341.html.

杂费、城市低保户家庭学生困难补助、以奖代补经费 500 万元，区（市、县）农村贫困住校生生活补助 261 万元。[1]

"2006 年，绵阳市教育经费收入增长超过 8%。全市地方教育经费总收入 16.95 亿元，比上年增长 8.24%。全市地方教育经费总支出 16.90 亿元，比上年增长 7.37%。"[2] 从 2006 年春季起，全面实施农村义务教育经费保障机制。农村（含县、镇）义务教育阶段所有学生全部免收学杂费（含信息技术教育费），继续为贫困家庭学生提供免费教科书，补助贫困家庭寄宿生生活费（按农村贫困率 30%、小学寄宿率 30%、初中寄宿率 60% 的比例发放，每人每年不低于 240 元的标准补助）。"免除农村义务教育阶段 548976 名学生的学杂费 12261 万元。为 59331 名学生免费提供教科书；资助城市低保家庭学生 3853 人，免除杂费 123.7 万元；资助贫困住校生 66781 人，补助生活费 1623 万元；农村中小学公用经费保障水平得到提高，预算内拨款中央、省、县共达到小学生 40 元/年，初中生 80 元/年。建立农村中小学校舍维修改造长效机制，按小学生均 4.5 平方米、初中生均 6 平方米的标准计算校舍面积，按总面积 3.3% 计算改造面积，以每平方米 400 元的标准安排农村中小学校舍维修改造资金 3208 万元。"[3] 进一步完善现行教师工资保障机制，辖区内统一执行教师津贴、补贴和社会保障政策。积极推进城市义务教育经费保障机制的完善，保证在义务教育阶段，城市低保家庭可同步享受"两免一补"的政策。

"据统计，2007 年，绵阳市地方教育经费总收入 24.25 亿元，比上年增长 43.07%，全市地方教育经费总支出 24.04 亿元，比上年增长 42.25%。这一年，绵阳市全面完成'两免一补'任务，贫困学生资助体系进一步健全。共计免除农村义务教育阶段学生 543273 人的学杂费，超额完成 19398 人，到位资金 11651 万元（市级资金 450 万元）；免除

① 中共绵阳市委 绵阳市人民政府. 绵阳年鉴 2006：教育［M/OL］.（2007－04－27）[2019－12－26]. http://www.my.gov.cn/mlmy/mygk/mynjian/mynj2006/1080371.html.
② 中共绵阳市委 绵阳市人民政府. 绵阳年鉴 2007：教育［M/OL］.（2008－08－27）[2019－12－26]. http://www.my.gov.cn/mlmy/mygk/mynjian/mynj2007/1080181.html.
③ 中共绵阳市委 绵阳市人民政府. 绵阳年鉴 2007：教育［M/OL］.（2008－08－27）[2019－12－26]. http://www.my.gov.cn/mlmy/mygk/mynjian/mynj2007/1080181.html.

了城市低保家庭学生 3849 人的学杂费，到位市级资金 120 万元；落实农村义务教育阶段贫困家庭住校生生活费补助 67750 人，超额完成 118 人，全年到位县级资金 1623.2 万元；向义务教育阶段学生免费提供教科书 89771 人，超额完成 2453 人。"① 2007 年 9 月开始，对中等职业学校学生按每人 1500 元/年的标准补助国家助学金，54335 名中等职业教育学生享受国家助学金 3259 万元；帮助 18921 名农民工子女接受义务教育。城市低保家庭义务教育阶段学生同步享受"两免一补"政策。进一步完善现行教师工资保障机制，辖区内统一执行教师津贴、补贴和社会保障政策。对非义务教育阶段的贫困学生减免学费或培训费、课本资料费、补课费、住宿费，为特困生补助生活费并采取"一对一""结对子"等方式进行资助。我市市级以上示范性高中均制定了资助贫困学生的具体办法，市直属高中用于资助普通高中特困学生资金达 882.5 万元。涪城区教文体局还专门设立了贫困高中学生助学金，对贫困高中学生给予 500~800 元/期的补助。全年资助贫困学生 194378 人，资助总额 8900 余万元，其中政府助学金 5600 多万元，学校减免 1955 万元，社会及企事业单位、个人捐助 404.5 万元。与此同时，绵阳市还设立困难子女就学服务窗口，使帮扶工作制度化、常态化。按市委、市政府统一部署，市教育局在惠民帮扶中心设立了"困难群众子女就学服务"窗口，累计为 1700 余名群众提供了教育政策咨询服务，直接受理小学到高中期间困难群众申请近 90 件，提供帮扶资金、减免学杂费用 9 万余元，资助贫困大学生近 700 人，资助现金 100 余万元。在此基础上，市教育局还组建了 18 支教育流动服务队、增设市教育局信访接待科，各区市县也先后成立了教育惠民帮扶分中心，建立和完善了帮扶网络。

"据统计，2008 年，全市地方教育经费总收入 36.93 亿元，比上年增长 52.29%。全市地方教育经费总支出 33.51 亿元，比上年增长 39.39%。这一年，绵阳市教育惠民帮扶取得新成效。全市免除农村义务教育阶段学生学杂费人数 498521 人，完成全年任务的 101%；免费

---

① 中共绵阳市委 绵阳市人民政府. 绵阳年鉴 2008：教育 ［M/OL］. （2010－05－13）［2019－12－26］. http://www.my.gov.cn/mlmy/mygk/mynjian/mynj2008/1079921.html.

提供教科书 498521 人，完成全年任务的 101％；补助贫困寄宿生生活费 118341 人，完成全年任务的 214％。2008 年春季对城市低保家庭义务教育阶段学生 3913 人同步享受'两免一补'，完成全年任务的102％。2008 年秋季免除城市义务教育阶段学生、城市义务教育阶段低保家庭以及因地震造成家庭经济困难学生共 41905 人的学杂费（不包括民办义务教育学校学生），免费提供教科书，并补助寄宿生生活费。全市在城镇就读的农民工子女接受义务教育达到 20827 人，完成全年任务的 118％；资助中等职业教育 1~2 年级农村学生 62474 人，完成全年任务的 114％；资助县镇、农村公办普通高中家庭特别困难学生 197192人，完成全年任务的 1319.5％；全市残疾儿童特殊教育在校生人数达到 2961 人，完成全年任务的 106％。"[①] 2008 年 4 月，启动建设改造留守儿童寄宿制学校工作，汶川特大地震后，此项工作被迫中断。同年 9月重新启动，并结合灾后恢复重建工作进行统一规划、设计，按新的提高抗震设防标准进行建设。到 2008 年底，全市 20 个项目全部开工。与此同时，全面实施义务教育经费保障机制。对农村（含县、镇）义务教育阶段所有学生全部免收学杂费（含信息技术教育费）并免费提供教科书，继续对贫困家庭寄宿生补助生活费。2008 年秋季起对城市义务教育阶段学生、城市义务教育阶段低保家庭学生以及因地震造成家庭经济困难学生免除学杂费（不包括民办义务教育学校学生），免费提供教科书，并补助寄宿生生活费。继续建立农村中小学校舍维修改造长效机制，提高补助标准，中央、省、市安排校舍维修改造资金 3849 万元。全市到位并落实农村义务教育阶段学生 498521 人的预算内公用经费资金 16223 万元，其中，中央资金 12978 万元，省级资金 2962 万元，市级资金 283 万元。为农村义务教育阶段 498521 人免费提供了教科书。落实农村义务教育阶段贫困家庭住校生生活费补助 118241 人，全年到位资金 7663 万元。2008 年春季免除城市低保家庭学生 3849 人的学杂费，共到位市级资金 60 万元。

---

① 中共绵阳市委 绵阳市人民政府 . 绵阳年鉴 2009：教育 [M/OL]. （2010－05－17）[2019－12－28]. http://www.my.gov.cn/mlmy/mygk/mynjian/mynj2009/1079701.html.

第四章

21 世纪初期绵阳地方青少年教育继续发展（2002—2012）

2009 年，绵阳市基本实现教育经费收支基本平衡。"全市地方教育经费年度总收入 54.13 亿元，比上年增长 46.55%。全市地方教育经费年度总支出 50.81 亿元，比上年增长 51.62%。全市免除义务教育阶段学生学杂费人数 530376 人，免费提供教科书 473605 人，做到了应免尽免；补助贫困寄宿生生活费 118846 人，完成全年任务的 121.27%；全年资助中等职业教育 1～2 年级农村学生 74716 人，完成全年任务的 133.42%；资助县镇、农村公办普通高中家庭特别困难学生 60653 人，完成全年任务的 110.48%；全市残疾儿童特殊教育在校生人数达到 2830 人，完成全年任务的 100%；中等职业教育招生人数 54845 人，完成全年任务的 144.33%；完成灾后重建学校所数 628 所，完成全年任务的 100.32%。"[1]

"2010 年，全市地方教育经费总收入 45.66 亿元，比上年减少 15.65%。预算内教育经费支出占财政支出（灾后重建支出）的比例为 9.64%，国家财政性教育经费占国内生产总值的比例为 3.67%。继续实施义务教育经费保障机制。2010 年到位并落实全市农村义务教育阶段学生 441539 人的预算内公用经费资金 22343 万元，其中中央资金 17151 万元，省级资金 4126 万元，市级资金 319 万元，县级资金 747 万元；到位并落实全市城市义务教育阶段学生 47517 人的预算内公用经费资金 2231 万元，其中中央资金 1479 万元，省级资金 292 万元，市级资金 131 万元，县级资金 329 万元；为农村义务教育阶段学生、城市低保家庭学生和随迁留守儿童共 444712 人免费提供了教科书；落实农村义务教育阶段贫困家庭住校生和城市低保家庭经济困难学生生活费补助 122542 人，到位资金 9646 万元，其中中央资金 5147 万元，省级资金 1865 万元，市级资金 506 万元，县级资金 2128 万元；落实校舍维修改造专项资金 2600 万元，其中中央资金 1895 万元，市级资金 516 万元，县级资金 189 万元。"[2] 这一年，绵阳市教育惠民帮扶取得新成效。"全

---

① 中共绵阳市委 绵阳市人民政府. 绵阳年鉴 2010：教育 [M/OL]. (2011－08－23) [2019－12－28]. http://www.my.gov.cn/mlmy/mygk/mynjian/mynj2010/1079441.html.
② 中共绵阳市委 绵阳市人民政府. 绵阳年鉴 2011：教育 [M/OL]. (2012－06－20) [2019－12－28]. http://www.my.gov.cn/mlmy/mygk/mynjian/mynj2011/1079181.html.

市免除义务教育阶段学生学杂费人数 489056 人，向农村义务教育阶段学生和城市低保家庭及经济困难学生免费提供教科书，做到应免尽免；补助贫困寄宿生生活费 122542 人；全年资助中等职业教育 1~2 年级农村学生 66016 人。资助县镇、农村公办普通高中家庭特别困难学生 8226 人，全市残疾儿童特殊教育在校生人数达到 2842 人，中等职业教育招生人数达 37722 人，完成灾后重建学校 101 所，普明中学举办的内地甘孜高中班教育教学工作正常开展。"①

2011 年，继续加大义务教育阶段经费保障机制改革的工作力度，落实到位农村义务教育阶段 424452 名学生的预算内公用经费 24718 万元，其中，中央资金 19066 万元，省级资金 4463 万元，市级资金 128 万元，县级资金 1061 万元；为农村义务教育阶段学生、城市低保家庭学生和随迁留守儿童共 429739 人免费提供教科书；落实农村义务教育阶段贫困家庭住校生和城市低保家庭经济困难学生 112002 人的生活费补助资金 11220 万元，其中，中央资金 6307 万元，省级资金 2357 万元，市级资金 451 万元，县级资金 2105 万元；落实校舍维修改造专项资金 2892 万元，其中，中央资金 1800 万元，省级资金 992 万元，市级资金 100 万元。2011 年，全市共计免除义务教育阶段学生学杂费人数 442755 人，向农村义务教育阶段学生和城市低保家庭及经济困难学生免费提供教科书，做到能免尽免；补助贫困寄宿生生活费 112002 人；全年资助中等职业教育 1~2 年级农村学生 54395 人；资助普通高中贫困学生 29670 人；资助市属高校贫困学生 4200 人；开展金秋助学工作，资助 2011 年被普通高等院校二类本科及以上院校录取的绵阳籍贫困大学生 274 名；做好生源地信用助学贷款工作，为 2862 名贫困家庭大学生发放贴息贷款，同时充分利用教育基金会和惠民中心教育窗口的功能，广泛发动社会、企业、单位和个人参与助学活动，实施系列爱心助学项目，全力募集经费，创建爱心资助目录，其中，西门子公司出资 109.2 万元，资助 21 名地震孤儿大学生；品诚公司邓文平先生出资 120

① 中共绵阳市委 绵阳市人民政府. 绵阳年鉴 2011：教育 [M/OL]. （2012－06－20）[2019－12－28]. http://www.my.gov.cn/mlmy/mygk/mynjian/mynj2011/1079181.html.

万元，资助 56 名贫困大学生；烟草公司出资 30 万元，资助 60 名特困大学生；美丰公司出资 30 万元，资助 50 名家庭困难的小学、初中学生；河南商丘投入爱心助学资金 20 万元，资助 60 余名贫困高中学生；香港华恩基金会、恩泉基金会出资 54 万元，资助 180 名高中学生；红豆集团资助北川七一职中 100 万元，用于帮助贫困学生；李嘉诚出资 53.8 万元，资助 538 名贫困学生；邵逸夫基金出资 6772150 元，资助 7 所学校校舍建设。"两免一补"政策切实减轻了人民群众的教育负担，平均每年每个小学生家庭可减负 140 元，初中生家庭可减负 180 元。

2003 年以来，绵阳市逐步开始进行农村义务教育经费保障机制改革，建立起了"责任明确、经费共担、保障有力、管理有序"的农村义务教育经费保障新机制。按照"明确各级责任、中央地方共担、加大财政投入、提高保障水平、分步组织实施"的基本原则，逐步将农村义务教育全面纳入公共财政保障范围，建立各级人民政府分项目按比例分担、经费省级统筹、责任市级落实、管理以县为主的农村义务教育经费投入管理机制。农村义务教育经费保障新机制的建立是我国教育发展史上的重要里程碑，对于促进教育公平、提高全民族素质将会产生重要而深远的影响。

二、推进素质教育，提高办学质量

（一）执行国家课程标准

党的十六大将教育方针修订为"坚持教育为社会主义现代化建设服务，为人民服务，与生产劳动和社会实践相结合，培养德智体美全面发展的社会主义建设者和接班人"[①]。这一教育方针体现了党对素质教育的重视。绵阳市认真贯彻落实党的教育方针，从 2003 年 9 月起，科技城范围内的所有小学、初中的起始年级都严格按照省教厅的要求，改善相应的硬件设施，全面试行"新课程计划"，严格执行国家课程标准，开齐课程，开足课时。随后，市政府出台了《关于进一步加强青少年体

---

① 江泽民. 全面建设小康社会，开创中国特色社会主义事业新局面——在中国共产党第十六次全国代表大会上的报告 [J]. 求是，2002（22）.

育增强青少年体质的通知》等文件，加大体育成绩在学生综合素质评价和高中阶段学校招生考试中的权重，确保了学生每天一小时体育活动；全面实施"体育、艺术2+1项目"，建成国家级体育传统项目学校2所，省级体育艺术类特色学校25所，市级体育艺术类特色学校89所。2007年，绵阳市出台了《绵阳市义务教育课程设置方案（试行）》。该方案明确指出，综合实践活动课程为国家规定必修课，地方课程由市教育局根据教育部和省教育厅关于地方课程管理与开发的指导意见统一安排，学校课程由学校根据市教育局关于学校课程管理与开发的指导意见开发与管理。不久，绵阳市又出台了《绵阳市义务教育阶段地方课程实施方案（试行）》，进一步提出，地方课程设置坚持系统性、整合性和独立性原则，包括写字、普通话口语训练、实践与创新、道德与法制、青春期、心理健康教育和四川（绵阳）历史与社会课程等，地方课程管理权属于省教育厅，地方课程教材开发实行立项、核准制度。2011年来，全市进一步深入实施素质教育。一是坚决执行国家课程标准，开齐开足音体美课程，充分利用课堂教学的主阵地作用，提高学生的文化素养和艺术修养；二是组织开展形式多样的大课间活动、课外文体活动等，确保学生每天锻炼一小时；三是顺利承办全省中学生足球、篮球、网球比赛；四是成功举办全市中小学生足球、游泳、风筝、幼儿体操等体育赛事和十佳歌手、校园艺术节、义务教育成果展、建党90周年大型文艺汇演和"感恩·奋进"主题教育等文化艺术活动。此外，为保证新课程的开展切实取得成效，绵阳市委、市政府将督查素质教育实施情况作为常规工作，如2006年对城区义务教育阶段学校贯彻、执行《四川省义务教育阶段学校实施素质教育八条规定》和《四川省规范教育收费八条规定》情况进行检查，为青少年勤奋学习、愉快生活、全面发展营造了良好环境。2007年，绵阳市首次把教育研究和办学特色纳入义务教育评价与表彰体系，进一步加强了中小学教学质量监控工作。绵阳市通过严格实行国家新课程标准，彻底改变了教学中重知识传授、轻能力培养的局面，推动了教师教研、培训活动的广泛开展。在此后两年多的时间里，各试点学校积极采取措施，大力探讨教学新方法，总结试点经验。经过驰而不息的努力，绵阳市的学校管理和教学质量都发生了可喜变化。

第四章

21世纪初期绵阳地方青少年教育继续发展（2002—2012）

（二）大力发展校外教育

在努力开齐开足音体美课程、发挥校内课堂作为发展素质教育主阵地的作用的同时，绵阳市还积极开辟和构建第二课堂，借第二课堂来丰富学生课外活动，引导学生发展特长。绵阳市先后举办了全市中小学生艺术节、艺术人才大赛、中小学生课外活动成果展览等活动，承办了全国中学生田径锦标赛、全国中学生足球联谊赛、全国中小学劳技教育创新作品大赛、全国青少年信息学奥林匹克竞赛等活动，真正做到了天天有活动、月月有比赛、校校有特色。全市学生通过参与这些活动和比赛，不断增强自身的创新精神和实践能力，在学科奥赛、国际机器人创新比赛、艺体考试、空军招飞和国际交流等领域绽放异彩。此外，为全方位推动素质教育的发展，绵阳市还积极打造德育特色学校和少年宫，为顺利实施素质教育提供理想场所。截至 2012 年，成功打造德育特色学校 10 所，创建省级中小学质量教育基地 1 所，全面建设县级青少年活动中心 9 所，全市 726 所中小学校实现了乡村（城市）学校少年宫建设全覆盖，率先在全省建设特色学校少年宫 28 所。形式多样的课外文体活动、艺体赛事以及特色学校和少年宫的创建都为学生全面发展、成人成才提供了多样化的选择。

（三）改革教学评价方式

科学合理的教学评价方式有利于提升学生综合素质，促进学生全面发展。21 世纪以来，绵阳市积极探索改革教学评价方式，对义务教育学校从办学条件、学校管理和教学质量等方面进行综合评价；建立了小学、初中校长评价制度，县级教育部门对校长的办学理念、办学效益、管理水平等进行评价；完善了教师工作评价、激励机制，学校对教师从教学态度、教学能力、教学方法和教学效果等方面进行全面评价；改革普通高中招生考试制度，加大实验操作、体育等课程的分数权重，降低考试难度；深化义务教育阶段学生综合评价制度改革，从德、智、体、美、劳、创新等多方面综合考察和评价学生，旨在促进学生全面发展。2011 年，绵阳市出台了《绵阳市中长期教育改革与发展规划纲要（2011—2020 年）》，提出要推进素质教育改革试点，总体目标是通过组织实施试点项目，探索建立减轻中小学学生课业负担的有效机制和教育质量监测评估体系；通过推进高中办学模式多样化试验，建立高中特色课程体系，探索弹性学制等人才培养模式。具体目标是要在绵阳中学、南山中学、富乐中学等 15 所中小学探索建立减轻中小学学生课业负担的有效机制；在南山双语、实验小学、江油诗城小学等 13 所中小学建立教育质量监测和评估体系；在绵阳中学、南山中学、绵阳外国语学校、南山双语学校、南山中学实验学校、科学城一中推进高中办学模式多样化试验，建立高中特色课程体系，探索弹性学制等人才培养模式。

（四）调整中考招生政策

为进一步推进素质教育工作，绵阳市出台了《绵阳市教育局关于绵阳市 2005 年高中阶段学校招生实施办法的通知》，该通知对全市中考政策做出重大调整，"绵阳中学、南山中学的指令性招生计划进一步扩大，由 2004 年的每校 1200 人扩大到 2005 年的每校 1400 人，进一步满足了市民子女享受优质教育的需求；课程改革实验区和非课程改革实验区招生计划进行单列；不再发给考生指导性录取通知书，指导性计划线由教育行政部门划定，学校录取；绵阳中学和南山中学不能兼报，非毕业年级学生不能报考；凡考取并就读指令性计划学校的特困家庭学生，绵阳教育局将减免该生一年的学费"①。与此同时，根据《绵阳市教育局关于课程改革实验区 2005 年初中毕业生综合素质评价指导意见（试行）》，对初中学生的综合素质全面展开评价，并首次把义务教育阶段学生综合素质评价 A、B、C 等分别折合为 16、13、10 分计入普通高中招生录取成绩总分。从 2006 年起，将理、化、生实验操作考试和体育考试成绩纳入中考总成绩，分值分别达到 15 分和 10 分。2007 年，全市中考改革进一步深化，初三毕业学生的综合素质评价纳入了高中阶段学校录取的重要内容，并计入升学总成绩；省级以上示范性普通高中招生计划的 10% 定向切块均衡分配到各县、市、区和学校；出台了《绵阳市教育局关于印发〈绵阳市二〇〇八年初中毕业及升学考试实施办法（试行）〉

---

① 绵阳市教育局. 绵阳市教育局关于绵阳市 2005 年高中阶段学校招生实施办法的通知 [Z]. 2005−03−24.

的通知》（绵教发〔2007〕38 号），将初中学业考试与升学考试两考合一；改变了以往仅将各科考试分数简单相加后的结果作为评价学生和升学考察的唯一标准的固有办法，而是将初中毕业生学业考试成绩和综合素质评价结果相结合，作为评价学生和高中阶段学校招生录取的全新标准。2007 年 12 月，成功组织了全市初 2008 级生物学业考试和地理学业考试。2008 年，市教育局结合全市初中课程改革、灾后重建和高中教育教学实际，将初中毕业生毕业考试与高中阶段学校招生考试合并进行，实行初中毕业生学业考试，继续推进初中学生的综合素质评价改革，将学生综合素质评价结果作为学生毕业和升学录取的必要条件：综合素质评价结果必须在 C 等以上方能毕业，综合素质评价结果必须是 A 等方能录取为省级及以上示范性普通高中新生，综合素质评价结果必须是 C 等以上方能录取为其他普通高中新生。2009 年，继续推进初中学业水平考试改革，对历史和思想品德两门科目的学业考试实行开卷考试，进一步切实减轻学生负担；继续深入推进义务教育学生评价制度改革，对学生施行综合素质评价，并将评价结果作为学生毕业和升学录取的必要条件。这一年，省级及以上示范性普通高中招生计划 35％均衡定向分配到服务区内的每一所初中学校，较上年提高 15％。2010 年，全市初中学业考试暨高中阶段升学考试改革进一步深化。在命题工作中，坚持抽调优秀教师，确保命题质量；加强对所出试题的保密措施，修订考务工作细则，严格组织考试要求，严肃处理考试中出现的违规行为；坚持学业考试与普通高中升学考试、五年制高职录取考试同题同卷一并进行，升学考试成绩同时作为学业考试成绩，有效减轻学生课业负担。同年下发了《绵阳市教育局关于初 2010 级语文等科目学业考试有关事项的通知》，规定考试分为文化考试和升学体育考试，升学考试满分 780 分，其中，文化考试除语文、数学、英语三科外，首次设置历史与社会、科学两科，并对考试科目、考试时间等做详细规定，探索开卷与闭卷相结合的考试方式。在填报志愿方面，规定初中毕业学生填报志愿与报名同期进行，绵阳中学和南山中学的指令性计划实行同一志愿，使用同一代码，统一划线，联合招生，随机分配生源；科技城范围内的省级以上示范性普通高中指导性计划分校填报，统一录取；其他省级以上示范性普通高中指导性计划在当地教育主管部门领导下录取。下发了《普通高中学校招生计划50％均衡定向分配的通知》，实行省级以上示范性普通高中50％招生计划定向分配到初中学校。据统计，全市13所省级以上示范性普通高中共7023个招生名额均衡分配到各县（市、区）各初中学校和6所直属初中学校。此外，绵阳市还首次实行网上报名、志愿填报和阅卷，试行艺体特长生免试或其他方式升入示范性普通高中的办法，降低中考试卷难度系数，增加体育升学考试分值，恢复实验操作考试，注重学生实践操作能力。2012年，绵阳市继续推行艺体特长学生升入省级以上示范性普通高中招生办法，进一步降低中考难度系数，将中考难度系数保持在0.65左右，并将全市14所省级以上示范性普通高中统招公费生招生计划的50％均衡分配到辖区内每一所初中。

（五）加强思想道德建设

2005年，绵阳市确定了科学的德育目标和内容，在此基础上，充分强调学校教育在未成年人思想道德建设中的主阵地地位，在中小学生中广泛开展民族精神教育、诚信教育和民主法制教育；组织2.5万人参加了四川省未成年人思想道德建设知识竞赛，有289位校长参加了9月1日民族精神宣传月活动启动日校长主题报告评比活动。2006年，绵阳市强化未成年人思想道德建设工作，重点开展十个方面的教育活动，即认真组织开展第五个公民道德建设宣传教育月系列活动、第三个"中小学弘扬和培育民族精神月"系列教育活动、社会主义荣辱观学习教育活动、和谐教育与"构建和谐校园"活动、节约教育与创建"节约型学校"活动、青少年校外教育与校外活动场所建设、法制进校园宣传教育活动、禁毒防艾滋病防邪教育活动、"未成年人维权行动月"活动和关心下一代教育系列活动。此外，还印发了未成年人思想道德建设工作自查50条标准。对各县、市、区、校未成年人思想道德建设和大学生思想政治教育工作进行了专项指导、督查。2007年，为加强爱国主义教育，绵阳市重点开展了"五个一"活动，即读一本爱国主义书籍、看一部爱国主义教育影片、讲一个爱国主义故事、唱一首爱国主义教育歌曲、写一篇爱国主义教育文章。在民族精神教育方面，开展了请老红军、老革命作报告，组织参观烈士墓、纪念馆、博物馆，举办专题文艺演出、歌咏比赛、演讲比赛等活动。与此同时，各学校还广泛开展了"诚信教育"、"禁毒防艾滋病"宣传活动和"崇尚科学，反对邪教"活动。全市乡镇小学以上学校全部聘请了法制副校长，每学期开展1~2次专题法制教育活动，组织服刑人员现身说法、举办律师报告会，送法制进校园。乡镇小学以上学校都开设了心理健康教育课，做到了教师、教材、设备、课时、辅导、考核六个方面的落实；示范学校设置心理咨询室，开展心理咨询活动；市教科所配备了专职心理教育留学硕士教研员，负责指导全市心理健康教育；市、县组建了心理咨询团，在高考、中考等大型考试前，深入学校开展心理辅导和心理咨询活动。2008年，在学校教育中，坚持育人为本，德育为先。根据不同学校不同年龄学生的特点，分别开展了不同主题的公民道德建设宣传月活动；先后开展了弘扬抗震救灾精神、北京奥运精神、神舟七号航天精神等的活动。地震后，特别强化了学校心理健康教育、安全知识教育、大爱教育和感恩教育，如组织66名重灾区学生到西安参加中外青少年"心连心"夏令营，安排153名极重灾区学生赴俄罗斯疗养等。2010年，绵阳市将社会主义核心价值体系融入学校德育教育全过程，围绕爱国主义教育、感恩教育、心理健康教育、中华经典诵读等"十大教育"活动内容，深入开展"公民道德建设宣传月""弘扬和培育中小学民族精神月"等主题教育活动。

在全面建设小康社会时期，绵阳市逐步完善科学的考核评价机制，继续实施"体育艺术2+1项目"，降低中考试卷难度系数，增加体育、理化生实验操作考试在中考中的权重，恢复实验操作考试，从政策调整、活动开展、考试评价、招生制度等方面全面减负，引领素质教育深入实施，促进学生全面发展，在2012年全国文明城市创建活动中，绵阳市被评为"全国未成年人思想道德建设先进城市"。

三、加快人才培育，助力教育腾飞

（一）提高教师业务能力

教师队伍是教育发展的根基，高质量的教师队伍对促进教育发展具有事半功倍的作用。为强化教师队伍建设，"2003年，绵阳市组织和指导各县、市、区的教师进修学校的中学教师继续教育培训班 154 期，参培人数达 13.8 万人次。选送 4 名小学英语教师到英国里丁大学接受培训。14 名优秀教师参加国家级培训，208 名中小学教师参加省教育厅组织的培训，对全市新上岗的 753 名中小学教师开展培训。市教育局邀请省内 40 名专家来绵阳市，对全市 1099 名中小学骨干教师进行基础教育新课程培训。截至 2003 年，全市有全国优秀教师 51 人，省级优秀教师 559 人；有国家级骨干教师 60 人，省级骨干教师 37 人，市级骨干教师 164 人；共有中小学特级教师 90 人，中学高级教师 1021 人，中学一级（小学高级）教师 10732 人。中小学教师学历合格率分别是：幼儿园 94.69％、小学 97.9％、初中 89.86％、高中 69.76％，分别高于全省平均水平 15.21、0.86、2.62、5.82 个百分点"[1]。2005 年，绵阳市继续采取切实有效的措施完成了中小学专任教师学历达标和提高的目标任务，"全市高中、初中、小学、幼儿园教师学历达标率有所提高，全市高中、初中、小学、幼儿园教师高学历分别增长 1％、5％、5％、6％"[2]。2006 年，市教育局制定了《关于着力打造教师队伍和校长队伍的意见》和"十一五"教育系统干部培训规划，培训小学校长、幼儿园园长共计 594 人，对课改年级的任课教师进行学科培训，受训学校面达 100％，参培中小学及幼儿园教师达 10000 余人。组织开展了以新理念、新课程、新技术和师德教育为基本内容的中小学教师全员培训、新教师上岗培训和中小学班主任培训，全年共计培训 37000 余人。根据四川省教育厅关于实施四川省中小学教师素质能力建设"三大计划"的通知精神，选拔省级骨干教师 380 人、市级骨干教师 3402 人，推荐评审四川省中小学特级教师 21 名、学术和技术带头人 2 名、中小学高级教师 315 名、中专高级讲师 29 名、中小学中级职务教师 1437 名、中专讲师 11 名；6 名教育专家被收录进《四川人才年鉴》，5 名学术和技术带头人被收录进《四川高级专家词典》，4 名农村知名教育专家被收录进《四川

---

① 中共绵阳市委 绵阳市人民政府. 绵阳年鉴 2004：教育 [M/OL]. （2004－11－30）[2019－12－28]. http://www.my.gov.cn/mlmy/mygk/mynjian/mynj2004/1081341.html.
② 中共绵阳市委 绵阳市人民政府. 绵阳年鉴 2006：教育 [M/OL]. （2007－04－27）[2019－12－26]. http://www.my.gov.cn/mlmy/mygk/mynjian/mynj2006/1080371.html.

农村名师年鉴》；表彰四川省第三届农村优秀教师"怡和烛光奖"2名，绵阳市优秀校长59名，绵阳市提高培训优秀校长15名，优秀教师102名，优秀班主任82名，"情牵教育"优秀教师28名，十大优秀乡村教师10人。与此同时，积极鼓励中小学教师参加各种形式的进修学习。2006年，"全市中小学专任教师学历达标率：高中87.72%、初中97.15%、小学99.01%。高学历增长：高中0.04%、初中8.52%、小学3.55%、幼儿园2.73%"①。

2007年，绵阳市加大教师培训力度，"面向社会公开办理发放教师资格证书，培训中小学（幼儿园）校长270余名，培训学校教导主任、政教主任215名，培训中小学骨干教师3000余名、新教师上岗培训600余名、中小学教师中级职务上岗培训2500余名，组织市直属事业单位专业技术人员（教师）专业知识和公共知识培训2300名，选派城市（县城）教师到农村支教511名，面向社会公开办理发放教师资格证书2700余名"②。与此同时，推进"中小学教师学历学位提升计划"。通过有计划地安排教师参加高师函授、高教自考、电大教育、网络教育、教育硕士、研究生班等培训计划，2007年全市高学历专任教师比重提高了9.83%。在努力提升专任教师学历的同时，绵阳市还全面实施四川省中小学教师素质能力建设"三大计划"。建立骨干教师"选、培、管、用"一体化新机制，制定了《绵阳市中小学骨干教师管理办法》，按照中小学教师总数10%、15%、20%的比例，建立了一支市、县、校级骨干教师队伍；完成了省级骨干教师送培任务，培训市级骨干教师2500人。开展了中小学教师全员培训，推动了教师专业知识的丰富和增加。全市参培教师33747余人，占教师总数的97.1%。培训班主任5217人，其中市级600人。按照新教师上岗培训的有关规定，对2007年新招聘的489名新教师分层次进行了60学时的规范培训。强化师德师风教育，开展了师德师风培训，培训教师21223人。

---

① 中共绵阳市委 绵阳市人民政府. 绵阳年鉴2007：教育 [M/OL]. (2008-08-27) [2019-12-26]. http://www.my.gov.cn/mlmy/mygk/mynjian/mynj2007/1080181.html.
② 中共绵阳市委 绵阳市人民政府. 绵阳年鉴2008：教育 [M/OL]. (2010-05-13) [2019-12-26]. http://www.my.gov.cn/mlmy/mygk/mynjian/mynj2008/1079921.html.

2008 年，绵阳市以打造两支队伍为中心，组织开办中小学校长（含幼儿园园长）培训班 3 期，参培人员 245 人。建立省、市、县骨干教师队伍，共 9380 人，其中，省级 380 人，市级 3200 人，县级 5800 人。骨干教师队伍中参加省级培训 255 人，市级培训 1056 人，县级培训 5800 人。加强全员聘用制度的岗位管理，完善对教师考核评价与管理体系，推进了校长任职交流、教师服务期和轮换交流制度；开展城市学校结对子帮扶农村学校工作；建立教育管理干部和教师之间的上挂、下派工作锻炼制度，接收安排平武、北川羌族自治县、盐亭等县到绵阳城区学校挂职锻炼的校长 107 名。这一年，绵阳市教师的综合能力得到普遍提高，"中小学专任教师学历达标率分别为小学 99.53%，初中 97.86%，高中 92.95%。中小学专任教师高学历率分别为小学 70.19%，初中 58.72%，高中教师研究生达到一定比例，高于全省平均水平。通过多种形式，大力开展教师培训工作。完成新教师上岗培训 810 人，完成中小学市级骨干教师培训 2500 人，完成中小学骨干班主任培训 800 人，完成远程非学历校长和教师培训 8000 人"[①]。

2010 年，全年培训中小学校管理干部 1483 人，其中中学校长 220 人，小学校长 312 人；中学政教主任 210 人，小学政教主任 215 人；中学教导主任 244 人，小学教导主任 222 人；幼儿园园长 60 人。培训省级、市级、县级骨干教师 7416 人，其中省级培训 260 人，市级培训 1056 人，县级培训 6100 人；市直属学校教师继续教育公共科目和专业知识培训 3500 人，建立教育干部、教师国家级、省级、市级、县级、校级五级培训体系。中小学、幼儿园专任教师学历达标情况：高中 94.69%，增长 1.17%；普通初中 98.54%，增长 0.16%；小学 99.88%，增长 0.22%；幼儿园 97.64%，增长 0.65%。中小学、幼儿园专任教师高学历情况：高中 1.68%，增长 0.63%；普通初中 67.62%，增长 3.88%；小学 76.41%，增长 3.1%；幼儿园 61.98%，增长 3.41%。与此同时，继续开展教师培训。据统计，2010 年教师全

---

① 中共绵阳市委 绵阳市人民政府. 绵阳年鉴 2009：教育［M/OL］.（2010-05-17）［2019-12-28］. http://www.my.gov.cn/mlmy/mygk/mynjian/mynj2009/1079701.html.

员培训 59458 人，其中幼儿教师 2301 人、小学教师 28999 人、初中教师 20055 人、高中教师 8103 人；骨干教师分级培训 1270 人，其中参加国家级培训 921 人，市级骨干教师后续提高培训 300 人，其他培训 49 人；各类专项培训 84738 人，其中新教师上岗培训 1050 人，新课程培训 24076 人，教育技术能力培训 6525 人，班主任培训 2547 人，师德师风培训 23596 人，送教培训农村教师 7559 人，远程培训 9802 人，其他培训 9959 人；各类援助培训 6996 人，其中中外、境外援助项目 170 人，基金会援助项目 2738 人，省内外对口援助项目 2304 人，地震灾区援助项目 1447 人，其他援助 337 人。

2011 年来，市教育局提出要加强教师培养培训，坚持国培计划、市级培训与县校级培训相结合，进一步完善市、县、校三级教师培训体系，以农村教师为重点，全面加强校长培训、教师全员培训、新教师上岗培训等继续教育活动。2012 年，新增教师培训专项经费 350 万元，培训新教师 1073 人，选派 5774 名教师参加国培计划培训，254 名英语教师参加港方援助项目培训。在增加教师培训经费的同时，绵阳市还着手健全教师管理制度，推进"国标、省考、县聘、校用"中小学教师职业准入和管理制度建设，全面实施新教师招聘制度，补充新教师共计 355 人，其中特岗教师 197 人，教师结构得到进一步优化。教师队伍建设需要一部分先锋模范起好带头作用，为突显榜样的示范引领作用，绵阳市实施了"名学校、名校长、名教师"建设工程，先后推荐评选绵阳市名学校 20 所、名校长 20 人、名教师 149 人。总体来看，这一时期，绵阳市有条不紊地开展师资培训工作，取得突出的成效，为进一步提高全市教师队伍整体素质，全面提升教师师德、学历、能力水平起到了有力的保障作用。

（二）落实教师福利待遇

为进一步提高教师的福利待遇、稳定教师队伍，绵阳市人民政府在"保工资"上做了大量扎实的工作。2003 年，市人民政府出台了《关于进一步加强农村教育工作的实施意见（征求意见稿）》，要求原拖欠教师工资的县、市、区要做出规划限期补清，从 2004 年起，不得新欠教师工资，市政府每年将及时通报新欠教师工资的县、市、区，并予以批评处理。2009年，随着义务教育学校教师绩效工资的全面实施，全市义务教育学校教师工资福利待遇全面提高，教师工资水平已高于本地区公务员的平均工资水平，农村地区学校教师平均工资水平最高，农村学校教师年工资福利待遇比城镇学校教师平均高2000~4800元。与此同时，绵阳市全面建立了农村学校教师补贴制度，在教职工编制核定、岗位设置、职称评聘、评优、评先等方面向农村学校教师倾斜；积极推进学校周转房建设，落实教师医疗、养老保障制度，如正式启动农村边远艰苦地区学校教师周转宿舍建设项目，仅2011年、2012年两年，就争取到801万元国家、省级资金，修建了147套教师周转房。总的来看，这一时期，随着有关教师工资的各项政策措施的落实，教职工工资基本做到了按时足额发放，杜绝了拖欠教职工工资现象，同时，农村教师的生活条件得到较大改善，福利待遇进一步提高。

（三）加强师德师风建设

21世纪以来，绵阳市以教师职业道德和行为规范为重点，进一步加强学习、检查和督促。2002年，绵阳市围绕实施《公民道德建设实施纲要》和《四川省学校思想政治工作条例》，切实加强教育行风建设，市教育局组织师德师风演讲团，分赴各县、市、区学校进行巡回演讲，历时1个月，共演讲33场，受教育教师达3万人，受教育面达71.81%。2003年，市教育局再次修订并公布了《绵阳教师行为十不准》规定，即不准有违背教育法律法规和方针政策的言行，不准讽刺、侮辱、歧视、体罚和变相体罚学生，不准乱收费、乱办班、乱补课，不准训斥家长或向学生家长索要或变相索要财物或交办私事，不准强迫学生购买教育局规定外的资料或其他物品，不准在各级各类考试中弄虚作假、营私舞弊，不准擅自调课、停课、缺课或对工作敷衍了事，不准搞封建迷信活动和传播低级庸俗的思想文化，不准酒后上课、上课时抽烟或上课时使用移动通信工具，不准参与有损教师形象的活动。《绵阳教师行为十不准》的修订出台，进一步规范了教师行为，为全市基础教育的发展营造了良好的环境。"2005年，绵阳市开展了优秀教师表彰工作，表彰省优秀中小学校长7名，省师德标兵6名，省科技拔尖人才2名；表彰市优秀校长21人，市优秀教师101人，市优秀班主任61人，市师德标兵 21 人"[①]，绵阳市教育局、涪城教育局、三台教育局、安县教育局被评为"四川省'十五'期间教师队伍建设先进集体"。领导干部作风对师德师风有重要的影响，为进一步发挥领导干部作风的示范作用，2007 年 2 月，全市教育系统开展了为期 3 个月的领导干部作风整顿活动，通过开展专题学习讨论，广泛征求意见建议，认真查找问题，深刻剖析原因，制定整改措施，强化了教育系统干部职工的学习意识、大局意识、民主意识、服务意识、自律意识；增强了权为民所用、情为民所系、利为民所谋的自觉性，践行了用心想事、用心谋事、用心干事的行为规范。此后，市教育局从规范行政行为和从教行为抓手，以建设"五型机关"（学习型机关、服务型机关、创新型机关、法制型机关、廉洁型机关）为载体，印发了《绵阳市教育局关于进一步加强政务环境建设的意见》《师德师风行为规范》《干部作风考评细则》和《县、市、区、直属学校师德师风考评实施办法》等文件，建立完善了机关干部岗位责任制、首问责任制、告知承诺、政务公开和民主评议等制度。为保证领导干部整风活动切实取得成效，绵阳市教育局局党委还专门成立了领导干部作风整顿督查组，建立领导干部作风整顿联系点，进一步完善督导检查和责任追究等制度。2011 年来，市教育局紧紧围绕教育改革发展的中心任务，编制并印发了教师队伍建设中长期规划和年度计划，大力实施"师德提升计划"，深入开展向叶志平学习活动和教师职业道德专项教育活动，进一步强化了师德师风建设。

（四）规范教师招聘流程

进入 21 世纪以来，绵阳各区教育行政部门采取考试和考核相结合的办法，对各级各类公办、民办基础教育学校师范类专业毕业的在职在编教师和面向社会从师范类专业毕业的学生中新招聘的教师全部进行了资格认定，并发放教育部统一印制的教师资格证书和专业职务证书，全面实行"教师学历和学位证、教师资格证和教师职务证"准入制度。此后，凡属绵阳市的各级各类公办、民办基础教育学校从事教育教学工作

---

① 中共绵阳市委 绵阳市人民政府. 绵阳年鉴 2006：教育 [M/OL]. (2007−04−27) [2019−12−26]. http://www.my.gov.cn/mlmy/mygk/mynjian/mynj2006/1080371.html.

的人员，都必须持有符合教师相关条件的证件才能上岗。

四、狠抓系统管理，提升运行效率

2002 年 4 月，绵阳市制定并颁布实施了《绵阳市人民政府关于基础教育改革与发展的实施意见》，正式确立了绵阳科技城学前教育与义务教育"以区为主"、高中阶段教育"以市为主"的教育行政管理体制。在学前教育上，市级政府仅负责实施宏观指导与管理，区政府则负责公办幼儿园的办园经费、人事关系、民办幼儿园的审批、各类幼儿园教育教学指导和评估、幼儿教师的资格审查和职称评聘等方面的具体管理。在义务教育上，市政府负责制订总体发展规划，并组织协调义务教育的发展；负责审核上报中小学教职工编制；负责根据省政府的要求，对财力上有困难的地区，给予转移支付，并对农村学校危房改造给予资金补助。区政府则负责制定本区的具体发展规划，并组织实施义务教育；负责从实际出发，因地制宜地逐步调整农村中小学布局；负责中小学教职工编制的核定和校长、教职工的管理；负责统筹安排学校公用经费、校舍建设和危房改造资金的使用，组织实施危房改造和校舍建设，改善办学条件；负责指导学校教育教学工作、维护学校安全和正常教学秩序，负责开展助学活动和对乡（镇）政府的教育工作及学校进行督导与评估。在高中阶段教育上，科技城的高中阶段教育工作主要由市政府管理。对普通高中教育，市政府负责制定其改革与发展规划和调整学校的布局；负责按标准核定教职工编制、认定教师资格、对学校校长实行直接管理，并按时足额拨付教职工工资；负责统筹安排学校的公用经费和校舍建设经费，不断改善学校办学条件；负责下达年度的招生计划和组织指令性计划的招生；负责直接指导和评估学校的教育教学工作，维护学校安全和正常教学秩序。2003 年，绵阳市人民政府出台了《关于进一步加强农村教育工作的实施意见（征求意见稿）》，进一步明确了市、县（市、区）、镇（乡）政府所应担负的义务教育职责。

2011 年，绵阳市出台了《绵阳市中长期教育改革与发展规划纲要（2011—2020 年）》，对改革教育管理体制和学校内部管理体制提出了新要求。一是要加强政府教育统筹，建立强有力的教育统筹协调机构，理顺市属高校管理体制，实行省市共建，以市为主，将教职工编制、教师聘用管理纳入市属教育事业发展总体规划进行管理，按照管理权限考核任免校级领导。二是要加强对职业教育资源的整合和统筹，将部门管理的普通中专学校纳入教育部门管理，整合各类教育资源，促进农科教统筹、各类教育相互衔接和沟通，建构涵盖各类教育的大教育体系。三是要建立学校和社区教育相互沟通、相互促进的机制，加强学校对社区教育的指导和服务，双向开放学校和社区教育资源，促进学校教育和社区教育的良性互动。四是要转变政府教育管理职能。各级政府要以转变政府职能和简政放权为重点，调整政府与学校的关系，逐步实行"管、办、评"分离，建立健全公共教育服务体系，逐步实行基本公共教育服务均等化。同时，加快改变直接管理学校的单一方式，综合应用拨款、立法、规划、政策指导、信息服务和必要的行政措施等多种方法，减少过多的行政干预，逐步向学校放权，促进学校形成依法自主办学、科学发展的良性机制。五是健全现代教育决策机制，提高政府决策的科学性和管理的有效性。成立市、县（市、区）教育咨询委员会，为教育改革和发展提供咨询论证，提高重大教育决策的科学性与合理性；规范决策程序，完善重大决策听证制度、合法性审查制度和实施情况后评估制度、责任追究制度，提高重大教育决策实施的有效性。六是建立和完善教育重大事项公示制度和听证制度。做到重大教育政策出台前要公开讨论，充分听取和采纳群众意见，增强政策的民主性；出台后要充分通过教育质量监测评估机构和资源，定期对外发布监测评估报告，完善监测评估体系。

为了落实《绵阳市中长期教育改革与发展规划纲要（2011—2020年）》（以下简称《纲要》），全面推进教育体制改革，2012年1月，绵阳市人民政府成立了教育体制改革领导小组，全面统筹各项改革试点工作。在广泛调研和征求意见的基础上，市政府办公室印发了《绵阳市教育体制改革试点方案》，进一步明确了教育体制改革试点工作的总体要求、重点任务和保障机制，全市教育体制改革试点工作以此为指导全面推进。同时，绵阳各地各校根据《纲要》确定的"八大教育改革试点"内容，积极申报试点项目，领导小组办公室按照"系统设计、统筹规划、试点先行、动态调整"的原则认真审核，确定了在全市 11 个县、市、区（含园区）59 所学校开展 29 个子项的教育体制改革试点。这些试点项目以改革制约教育发展的体制机制障碍为首要任务，以终身教育体系建设、现代学校管理制度、拔尖创新人才培养和教育投入保障机制等为重点，从政府、教育行政部门和学校三个层面系统推进。2012 年 8 月，市政府与各县（市、区）政府签订了《绵阳市推进教育体制改革试点工作目标责任书》，教育体制改革试点工作有序推进。

五、发展信息技术，加快教育现代化

绵阳市的信息技术教育起步早，发展快。1996 年 5 月，国家教委就在绵阳市召开了全国首届提高计算机教学效益现场会，涪城区成为全国信息技术教育实验区。进入 21 世纪以来，为了促进优质教育资源的共享，加快全市教育尤其是薄弱学校的全面发展，"2002 年，市教育局投资 700 多万元建设绵阳教育城域网"①，构建起了由学校、区县教育局、市教育局三级构成的教育信息网络，率先在西南地区搭建起了一个高档次、高起点的远程教育平台，整体推进了绵阳教育信息化建设，解决了制约区域教育信息化发展的三大问题。城域网的建立不仅大大简化了校园网络的交换设备、存储设备、网络安全设备的配置，而且还便于开展空中课堂、远程继续教育、远程示范教学甚至网上考试。"2003 年，绵阳市投资 530 万元的全市 13 个教育信息化分中心已完成各项招投标工作，梓潼县分中心已初步建成。全市新建校园网 23 个，新增计算机配机学校 82 所，新增计算机 3000 台。新建电子音像馆 15 个，新建远程教育接收站 62 个，已建网的 20 多所学校的接入任务全面完成。"② 2004 年，第三期工程全部完成后，市境内县城以上学校，无论有没有校园网，均可以通过光纤或 ADSL 接入城域网。到 2005 年，全市教育局网覆盖面进一步扩大，全市 12 个分中心已经建成，校园网总

① 中共绵阳市委 绵阳市人民政府. 绵阳年鉴 2006：教育 [M/OL]. （2007-04-27）[2019-12-26]. http://www.my.gov.cn/mlmy/mygk/mynjian/mynj2006/1080371.html.
② 中共绵阳市委 绵阳市人民政府. 绵阳年鉴 2004：教育 [M/OL]. （2004-11-30）[2019-12-26]. http://www.my.gov.cn/mlmy/mygk/mynjian/mynj2004/1081341.html.

数已达到 58 个，全市所有城市学校、乡镇中心小学都可接入绵阳教育城域网，绵阳市"校校通"的蓝图也从规划变成现实。2006 年，全年新装计算机 1400 台，22 所学校按照标准建设了 45 个计算机网络教室，新建校园网 10 个，学校信息化环境得到进一步改善。全年新增教育城域网接入学校 130 所，达到 630 个，占乡镇中心小学以上学校的 95%。全市所有高中、80% 的初中和 75% 的乡镇小学共计 500 多所学校开设了信息技术课，开课比例位居全省前列。

"2007 年，绵阳教育信息化工作重点由基本建设转入全面应用。新增计算机 1749 台，组建网络教室 45 间，按标准装备计算机学校 45 所，分别完成省下达目标的 175%、237%、321%。全市所有高中、80% 的初中和 75% 的镇乡小学共计 600 多所学校开设了信息技术课，开课比例位居全省前列。教育信息网成为绵阳市最大的行业专网，660 所学校和单位接入教育网中，覆盖面已达到乡镇以上学校的 95%。互联网出口带宽达到 300M。"① 其间，还下发了相关文件和创建标准，召开了全市教育网络资源建设与应用工作会，出台了相关激励政策，明确规定凡在教育网上发布的课件、教案、经验文章等都可以算作继续教育学习资料。与此同时，绵阳市农村中小学现代远程教育工程项目顺利推进。游仙区、盐亭县、梓潼县工程项目顺利通过省级验收，得到专家组一致好评。安县、平武县、北川县项目工作全面启动。"到 2007 年底，全市 9 个县、市、区已全面实施国家远程教育项目工程，总投资 5064 万元，其中，国家支助 3314 万元，省级资助 197 万元，当地政府投入配套资金 1553 万元，农村中小学覆盖率达 100%，受益学生达 60 多万人。"② 此外，这一时期，绵阳市还将项目资源上传至市教育城域网及各县、市、区的分中心、项目学校，实现了资源共享。

2008 年，"5·12"特大地震对全市的信息技术教育造成了严重的破坏，在中央、省、市党委政府的坚强领导下，在全国各族人民和社会

---

① 中共绵阳市委 绵阳市人民政府. 绵阳年鉴 2008：教育［M/OL］.（2010-05-13）［2019-12-26］. http://www.my.gov.cn/mlmy/mygk/mynjian/mynj2008/1079921.html.
② 中共绵阳市委 绵阳市人民政府. 绵阳年鉴 2008：教育［M/OL］.（2010-05-13）［2019-12-26］. http://www.my.gov.cn/mlmy/mygk/mynjian/mynj2008/1079921.html.

各界的关心支持下，绵阳市的灾后恢复重建工作有条不紊地向前推进，教育城域网呈现多出口、多线路格局。市教育信息中心通过与多家通信运营商的谈判，最终让三台县的学校接入了网络。在此基础上，通过技术攻关促进工作创新，开发简易流控设备，不断优化学校 ADSL 接入方案，提高网络线路质量。与此同时，市教育信息中心还依托自身技术力量，独立开发网上公文流转系统，依托教育城域网，实现公文的网上流转。通过开展"教育网络资源建设与应用示范学校"创建活动带动资源建设、促进网络应用，绵阳市实验中学、绵阳市成绵路小学、绵阳子云小学、绵阳市丰谷小学、绵阳剑南路小学、游仙区五里路小学共 6 所学校成为首批示范学校，全年新增本地教育资源 152 件。

"据统计，2010 年，670 所乡镇及以上学校接入教育城域网，其中光纤接入学校达到 480 所。新增计算机 4200 台，新建网络教室 180 间，新建校园网学校 180 所。采购教育城域网备用电源、网络流量控制、三层交换机等设备，扩容互联网出口带宽至 700 兆。坚持网络舆情日报制，上报网络舆情周报 46 次、网络舆情快报 6 期，完成重大事件、关键时段舆情监控 3 次。全年新增教育资源 358 件，制作视频资料 402G。推行'天网'、'地网'资源整合。"[1] 全市中小学全面实现电子学籍管理系统，所有高中实现高考志愿网上填报，依托教育城域网顺利开展首次新课程国家级和省级远程网络视频培训工作，全年培训教师 633 名。全市所有初中和高中学校及乡镇小学三年级以上学生都开设信息技术课。高一学生在历年的全省信息技术学科毕业会考中，参考率都在100%，合格率均在 90% 以上，处于全省前茅，本市会考工作连续被省上评为一等奖。"2010 年全年发布市教育局文件 115 个，教育系统采购招标信息 56 条，绵阳本地新闻 1744 条，处理网上互动留言 345 条，更新栏目新闻内容 3459 条。"[2] 绵阳教育信息网网站的访问量和信息加载量在全省和市级部门网站中位于前列，其负责人应邀在四川省教育厅组

---

① 中共绵阳市委 绵阳市人民政府. 绵阳年鉴 2011：教育［M/OL］.（2012－06－20）［2019－12－28］. http://www.my.gov.cn/mlmy/mygk/mynjian/mynj2011/1079181.html.

② 中共绵阳市委 绵阳市人民政府. 绵阳年鉴 2011：教育［M/OL］.（2012－06－20）［2019－12－28］. http://www.my.gov.cn/mlmy/mygk/mynjian/mynj2011/1079181.html.

织的教育门户网站建设会上作交流发言。在教育部教育管理信息中心开展的首届全国教育门户网站评比活动中，绵阳教育信息网荣获"全国地市级优秀网站"称号，江油市教育信息网、涪城区教育信息网和梓潼县教育信息网荣获"全国县级优秀网站"称号。2008—2011 年，在绵阳市各部门的努力下，全市教育技术装备事业快速发展，学校教育技术装备跃上新台阶。绵阳教育城域网的建成不仅避免了过去每个学校在教育资源上的重复建设，也打破了学校"信息孤岛"的状态，为全市教育尤其是薄弱学校的迅猛发展增加了动力。

此外，为使教师队伍赶上 21 世纪的信息浪潮，进一步提高教育信息化水平，绵阳市还着重培养掌握计算机多媒体技术、网络技术以及基于网络进行信息化教学设计等现代教育技术的骨干教师。仅 2003 年，全市就举办了 15 期教师职称计算机 C 级和信息技术中级培训班，并组织近 4000 余名教师参加职称计算机 C 级、D 级考试和信息技术初级、中级考试。2005 年，绵阳市通过倡导使用多媒体教学和开展计算机网络支持下的课堂教学研究，课堂教学模式进一步丰富、效率进一步提高。2007 年，绵阳市又组织开展了中小学教师、校长远程非学历教育培训和英特尔未来教育培训，其中，"参加英特尔未来教育培训教师有 673 人，参加中小学教师远程非学历教育培训有 6019 人，参加中小学校长远程非学历教育培训 579 人"[①]。绵阳市采取的这些措施大大提高了教师运用现代教育技术手段的能力，为 21 世纪推进信息教育化奠定了坚实的人才基础。

第二节 绵阳各级各类青少年教育发展概况

一、学前教育

2003 年 3 月 4 日，国务院办公厅转发《关于幼儿教育改革与发展的

---

① 中共绵阳市委 绵阳市人民政府. 绵阳年鉴 2008：教育［M/OL］.（2010－05－13）［2019－12－26］. http://www.my.gov.cn/mlmy/mygk/mynjian/mynj2008/1079921.html.

指导意见》（以下简称《意见》），明确提出："幼儿教育是基础教育的重要组成部分，发展幼儿教育对于促进儿童身心全面健康发展，普及义务教育，提高国民整体素质，实现全面建设小康社会的奋斗目标具有重要意义。"①《意见》进一步完善了已颁发的幼儿教育法规文件，确定了我国学前教育的基本政策，标志着我国学前教育改革迈进了一个新阶段。2005 年，绵阳市人民政府下发了《关于贯彻幼儿教育改革与发展指导意见的通知》，提出要深化改革，促进幼儿教育事业健康发展，要求各级政府要加强对幼儿教育工作的领导，依法将幼儿教育工作纳入本地经济、社会发展的总体规划，要结合本地实际制定幼儿教育改革与发展的规划，将幼儿教育作为考核政府教育工作的重要内容。教育部门要切实履行好幼儿教育主管职能，主动与有关部门沟通，形成合力，推动幼儿教育事业的健康发展。各区市县要建立由政府领导、教育部门主导、妇儿工委协助、有关部门积极参与的幼儿教育联席会议制度，加强督导检查，建立幼儿教育督导制度。这一年，绵阳市正式启动了争创"四川省示范性幼儿园"活动和绵阳市一、二、三级示范幼儿园创建工作，全市"共有 15 所幼儿园申报重新认定'四川省示范性幼儿园'，有 25 所幼儿园申报认定'绵阳市一级幼儿园'"②。2006 年 4 月，召开全市幼儿教育工作会，安排部署普及学前三年教育工作。涪城区作为全省"普三"试点县率先启动"普三"工作。同时，积极开展"四川省示范性幼儿园"争创活动和绵阳市级示范幼儿园创建工作。全市"共有 6 所幼儿园申报重新认定'四川省示范性幼儿园'，有 10 所幼儿园申报'绵阳市一级幼儿园'"③。2007 年，绵阳幼教事业稳步发展，办学水平进一步提高。绵阳市认真贯彻实施国家、省、市关于幼儿教育改革与发展的文件精神，将幼儿教育事业发展纳入对各县、市、区教育工作的年终目标考核，努力提高保教质量，不断提高 3~6 岁幼儿入园率。经过多方努力，

---

① 中华人民共和国教育部. 国务院办公厅转发教育部等部门（单位）关于幼儿教育改革与发展指导意见的通知 [EB/OL]. （2003－03－04）[2019－12－30]. http://www. moe. gov. cn/s78/A06/jcys _ left/moe_ 705/s3327/201001/t20100128 _ 81996. html.

② 中共绵阳市委 绵阳市人民政府. 绵阳年鉴 2006：教育 [M/OL]. （2007－04－27）[2019－12－26]. http://www. my. gov. cn/mlmy/mygk/mynjian/mynj2006/1080371. html.

③ 中共绵阳市委 绵阳市人民政府. 绵阳年鉴 2007：教育 [M/OL]. （2008－08－27）[2019－12－26]. http://www. my. gov. cn/mlmy/mygk/mynjian/mynj2007/1080181. html.

绵阳的幼儿教育取得了较大进展。"截至 2007 年，全市共有 656 所幼儿园，在园幼儿达 92905 人，其中女童 42963 人；全市创建省级示范性幼儿园 6 所，全市省级示范性幼儿园达到 23 所，一级幼儿园达到 35 所，二级幼儿园达到 71 所，三级幼儿园 26 所。"① "截至 2008 年，全市有幼儿园 559 所，其中教育部门办 29 所，集体办 67 所，民办 452 所，其他部门办 11 所；有 75 所小学附设学前班，村办幼儿班 41 个；在园幼儿 83459 人，学前班 24351 人；3～5 岁幼儿入园率 86.97%。有教职工 4955 人，其中专任教师 2872 人，保育员 1259 人。"② 各县、市、区大力推动示范性幼儿园建设，促进幼儿园进一步规范管理、改善办园条件、提高保教质量，提升幼儿教育水平。全市创建的省级示范性幼儿园达到 21 所，绵阳市一级幼儿园达到 36 所，二级幼儿园达到 62 所，三级幼儿园达到 33 所。"截至 2009 年，全市有幼儿园 535 所，较上年增加 24 所；在园幼儿 91257 人，较上年增加 7798 人；有幼儿教师 5189 人，较上年增加 234 人。"③ 幼教事业逐步形成了以公办园为骨干、以社会力量办园为主体的格局。

　　"截至 2010 年，全市共有幼儿园 518 所，其中教育部门办 25 所，集体办 47 所，民办 443 所，其他部门办 3 所；在园幼儿 99206 人；学前三年毛入园率 89.2%；幼儿园教职工 5854 人，其中专任教师 3256 人。"④ 12 月 1 日，国务院和四川省人民政府相继召开学前教育工作电视电话会议，贯彻落实《国务院关于当前发展学前教育的若干意见》，安排部署目前及未来的学前教育工作。随后，为贯彻落实国务院、省政府会议精神，绵阳市召开了全市学前教育工作电视电话会议，要求把学前教育作为教育事业"十二五"发展规划的重要内容，要做到仔细研究、科学预测、明确目标、合理布局、统筹规划。一是力争到 2015 年

　　① 中共绵阳市委 绵阳市人民政府. 绵阳年鉴 2008：教育 [M/OL]. （2010－05－13）[2019－12－26]. http://www.my.gov.cn/mlmy/mygk/mynjian/mynj2008/1079921.html.
　　② 中共绵阳市委 绵阳市人民政府. 绵阳年鉴 2009：教育 [M/OL]. （2010－05－17）[2019－12－28]. http://www.my.gov.cn/mlmy/mygk/mynjian/mynj2009/1079701.html.
　　③ 中共绵阳市委 绵阳市人民政府. 绵阳年鉴 2010：教育 [M/OL]. （2011－08－23）[2019－12－28]. http://www.my.gov.cn/mlmy/mygk/mynjian/mynj2010/1079441.html.
　　④ 中共绵阳市委 绵阳市人民政府. 绵阳年鉴 2011：教育 [M/OL]. （2012－06－20）[2019－12－28]. http://www.my.gov.cn/mlmy/mygk/mynjian/mynj2011/1079181.html.

普及学前三年教育，全市 95％以上幼儿能接受学前一年教育，学前三年毛入园率达到 93％，在园幼儿达到 11 万人左右，公办幼儿园在园幼儿人数占在园幼儿总数的 60％以上，逐步做到适龄儿童就近入园，较好地解决了"入园难"问题。二是以更实际的举措扩大学前教育，以"广覆盖、保基本"为目标，大力发展公办幼儿园和民办幼儿园，形成公办与民办相结合的发展格局。三是在教育质量上，转变教育观念，摆脱"保姆式"的教育模式，坚决防止和纠正"小学化"倾向。四是在队伍建设上，要依法维护幼儿教师权益，加快建设一支师德高尚、热爱儿童、业务精良、结构合理的幼儿教师队伍。五是在规范管理上，要组织力量全面排查无证办园的行为，对存在问题的无证幼儿园，要限期整改，整改后仍不能达到基本要求的，要坚决予以取缔。

2011 年 8 月 12 日，绵阳市人民政府出台了《关于加快学前教育发展的实施意见》和《绵阳市学前教育三年行动计划》(2011—2013)，要求各级政府和相关部门要充分认识发展学前教育的迫切性，多形式扩大学前教育资源，多渠道增加学前教育投入，加强幼儿教师队伍建设，强化幼儿园管理。同时，还提出了大力发展学前教育任务，一是要大力发展公办幼儿园，提供"广覆盖、保基本"的学前教育公共服务；二是要完善学前教育投入机制，鼓励社会各界通过多种方式开办幼儿园，建立和完善城镇小区配套幼儿园；三是要努力扩大农村学前教育资源，积极发展民族地区学前教育；四是要加快建设高素质幼儿教师队伍，加强师资培养培训，依法落实教师地位和待遇；五是要健全幼儿园教师资格准入制度，严格办园准入，规范幼儿园收费管理；六是要加强教育教学管理，明确政府、部门职责，完善工作机制；七是要统筹规划，科学实施学前三年行动计划；八是要全面加强幼儿园安全工作，加强督促检查。据统计，2011 年，全市规划新建 10 所，改、扩建 6 所公办幼儿园，共投入资金 1260 万元。2012 年 3 月 2 日，绵阳市召开全市学前教育工作会，会议明确了全市学前教育发展的重点和学前教育三年行动计划的具体任务和发展方向，启动实施了全市学前教育增量提质工程。据统计，2012 年这一年，公办幼儿园规划新建 12 所，改、扩建 10 所，国家、省、市共投入资金 5305 万元；到 2012 年底，全市共有幼儿园 510 所，在园幼儿 116476 人，其中，省级示范幼儿园 20 所，市级示范幼儿园 163 所。农村小学附设幼儿园和民办幼儿园管理得到进一步规范，学前教育师资力量得到有效补充，幼儿教师培训和保教研究工作进一步加强，幼教"小学化"倾向得到基本纠正。

二、义务教育

进入 21 世纪以来，绵阳市委、市政府更加重视高质量普及和巩固九年义务教育，在义务教育发展方面实行了多项行之有效的措施，取得了令人满意的成就。

在调整校点布局方面，绵阳市积极探索优化资源配置的方法，有力地推动了全市义务教育的普及进度。1999 年，全市有小学 3080 所，到 2001 年，全市小学缩减至 2335 所，2003 年下降到了 1934 所，2001—2003 年，全市中小学共撤并减少学校 1056 所。"十五"期间，为进一步深化教育体制改革，全面提高教育质量，绵阳市对农村中小学加大布局结构调整，小学在坚持就近入学的前提下，高段适当集中，办寄宿制小学；初中采取合并和扩建的方式，集中优秀教师和教育设施，重点投入，重点建设。"2005 年全市义务教育阶段学校共撤并减少校点数 312 个，其中普通初中 9 所，小学 222 所，小学教学点 81 个。"[①] "十一五"期间，全市继续以就近入学和方便学生家长为出发点，稳步推进中小学校的布局调整。"2006 年全市义务教育阶段学校共撤并减少校点数 312 个，其中，小学 222 所，小学教学点 81 个，普通初中 9 所。"[②] "2007 年，全市义务教育阶段学校共撤并减少校点 265 个，其中普通初中减少 13 所，小学减少 252 所，最大限度地整合了教育资源，学校布局更趋合理。"[③] "2008 年全市义务教育阶段学校共撤并减少校点 265 个，其

① 中共绵阳市委 绵阳市人民政府. 绵阳年鉴 2006：教育 [M/OL]. （2007−04−27）[2019−12−26]. http://www. my. gov. cn/mlmy/mygk/mynjian/mynj2006/1080371. html.
② 中共绵阳市委 绵阳市人民政府. 绵阳年鉴 2007：教育 [M/OL]. （2008−08−27）[2019−12−26]. http://www. my. gov. cn/mlmy/mygk/mynjian/mynj2007/1080181. html.
③ 中共绵阳市委 绵阳市人民政府. 绵阳年鉴 2008：教育 [M/OL]. （2010−05−13）[2019−12−26]. http://www. my. gov. cn/mlmy/mygk/mynjian/mynj2008/1079921. html.

中，普通初中减少 13 所，小学减少 252 所。"① 地震后，绵阳市结合灾后恢复重建情况，充分考虑地理环境、人口变化、交通条件等因素，科学规划校点布局，撤并部分村小，收缩农村高中校点，新建了涪城区实验中学城北校区、实验小学长虹世纪城学校、游仙区万达学校等一批城区义务教育学校，充分整合了教育资源。"2009 年，各地结合灾后重建工作，进一步整合教育资源，调整学校布局结构。全市义务教育阶段学校在 2008 的基础上再减少 280 个，其中，普通初中减少 8 所，小学减少 272 所。"② "2010 年，受地震灾后重建布局结构调整和小学学龄人口减少的影响，全市学校进一步优化布局结构，全市共有单独设置的幼儿园 535 所，比上年减少 24 所；共有小学 480 所，比上年减少 167 所；共有初中学校 234 所，比上年减少 6 所。"③ 2011 年，全市共有小学 428 所，比上年减少 52 所；初中 224 所，比上年减少 10 所。2012 年，全市义务教育阶段学校调整为 652 所，其中，初中 224 所、小学 428 所，中小学布局和教育资源得到进一步优化。此外，这一时期，梓潼、涪城、游仙等县、市、区通过调整、新建、改扩建等方式优化中小学布局，扩大办学规模，逐步化解了城镇学校大班额问题。绵阳市通过科学调整和统筹整合，避免了重复投资建设带来的浪费，使得学校布局更趋合理，教育设施更加完善，教学水平得到提高。

在人事制度方面，2003 年，绵阳市在全市教育系统开始全面实行以校长负责制、结构工资制、全员聘用制为重点的教育人事制度改革。随后，为规范中小学内设机构和岗位设置，提高教师资源的利用效率，切实落实教育教学责任，绵阳市委、政府实施了多项措施：一是根据国家的编制标准和教育行政部门确定的学校办学规模，市、县（市、区）机构编制部门会联合教育行政部门，核定监督本级人民政府教育行政部门管辖的中小学教职工编制；二是根据办学规模的变化适时调整中小学

① 中共绵阳市委 绵阳市人民政府. 绵阳年鉴 2009：教育 [M/OL]. （2010－05－17）[2019－12－28]. http://www.my.gov.cn/mlmy/mygk/mynjian/mynj2009/1079701.html.
② 中共绵阳市委 绵阳市人民政府. 绵阳年鉴 2010：教育 [M/OL]. （2011－08－23）[2019－12－28]. http://www.my.gov.cn/mlmy/mygk/mynjian/mynj2010/1079441.html.
③ 中共绵阳市委 绵阳市人民政府. 绵阳年鉴 2011：教育 [M/OL]. （2012－06－20）[2019－12－28]. http://www.my.gov.cn/mlmy/mygk/mynjian/mynj2011/1079181.html.

教职工编制，实行动态管理；三是规定学校一律不得超编接收和招聘教职工，任何单位不得占用或变相占用中小学教职工编制；四是全面实行教师资格制度和教师职务制度，积极推行教师聘任制和全员聘用（合同）制，实行持证上岗、竞争上岗、合约管理；五是推行中小学校长选拔任用办法，逐步建立"面向社会、公开招聘、竞争上岗、教职工评议、专家审议、主管部门聘任"的校长选拔任用制度；六是逐步取消学校行政级别，建立校长任职资格制度和职级制度；七是进一步完善校长负责制，落实校长在用人、管理、分配等方面的办学自主权；八是依法完善中小学教师和校长的管理体制。在定编、定员、定岗的基础上，2005 年起，绵阳市采取竞争上岗的方式完成了定员工作，有近千名教师自城镇走向农村中小学从事教育教学工作。与此同时，积极推进分配制度的改革，建立起了双向选择、择优聘用、能上能下、能进能出、优胜劣汰的全员聘用的用人机制和多劳多得、优质优酬、奖励高效率、惩罚低效率的分配机制；在中小学校长的聘任方面全面实行公推公选，竞争上岗，100 多名新任校长走上领导岗位。2007 年，绵阳市主要采取了以下措施推进教育人事制度改革：一是市直属事业单位人员实行了全员聘任合同制，变"单位人"为"社会人"；二是淡化了校长职级，变身份管理为岗位管理，实行校长任期交流制。据统计，这一年，推荐评审通过了四川省中小学高级教师 429 名，中专高级讲师 13 名，中小学中级职务教师 1543 名，中专讲师 18 名；推荐表彰全国教育先进工作者 1 人，模范教师 1 人，优秀教师 5 人；推荐表彰省优秀教师 24 人，优秀教育工作者 2 人，四川省第三届农村优秀教师"怡和烛光奖" 2 名，四川省蓝光助学基金乡村优秀教师 3 人；评选表彰绵阳市优秀校长 70 名，优秀教师 123 名，优秀班主任 93 名，为平武县招聘"特岗教师" 15 人。在推进事业单位工作人员全员聘用制的基础上，2008 年，绵阳市积极试点，全面推进岗位设置管理。一是在县城和绵阳市区经济条件较好的学校积极稳步进行收入分配制度改革；二是市直属学校试行核定其教职工人均年收入总额控制；三是由学校根据教职工绩效贡献大小进行自主分配，拉开收入分配差距。这些措施进一步完善了以岗位管理为基础的全员聘用制度，有效地调动了教职工的教学积极性。2009 年，进一步规范、完善学校全员聘用制度，深化教育人事聘用管理制度改革，做好各级各类学校实施岗位设置管理工作，实现教师由身份管理向岗位管理的过渡；同时继续推进中小学教师职称改革工作，实现中小学教师职称由评聘分离向评聘结合过渡。2010年，绵阳市认真研究、完善教师绩效考核办法，以实施绩效工资为动力，深化教育体育人事工资分配制度改革。2011年，绵阳市继续推进人事制度改革，一是充分发挥教育行政部门在教师队伍建设和管理中的主体作用，加快理顺县、市、区义务教育教师队伍建设和管理体制；二是建立农村学校教师补贴制度，启动教师周转房建设工程，吸引城镇学校教师到农村学校任教；三是深化中小学教师职称改革工作，继续实施中小学教师职称评聘结合；四是开展春秋两季教师资格认定，吸引优秀人才从事教育工作；五是完成教育体育局机关职能职责、内设机构、人员定岗的制定和实施；六是完成2011年全市中小学教职工编制动态管理的测算工作。21世纪初期，绵阳市在教育系统人事改革方面实行的一系列举措，进一步调动了教职员工的工作积极性，激发了学校活力。2012年，全面实行事业单位工作人员岗位设置管理制和岗位聘用制；切实发挥教育行政部门在教师队伍建设和管理中的主导作用，理顺县、市、区义务教育教师队伍建设和管理体制；建立农村学校教师补贴制度，启动教师周转房建设工程，吸引城镇学校教师到农村学校任教；推进中小学教师职称改革工作，继续实施中小学教师职称评聘结合；开展春秋季的教师资格认定，吸引优秀人才从事教育工作。

在义务教育资金投入方面，绵阳市坚持把投入重点和工作重心放在农村，市、县两级财政新增教育经费优先向农村、义务教育和薄弱学校倾斜。21世纪以来，绵阳市为深入推进义务教育经费保障机制改革，进一步加大了资金投入力度，建立了各县、市、区协同推进义务教育均衡发展新机制，同时继续实施中西部农村初中校舍改造工程，全面加强义务教育学校标准化建设，扎扎实实推进中小学校舍安全工程，启动农村义务教育薄弱学校改造计划。在建立以县为主的义务教育管理体制的基础上，绵阳市加快建立健全以政府投入为主、多渠道筹集教育经费的投入保障制度，积极鼓励社会力量捐资助学，引导社会资金以多种方式兴办教育，如香港雅居乐集团捐资 2968 万元修建了涪城区西山路小学等 4 所学校，泸州老窖集团捐资 1680 万元修建了安县花荄小学。

在建设示范学校方面，绵阳市奋力创建示范小学和示范初中。2003 年 4 月，市政府印发的《关于基础教育改革与发展的实施意见》明确提出："十五"期间，全市要在建成一批省级示范性普通高中和国家级示范性普通高中的基础上，逐步建成一批有特色、有影响的示范小学和示范初中。2003 年 5 月，绵阳市印发了《绵阳市示范小学评估细则》。9 月，在原《绵阳市示范初中检查验收细则》的基础上，重新修订并印发了《绵阳市示范初中评估细则》。到 2003 年底，全市已建成示范小学 58 所，示范初中 42 所。示范学校的建设有效地调动了全市各级中小学的积极性，有力地促进了基础教育学校的快速发展。"据统计，2005 年，全市共创建市级示范小学 8 所，市级示范初中 21 所，全市市级示范小学和初中总数分别达到 105 所、96 所，顺利完成'双百工程'创建规划。"[1] "为保证适龄儿童少年接受完整的义务教育，2010 年，绵阳市推动创建特色学校，全市共建成省市级艺体特色学校 68 所，艺术团 7 个。"[2] 2011 年，绵阳市继续推进义务教育"双百工程"，全市示范初中达到 95 所，全市示范小学达到 106 所；2012 年，绵阳市进一步提升全市义务教育发展水平，修订《绵阳市市级示范小学评估细则》和《绵阳市示范初中评估细则》，出台《绵阳市示范初中、小学管理办法》，推进市级示范小学、初中重新认定工作，组织专家评估验收组对各县、市、区随机抽查的两所初中、两所小学进行重新评估认定，力求整体提升全市义务教育的品质。

在保障适龄儿童入学方面，绵阳市严格按照义务教育以县为主的原则，依法保障适龄儿童和少年在户籍所在地学校就近入学。以控辍保学为重点，坚持依法控辍、责任控辍、制度控辍。认真贯彻落实四川省教育厅《关于学习宣传和贯彻实施〈中华人民共和国义务教育法〉的通

---

① 中共绵阳市委 绵阳市人民政府. 绵阳年鉴 2006：教育 ［M/OL］. （2007－04－27）［2019－12－26］. http://www.my.gov.cn/mlmy/mygk/mynjian/mynj2006/1080371.html.
② 中共绵阳市委 绵阳市人民政府. 绵阳年鉴 2011：教育 ［M/OL］. （2012－06－20）［2019－12－28］. http://www.my.gov.cn/mlmy/mygk/mynjian/mynj2011/1079181.html.

知》等精神，明确了县、乡、校在控辍保学工作中的职责；建立和完善入学通知、转学和辍学报告等学生流动情况全面监控制度。2006 年，绵阳市制定了《绵阳市中小学学生学籍管理办法（试行）》，坚持实行流失学生报告制度和普及程度年度考核制度，进一步规范学籍注册、审核、转入转出、异动等流程。2012 年，仅涪城区、游仙区、高新区城区就有 17 所小学和 16 所初中被指定为接收进城务工人员随迁子女的学校，共计接收进城务工人员随迁子女 1.4 万人。

在组织领导方面，绵阳市各级党委、政府高度重视义务教育工作，市上成立以市长任组长的工作领导小组，县、市、区成立相应的工作机构。先后制定了不同时期、不同地区的义务教育工作方案和部门任务分工方案，市政府与各县、市、区和市级相关部门签订了工作目标责任书，把义务教育工作纳入政府工作目标考核。在工作过程中，市、县两级政府和各相关部门都认真、自觉地履行了各自职责，财政、发改、人事等部门都主动配合教育部门共同研究解决义务教育工作中的重大问题。全市建立了乡（镇）村、学校、家庭三方包干责任制，即乡（镇）、村负责督促家长送适龄儿童按时入学，学校负责提高和发展教学质量，家长负责按时送应当接受义务教育的子女上学。

20 世纪末到 21 世纪初，绵阳市认真学习宣传《中华人民共和国义务教育法》，各级政府、职能部门积极依法履职，把义务教育作为教育发展的重中之重，在"普九"工作上积极探索，扎实推进《中华人民共和国义务教育法》的全面实施，绵阳九年义务教育因此在这一时期获得了较大程度的发展。1999 年，绵阳市全面实现了"两基"目标。"截至2003 年底，全市有小学 1934 所，在校生 408607 人，小学入学率、毕业率、小升初率及巩固率已分别达到 106.13％、99.66％、102.72％和99.44％。小学'四率'稳步提高。全市初中有 272 所，在校生 228334人，初中净入学率 96.78％、毕业率 99.01％。全市有专任小学教师18907 人，学历达标率 97.91％，较上年提高 0.21 个百分点，高学历率45.50％，较上年提高 12.79 个百分点；有初中专任教师 13017 人，学历达标率 92.58％，较上年提高 2.72 个百分点，高学历率 21.09％，较上年提高 5.48 个百分点。"① 2005 年，绵阳市坚持把普及九年义务教育工作纳入对各县、市、区的年度工作考核，对游仙区、农科区、三台县、盐亭县普及九年义务教育工作进行了督导和复查，全市"普九"成果和水平得到进一步巩固和提高，"四率"稳中有升。"小学适龄人口入学率 109.05%，小学在校生巩固率 100.75%，小学毕业率 100.26%。小学普及程度较 2004 年有较大上升；普通初中巩固率 98.03%，毕业率 98.91%，净入学率 99.26%，较 2004 年也均有较大提高。"② 2006 年，绵阳市各地、各校学习贯彻修订的《中华人民共和国义务教育法》，取得的成效突出。"小学适龄人口入学率 99.96%，小学在校生巩固率 100.17%，小学毕业率 99.63%；普通初中入学率 99.69%，巩固率 99.21%，较上年均有较大提高。"③ 2007 年，绵阳市坚持两年一轮、一轮两县的"普九"复查工作，对安县、盐亭县的"普九"工作进行了复查；10 月，梓潼县、涪城区高分通过省政府的教育督导；继涪城区成功创建"四川省义务教育示范县"之后，2007 年江油市通过多方努力，顺利通过省教育厅专家组的评估验收，成为全市第二个"四川省义务教育示范县"；通过大力开展"四川省义务教育示范县"创建工作，全市义务教育水平稳步提高，小学净入学率 99.99%、巩固率 99.17%，初中净入学率 99.69%、巩固率 98.57%，均位居全省前列。2008 年，绵阳市义务教育"四率"水平稳步提高。"5·12"汶川特大地震后，教育系统积极行动，及时采取搭建帐篷学校、新建板房学校以及租用场地等形式组织学生复学复课，确保了没有一个学生因灾失学或辍学。得益于党委的正确领导和社会各界的努力，2008 年，绵阳市义务教育的"四率"水平稳步提升。"全市小学净入学率 100%、毕业率 100.41%、巩固率 97.20%、升学率 106.34%，初中净入学率 100%、毕业率 99.78%、巩固率 97.08%。2009 年，义务教育'四率'稳中有升。全

① 中共绵阳市委 绵阳市人民政府. 绵阳年鉴 2004：教育 [M/OL]. （2004－11－30）[2019－12－28]. http://www.my.gov.cn/mlmy/mygk/mynjian/mynj2004/1081341.html.
② 中共绵阳市委 绵阳市人民政府. 绵阳年鉴 2006：教育 [M/OL]. （2007－04－27）[2019－12－26]. http://www.my.gov.cn/mlmy/mygk/mynjian/mynj2006/1080371.html.
③ 中共绵阳市委 绵阳市人民政府. 绵阳年鉴 2007：教育 [M/OL]. （2008－08－27）[2019－12－26]. http://www.my.gov.cn/mlmy/mygk/mynjian/mynj2007/1080181.html.

市小学净入学率100%、毕业率100.23%、巩固率98.63%、升学率108.26%，初中净入学率100%、毕业率99.88%、巩固率98.00%。2010年，全市小学净入学率100%，初中净入学率100%；小学毕业率101.96%，普通初中毕业率100.08%；小学巩固率99.20%，普通初中巩固率98.25%；小学升初中升学率106.85%。"① 2011年，绵阳市用高标准通过国家"两基"复查，其中，涪城区被评为"全国义务教育均衡发展先进单位"，涪城区和江油市先后成为四川省义务教育示范县。截至2012年，全市有义务教育学校652所，其中小学428所，在校学生261625人，教职工15359人，其中专任教师14606人；小学入学率100%，毕业率100%，巩固率100.26%，升学率110.72%。初中224所，在校学生186825人，教职工14603人，其中专任教师13551人，初中入学率100%，巩固率99.51%，毕业率99.63%。

三、高中教育

在大力实施"普九"工程的同时，绵阳市还十分注重普通高中教育的发展，在高中教育上出台了许多行之有效的方针政策，使得绵阳高中教育在省内外的知名度和影响力进一步扩大。

在高中布局调整上，绵阳市教育局加大了对普通高中的调整力度，优化了全市高中布局结构，最大限度地整合了普通高中教育资源，学校布局更趋合理。2003年，四川省江油中学、绵阳一中分别通过四川省国家级示范高中、省级示范高中专家组的评估验收，"全市国家级示范性普通高中达到5所，省级示范性普通高中达到6所，省级以上示范性高中学生占全市高中在校学生的52%，优质高中教育资源进一步扩大"②。"2005年，全市有普通高中学校41所，在校生97423人，平均每校在校生2376人。"③ "2006年，全市义务教育阶段学校共撤并减少

① 中共绵阳市委 绵阳市人民政府. 绵阳年鉴2009：教育［M/OL］.（2010-05-17）［2019-12-28］. http://www.my.gov.cn/mlmy/mygk/mynjian/mynj2009/1079701.html.
② 中共绵阳市委 绵阳市人民政府. 绵阳年鉴2004：教育［M/OL］.（2004-11-30）［2019-12-28］. http://www.my.gov.cn/mlmy/mygk/mynjian/mynj2004/1081341.html.
③ 中共绵阳市委 绵阳市人民政府. 绵阳年鉴2006：教育［M/OL］.（2007-04-27）［2019-12-26］. http://www.my.gov.cn/mlmy/mygk/mynjian/mynj2006/1080371.html.

校点 242 个，其中普通初中增加 6 所（初级中学减少 19 所，九年一贯制学校增加 25 所），小学减少 248 所。"① "2008 年，绵阳高中教育继续发展壮大，普通高中学校所数减少，在校生规模稳中有升。全市普通高中学校所数由 2007 年的 40 所缩减至 38 所。全市普通高中招取新生 36967 人，较 2007 年增加 1692 人。全市普通高中学校在校生规模达到 103758 人，较 2007 年增加 3394 人。生均在校生人数由 2007 年的 2509 人增加到 2008 年的 2730 人。"② "到 2009 年，全市有普通高中学校 37 所，有在校生 105919 人，较 2005 年增加 8496 人，平均每校在校生 2863 人，较 2005 年增加 487 人。"③ 2011 年，又出台了《绵阳市中长期教育改革与发展规划纲要》，提出了下一步整合高中学校的大体思路，主要是按照 50 万人口以下的县、市、区保留一所普通高中，50 万人口以上的县、市、区保留 2~3 所普通高中的原则撤并办学规模偏小、办学效益较低的薄弱学校，实现普通高中相对集中办学。截至 2012 年，绵阳市共有普通高中 31 所，其中国家级示范普通高中 6 所，省级示范性普通高中 8 所，市级示范性普通高中 7 所，另外，还有 5 所优质民办普通高中。这些学校集中了绵阳市 95％以上的普通高中学生，是绵阳市普通高中学校的主力军。此外，按照普通高中相对集中的原则，指导各县、市、区制定普通高中整合规划，并按规划如期推进，贯彻落实调控招生计划，有力地促进了县、市、区普通高中的整合。如梓潼县将梓潼一中和梓潼中学整合为新的梓潼中学；盐亭县将金孔中学、玉龙中学、富驿中学等教育资源重组，使得全县普通高中由原来 5 所整合为现在的 2 所。通过整合，全市普通高中实现了规模和效益的双提升，可持续发展力得到加强。

在提升普通高中教学质量上，绵阳市普通高中学校的办学水平和办学特色进一步彰显。2003 年，绵阳中学、南山中学两所学校的在校生

① 中共绵阳市委 绵阳市人民政府. 绵阳年鉴 2007：教育［M/OL］.（2008－08－27）［2019－12－26］. http://www. my. gov. cn/mlmy/mygk/mynjian/mynj2007/1080181. html.
② 中共绵阳市委 绵阳市人民政府. 绵阳年鉴 2009：教育［M/OL］.（2010－05－17）［2019－12－28］. http://www. my. gov. cn/mlmy/mygk/mynjian/mynj2009/1079701. html.
③ 中共绵阳市委 绵阳市人民政府. 绵阳年鉴 2010：教育［M/OL］.（2011－08－23）［2019－12－28］. http://www. my. gov. cn/mlmy/mygk/mynjian/mynj2010/1079441. html.

人数分别达到了 6314 人和 6464 人，相当于办起了几所同等规模的新学校。这两所学校的崛起犹如"大鱼搅活了池水"，为全市其他学校带来了良好的示范效应。2003 年 5 月，三台中学成为国家级示范性普通高中；2003 年年底，绵阳一中和盐亭中学顺利通过省级示范性普通高中的评估。至此，全市国家级示范性普通高中数量增加到了 4 所，省级示范性普通高中达到了 6 所，在全省仅次于成都。

"截至 2006 年，全市有国家级示范高中 6 所，省级示范高中 9 所，市级示范普通高中 7 所。"[1] 此后，三台中学、绵阳一中、盐亭中学等学校都在当地政府的大力支持下，不断改善学校条件、扩大规模、提高办学水平，相继加入到国家级、省级示范高中行列中。这些学校的崛起，为全市高考硬上线率、万人上线率等指标的全面提升做出了贡献。"2007 年，绵阳高中优质教育进一步发展壮大，有普通高中学校 42 所，在校生达到 100364 人。全市示范高中 22 所，其中国家级示范高中 6 所，省级示范高中 9 所，市级示范高中 7 所。2007 年，省级以上示范高中招收高中新生 22659 人，占全市高中招生总数的 65.3%，市级以上示范高中招收高中新生 27691 人，占全市高中招生总数的 80%。"[2] 2009 年，绵阳市正式提出了优质教育资源集团化发展战略，2010 年，市教育局下发了《关于印发〈绵阳市名校集团化发展规划〉的通知》（绵教发〔2010〕26 号），至此，绵阳市正式启动了优质教育资源集团化发展工作。2011 年，绵阳再次提出要高质量、高水平普及高中阶段教育，搞好高中学校的布局结构调整工作，完善高中学校的办学条件，确保普通高中教育质量在西部领先。新的发展时期，全市普通高中必须稳定和控制规模，不能盲目扩张，要通过控制招生人数等办法，逐步缩减和稳定各学校招生规模，腾出更多的精力完善学校的精细化管理，加强学校教育科研，提高学校教师队伍素质，实施精品高中建设，不断增强培养优质生源的能力，进一步提升全市普通高中的品牌竞争力。

---

① 中共绵阳市委 绵阳市人民政府. 绵阳年鉴 2007：教育［M/OL］. （2008-08-27）［2019-12-26］. http://www.my.gov.cn/mlmy/mygk/mynjian/mynj2007/1080181.html.

② 中共绵阳市委 绵阳市人民政府. 绵阳年鉴 2008：教育［M/OL］. （2010-05-13）［2019-12-26］. http://www.my.gov.cn/mlmy/mygk/mynjian/mynj2008/1079921.html.

"十一五"以来，市教育局将上重点大学比率等指标引入高考评价工作，引导学校内涵发展，绵中、南山等龙头学校迅速调整办学思路，提高管理效能，稳定招生规模，在确保大盘稳定的情况下，开始走精品化、品牌化的内涵发展之路，学校的办学水平和办学特色进一步彰显。同时，全市其他普通高中纷纷确立自己的发展方向和竞争目标，苦练内功，努力扩大高考份额，通过集团化发展，绵阳市的优质普通高中教育资源进一步增加。截至 2012 年，全市有普通高中 33 所，其中国家级示范学校 6 所，省级示范学校 8 所，全市 70％以上的普通高中学生在省级以上示范高中学校就读，高中教育质量稳居全省领先水平。

除调整普通高中的布局结构和提升普通高中的教学质量外，这一时期，绵阳市还组建了分别以绵阳中学、南山中学为中心的两大教育产业集团，形成公办、民办与股份制多种体制并存的多元化办学格局。绵阳中学通过控股形式与四川隆华建设有限公司共同组建了绵阳外国语学校，并成立学校董事会和实施董事会管理制度。其中，绵阳中学出资 3000 万元，控股 75％，由绵阳中学全权负责学校的师资筹（配）备、管理和一切日常教育教学管理等；四川隆华建设有限公司出资 1000 万元，参股 25％，公司负责选派一名副董事长和一名董事参与管理。该校的办学层次主要为小学、初中九年制普通基础教育以及高中外语实验班，同时也发展幼儿教育和其他相关产业；办学形式为全日制和全寄宿制。绵阳南山中学与绵阳科教创新投资有限责任公司（科创园区管委会）、马三武（自然人）以股份制合作办学形式，共同组建起绵阳南山中学双语学校，并成立学校董事会，实施董事会领导下的校长负责制。该校注册资本金为 2856 万元，其中，南山中学控股 72％（以 1860 万元现金入股 70.7％，无形资产作价入股 1.3％），并负责选派 1 名董事长和 5 名董事全权管理学校的师资筹（配）备和一切日常教育教学等事务；绵阳科教创新投资有限责任公司参股 23％（以 378.9 亩土地的部分未付款 821 万元入股），负责选派 1 名副董事长和 1 名董事配合南山中学，共同维护学校正常教育教学秩序和清产核资及审计等；马三武（自然人）参股 5％（以 225 万元现金入股），负责选派 1 名董事配合南山中学维护学校的正常教育教学秩序和清产核资及审计等。该校的办学层次为小学、初中、高中普通基础教育，办学形式为全日制和寄宿制。绵阳南山中学通过高比例控股双语学校的形式，正式建立起公办、民办与股份制多种体制并存的绵阳南山中学教育产业集团。根据绵阳市人民政府制定和印发的《关于大力发展民办教育的意见的通知》和《绵阳科技城教育体制创新方案》实施意见的要求，2002—2003 年，绵阳市教育部门积极引进外资和民间资金，在科技城建成了绵阳万博实验学校、绵阳东方双语学校、绵阳东辰实验学校中学部和绵阳外国语学校 4 所规模较大、条件较好的基础教育学校。4 所学校的累计投资都已分别超过 1 亿元；4 所学校共计修建了 30 多万平方米的教育教学设施，选聘教职工 1000 多人，在校学生总数已达到了 10000 人左右。此外，将企业子弟校从厂方剥离也是构建多元化教育办学体制的重要途径。从 2002 年起，绵阳市教育局先后同市财政局和国资委、涪城区政府等部门达成一致协议，将涪江机器厂等子弟校从厂方成功剥离，交由涪城区政府管理，2003 年又完成了游仙区朝阳子弟校的剥离工作。

这一时期，在各级各部门的努力下，绵阳普通高中的校点布局更加科学合理，优质高中数量不断攀升。2003 年，绵阳高考各项指标全面刷新，文科高考硬上线 9811 人，比 2002 年增加 3274 人，增幅达 50.08%；万人上线率达 18.93%，比去年增加 6.32 个百分点，再次夺得了省内万人上线率、硬上线率的桂冠。其中，绵阳中学、南山中学的上线人数更是一举突破了 1800 人和 1500 人大关，三台中学也首次突破千人大关，加上科学城一中，全市 4 所国家级示范高中升学总人数达 4578 人，占全市升学人数的 46.55%。如果加上四川省省级示范性高中，这几所学校的升学总数达 7369 人，占全市升学人数的 75%。绵阳教育发展的辉煌成就为科技城建设增添了一个亮丽的窗口，吸引了全省乃至全国的学生前来求学。据统计，到 2003 年底，仅绵阳市区的学校，就有外市（州）学生 2 万多人。"2005 年，全市高考本科上线突破 15000 人大关，达到 15320 人（不含保送、公派留学、艺体、飞行员等），比 2004 年净增 2775 人，增幅达 22.1%，上线总量占全省招生计划总数的 1/6。本科硬上线率 49.78%，高出全省平均上线率 20.21 个百分点，高出全省第二名资阳市 12%。万人上线率达 29.55，较 2004

年提高 5.35，高出全省第二名成都市 9.83。"① "2006 年，全市高考本科硬上线 16441 人（不含保送、公派留学、艺体、飞行员等），较上年净增 1121 人。本科硬上线率达 50.80%，连续第六年夺得本科硬上线全省第一；高考万人比达 31.08，较上年提高 2.12，连续第五年夺得全省第一。"② "2007 年，绵阳高考继续保持全省'双第一'，升学结构进一步优化。全市高考本科硬上线 17360 人（不含保送、公派留学、艺体、飞行员等），较 2006 年净增 919 人。本科硬上线率达 50.48%，连续第七年夺得本科硬上线全省第一；万人上线率达 32.81%，连续第六年夺得全省第一。升学结构进一步优化，全市录取到北大清华 44 人，占全省 1/4；600 分以上的特优生 794 人，占全省 1/5；上重点大学 5269 人，占全省 1/6。"③ "2008 年，绵阳市高考全市参考 35876 人，本科上线 18086 人，上线率达 50.41%，专科上线 33937 人，上线率 94.6%，其中，被一流重点大学录取的考生多达 4293 人，录取到北大、清华的考生达 62 人；绵阳考生在延考区中虽只占 37.37% 的比例，上线率却占延考区上线总数的 62.3%；630 分以上特优多达 988 人，占延考区特优生总数的 70%；重点本科、一般本科上线比例均高出全省第二名近 10 个百分点。"④ "2009 年，全市高考创历史新高。全市本科上线人数突破 20000 人大关，创历史新高，本科上线率和万人比继续雄踞全省第一。一般本科硬上线 19542 人，较上年净增 1456 人，增幅 8.05%；硬上线率 52.81%，较上年增长 4.77%，位居全省第一；本科上线万人比 36.87，增幅 2.75，继续领跑全川。重点本科硬上线 5191 人，较上年增加 510 人，重点大学上线率 14.06%。全市 600 分以上特优生 104 人，约占全省 600 分以上总数的 1/6。全市二本上线 15386

① 中共绵阳市委 绵阳市人民政府. 绵阳年鉴 2006：教育 [M/OL]. （2007－04－27）[2019－12－26]. http://www.my.gov.cn/mlmy/mygk/mynjian/mynj2006/1080371.html.
② 中共绵阳市委 绵阳市人民政府. 绵阳年鉴 2007：教育 [M/OL]. （2008－08－27）[2019－12－26]. http://www.my.gov.cn/mlmy/mygk/mynjian/mynj2007/1080181.html.
③ 中共绵阳市委 绵阳市人民政府. 绵阳年鉴 2008：教育 [M/OL]. （2010－05－13）[2019－12－26]. http://www.my.gov.cn/mlmy/mygk/mynjian/mynj2008/1079921.html.
④ 中共绵阳市委 绵阳市人民政府. 绵阳年鉴 2009：教育 [M/OL]. （2010－05－17）[2019－12－28]. http://www.my.gov.cn/mlmy/mygk/mynjian/mynj2009/1079701.html.

人，较上年增加 1733 人，增幅 12.69％，上线率 41.66％，较上年增长 3.8％。"① "2010 年，全市高考除继续保持全省'双第一'十连冠外，绵阳中学杨山楷同学 676 分夺得全省理科第一名。全市参考人数 38330 人，占全省参考人数 511537 人的 7.5％，本科上线总数达到 21657 人，占全省普通高校本科招生总量的 15％；本科上线率达 56.5％，以巨大优势位居全省第一。本科上线万人比达 40.86，较 2009 年增长 3.99，增幅为 10.82％，继续领跑全川。全市上重点大学线人数达到 5505 人，较上年增加 314 人，增幅达 6.05％；重点大学上线率达到 14.45％，重点大学上线人数占全省总数的 22.53％。全市 600 分以上特优生达到 300 人，约占全省 600 分以上总数的 1/4。"② 2012 年高考，绵阳本科硬上线的人数一举突破 25000 人大关，达 25756 人，本科硬上线率和万人比连续十二年全省领先；重点本科硬上线 7097 人，较去年增长 8.58％，重点本科硬上线人数占全省重点本科招生计划的 21.36％；全市 600 分以上特优生 458 人，占全省的 24.46％；学科竞赛类保送清华、北大学生达 27 人，居全省第一；被清华、北大录取的学生达 87 人，占全省的 1/3。绵阳中学的张益豪同学荣获绵阳建市以来的第一块国际生物学奥赛金牌——第 23 届国际生物学奥林匹克竞赛金牌；南山中学 5 名学生被录取为空军飞行员，人数居西南地区第一。同时，南山中学还被空军招飞局列为"优质生源基地"。

四、民办教育

与全国乃至省内其他经济发达的地区相比，绵阳市境内的民办教育起步较晚。2000 年前，绵阳市境内的民办教育主体是幼儿园和培训学校，规模偏小，整体水平不高，民办职业教育薄弱，结构很不合理。2003 年，绵阳市民办学校在校生占全市在校生总数的比例为：小学 0.77％，初中为 3.10％，高中为 1.14％，中等职业学校为 13.13％。

---

① 中共绵阳市委 绵阳市人民政府. 绵阳年鉴 2010：教育［M/OL］.（2011-08-23）［2019-12-28］. http://www.my.gov.cn/mlmy/mygk/mynjian/mynj2010/1079441.html.
② 中共绵阳市委 绵阳市人民政府. 绵阳年鉴 2011：教育［M/OL］.（2012-06-20）［2019-12-28］. http://www.my.gov.cn/mlmy/mygk/mynjian/mynj2011/1079181.html.

21 世纪初期绵阳地方青少年教育继续发展（2002—2012）

民办职业教育校点只有 10 个，在校学生 6696 人，占全市在校生总数的 5.88％，占全市职业教育学校在校生数的 13.13％，远远低于全国平均水平。为促进民办教育的发展，绵阳市实施了一系列优惠政策，正是这些极具魄力的优惠政策，吸引了大量的民间资金来绵阳兴学办教，例如南山中学成功控股了原绵阳东方双语学校。民营资本的加盟，使绵阳民办教育的总量迅速增加，质量也得到了有效提升。到 2003 年底，全市已有各级各类民办教育学校 995 所，教职工 6161 人，在校生 11 万人，全市民办中小学总资产达到了 7 个多亿。在 2003 年的基础上，2004 年绵阳市联合多方发力，采取了各类措施，使得民办教育迅速进入发展的快车道。2005 年，绵阳市按照《四川省民办教育机构分类设置标准》要求，通过资料审查、实地检查验收，共审批民办职业中等教育学校 9 所。截至 2005 年底，全市民办学校 803 所，在校学生 153084 人。2006 年，审批民办职业中等教育学校 2 所。至此，全市民办学校达到 773 所，在校学生近 15 万人。与此同时，为规范民办非学历教育的审批管理及其办学行为，绵阳市根据《中华人民公共国民办教育促进法》《中华人民共和国民办教育促进法实施条例》等相关政策法规，在反复调研和征求意见的基础上，制定《绵阳市民办非学历教育学校办学基本要求（试行）》，填补了审批民办非学历教育学校无设置标准的空白。

"2007 年，全市民办学校 622 所，在校学生达 134615 人。"[1] 在巩固民办基础教育，不断提高办学质量和办学水平，加强对民办幼儿园、特长学校的规范管理的同时，绵阳市还以发展民办中等职业教育为重点，积极引进民间资金举办民办职业教育。按照《四川省民办教育机构分类设置标准》要求，通过资料审查、实地检查验收，审批建立了凯阳民航物流职业学校和西城职业技术学校。"2008 年，全市民办学校 671 所，比上年增加 49 所，在校学生 156041 人，比上年增加 21426 人。"[2] "2009 年，全市民办学校 731 所，比上年增加 60 所，在校学生

---

① 中共绵阳市委 绵阳市人民政府. 绵阳年鉴 2008：教育 [M/OL]. （2010－05－13）[2019－12－26]. http://www.my.gov.cn/mlmy/mygk/mynjian/mynj2008/1079921.html.

② 中共绵阳市委 绵阳市人民政府. 绵阳年鉴 2009：教育 [M/OL]. （2010－05－17）[2019－12－28]. http://www.my.gov.cn/mlmy/mygk/mynjian/mynj2009/1079701.html.

156040 人。2010 年，新增 3 所民办基础学校（绵中实验学校、南山实验学校、外国语实验学校），通过集中检查、评估，对全市民办学校进行了清理整顿，民办学校总数在 2009 年基础上减少 57 所。"① 与此同时，落实属地管理责任制，积极引导民办学校建立自律机制，规范办学行为和内部管理，加强师资队伍建设。坚持"积极鼓励、大力支持、正确引导、依法管理"的方针，大力鼓励和支持民办教育，把民办教育纳入绵阳市教育事业发展的总体规划，鼓励支持社会组织、企业、个人开办民办学校和教育机构，保证其在审批、分类定级、教师培训、职称评定、表彰先进等方面与公办学校具有同等地位。在主管部门、经营者、教职员工和家长的共同努力下，全市民办教育在规模、专业特色及硬件建设上达到较高水平，民办学校不断在发展中规范，在规范中发展。

进入 21 世纪以来，绵阳市教育局积极协同其他部门，通过年审等形式，对民办教育机构进行规范化管理，努力推进投资主体多元化，大胆加快公办合作步伐，促进优质教育资源与民间资本相结合，走出了一条集约化、集团化的现代教育发展新路子，培育出了绵阳中学教育集团、南山中学教育集团这样的"教育航空母舰"，扩大了优质教育规模，降低了教育发展的风险。与此同时，民办教育的先进管理经验，也给全市公办教育学校带来了良好的示范效应。如今，在绵阳市基础教育领域既有公办学校、又有民营学校，还有民办公助、股份制合作等多种形式的学校，极大地满足了群众对不同类型教育的需求。

五、职业教育

2002 年，在职业教育与成人教育发展方面，绵阳市主要采取了以下措施：一是继续加大投入，改善办学条件。"截至 2002 年，绵阳市高职学院完成了学院总体规划，通过贷款、自筹、政府投入、引进公司共同开发等方式，投入 3200 万元建成 40000 平方米的教学楼和学生公寓；绵阳财经学校采用土地置换方式，重新征地，用 1.2 亿元建成高标准、

---

① 中共绵阳市委 绵阳市人民政府. 绵阳年鉴 2010：教育［M/OL］.（2011－08－23）［2019－12－28］. http://www.my.gov.cn/mlmy/mygk/mynjian/mynj2010/1079441.html.

高起点的新校区，二期规划的工作现已征地 43 亩；医科学校校区总体规划已经完成，投入 3000 多万元的 4.1 万平方米的教学楼和学生公寓已动工。三台县将城西中学并入刘营职中，新建 7000 平方米的综合楼；盐亭职中、三台乐安职中、江油职中等都加大投入，改善办学条件。"①二是绵阳职业学校继续扩大与省内外高等院校的联合。绵阳市中等职业学校与西南财经大学、天津商学院、泸州医学院、西南科技大学、四川农业大学等省内外著名高校联合办学，开设专业 30 多个。绵阳财经学校与西南财经大学联办电子商务学院，2002 年已有近 500 名学生入学；绵阳医科学校与川北医学院签订联办本科专业的办学协议；绵阳水电学校与长沙电力学院、河海大学签订联合办学协议；绵阳高职学院，既有高中起点的专科班，也有初中起点的 5 年制高职，还有初中起点的中等职业教育，也有与四川大学联办的本科班；另有中专绵阳财经学校、绵阳医科学校、绵阳水电学校等，形成以中等职业教育为主体，兼办 5 年制高职专科的职业教育。其他不具备办 5 年制高职的职业学校，则采取与高职学院联办的形式，开展专科学历层次的教育。中等职业教育招生比上一年增加 7377 人，增幅达 43.54%，招生规模、增加幅度、绝对增加人数在全省处于领先水平。7 月，市教育局被教育部、劳动和社会保障部、国家经贸委等评为"全国职业教育先进单位"。

2003 年，绵阳市的中等职业教育初步形成了多种办学模式。各中等职业学校适应终身学习的需求，坚持多形式、多层次办学，坚持培养与培训并举，学历教育与职业教育结合，以订单式培养、菜单式教学的办学理念以及重基础、强技能、宽口径就业的质量观深入人心，初步形成多种办学模式。为发挥示范学校的先锋模范作用，绵阳市进一步加强重点职业学校建设。绵阳财经学校、医科学校、科学城职业中专通过省教育厅组织的国家级重点学校复核，已报教育部审核。三台县的刘营职业中学通过省教育厅组织的国家级重点职业学校的初审，准备报教育部审核。这一年，"绵阳中等职业学校招生人数和就业安置率保持较高水

---

① 中共绵阳市委 绵阳市人民政府. 绵阳年鉴 2003：教育［M/OL］. （2004-08-09）［2019-12-28］. http://www.my.gov.cn/mlmy/mygk/mynjian/mynj2003/1826431.html.

平。全市中等职业学校招生 2.45 万人，占全市高中阶段招生人数的44.5%，科技城范围内的职业学校招生数占全市中职招生总数的 60%。全市中等职业学校毕业生在 6 月底全部安置完毕，毕业生一次安置率达95% 以上"①。与此同时，绵阳市农村成人教育健康发展。全市农村成人教育以建设、巩固乡镇农村成人教育学校为重点，努力健全县、乡、村教育三级培训网络。围绕农村产业结构调整、农村"两个文明"建设、全面建设小康社会为中心，认真分析县情、乡情，采用制定措施、宣传典型、开展市级示范学校创建等形式，以农民实用技术培训、农村劳动力转移培训为重点开展农村成人教育。

2005 年，绵阳市继续扩大招生规模，发展中等职业教育。全市中等职业学校招生 26231 人，圆满完成省教育厅下达的招生目标。全市毕业生在 6 月底全部安置完毕，毕业生一次安置率达 95% 以上，部分学校达 100%。与此同时，面向农村促进农业技术推广和农村劳动力转移，农民实用技术培训达 30.5 万人次，农村劳动力转移培训任务圆满完成。高质量地完成了四川省农民工技能大赛的组织、参赛、礼仪等工作，得到省级有关部门的高度评价。

"2006 年绵阳职业教育招生规模进一步扩大，全市中等职业教育招生达 33559 人，首次实现中职招生人数与普通高中招生人数基本相当。"② 这一年，为进一步加快职业教育发展，绵阳市主要采取了以下措施。首先，加大对中等职业教育基础建设的资金投入，积极推进县级职教中心建设。2006 年，涪城、游仙、盐亭等县区以及绵阳交通学校、绵阳工贸学校等，先后投入数千万元改善基础设施状况。2006 年，绵阳水电学校、三台职业教育中心被省教育厅评定为省级示范学校。绵阳财经学校、绵阳职业技术学院等相继制定争创国家级示范学校、县级示范职业教育中心的计划。涪城、江油等 5 个县、市、区将现有的职业学校进行改组重建，建立了县级职业教育中心。其次，开展农民工转移培

---

① 中共绵阳市委 绵阳市人民政府. 绵阳年鉴 2004：教育［M/OL］.（2004-11-30）［2019-12-28］. http://www.my.gov.cn/mlmy/mygk/mynjian/mynj2004/1081341.html.

② 中共绵阳市委 绵阳市人民政府. 绵阳年鉴 2007：教育［M/OL］.（2008-08-27）［2019-12-26］. http://www.my.gov.cn/mlmy/mygk/mynjian/mynj2007/1080181.html.

第四章

21 世纪初期绵阳地方青少年教育继续发展（2002—2012）

训和农村实用技术培训。一是把农民文化技术学校作为"两个文明"建设的重要阵地，利用各种形式，对农民开展法制教育、经济形势教育；二是学校请专家到田间地头开展农村实用技术的现场培训；三是学校教师包村包户指导工作，给予农民正确的指导意见；四是学校教师通过联系帮助专业户和贫困户，以发挥其示范作用，扩大农村实用技术培训的影响；五是充分利用录像、资料、广播等媒介，宣传推广实用技术；六是把社区文化建设纳入成人学校工作内容。江油市、游仙区、涪城区、安县等地的农民文化技术学校分别进行了新的探索和实践，成效非常显著。"2006 年，各职业学校和农民文化技术学校都全面完成了党委政府下达的农民工转移培训任务，完成实用技术培训 30 万人次。"①

"截至 2007 年，有中等职业学校 41 所（含技工学校），中等职业学校教师 3781 人，其中专职教师 2379 人，在校生 84353 人。2007 年全市完成中等职业教育学校招生 37457 人，超额完成省教育厅下达的招生33000 人的目标，超额人数居全省第一，招生规模和在校生巩固率居全省第二（仅次于成都市）。高中阶段招生职普比超过 1∶1。"② 这一年，在职业教育发展上，绵阳市有所创新，一是打造中等职业教育集团，加快职业教育规模化的步伐。为加快职业教育发展，2007 年 10 月，市教育局召开会议，部署打造中等职业教育集团工作，初步确定了三台、涪城区等 6 个县、市、区和江油工业学校、绵阳工贸学校等 12 个创建单位为重点打造对象。此后，各县、市、区按照做大做强的原则，对区域内的职业教育资源进行整合与重组，努力把职业教育办成以中等职业教育为核心，以开展农村劳动力转移培训、农村实用技术培训为重点，以帮助增收致富为根本的交流培训平台。各学校不断加大投入，加快职业教育基础能力建设，如绵阳职业技术学院实训基地建设获得中央财政补助 160 万元，绵阳水电学校实训基地建设获得中央财政补助 100 万元，大规模投入大大改善了学校办学条件。二是大力开展联合办学。绵阳职业技术学校、游仙职业教育中心、江油工业学校等先后与张家港职业教育中心、江苏太仓职业教育中心、宁波鄞州职业教育中心签订了联合办学协议，采用"1+1""1+2"等形式广泛开展教师交流和管理交流，实现了职业教育的区域融合。三是加快农村实用技术培训和农民工转移培训。各中等职业学校、县级职教中心认真实施农村劳动力转移培训工程，完成农村劳动力转移培训14万人次；认真实施现代农民教育工程，完成农村实用技术培训30万人次，切实为农民增收致富服务。

2008年是省委、省政府提出实施职业教育攻坚的第一年。绵阳市职业教育战线广大员工克服地震灾害带来的影响，圆满完成省政府下达的招生目标。"全市中等职业学校招生39685人，招生职普比达到5.2 : 4.8。全市毕业生在6月底全部安置完毕，毕业生一次安置率达95%以上，部分学校达100%。"①绵阳市部分学校与甘孜州的学校签署联合办学协议，绵阳财经学校、绵阳电大等与新疆、江苏等地开展联合办学。各职业学校不断加强学校建设，努力提升学校档次，绵阳财经学校的会计专业、绵阳交通学校的汽车运用与维修专业顺利通过四川省教育厅组织的重点专业评估。"5·12"汶川特大地震中，绵阳职业教育遭受重大损失，随着灾后重建工作的相继开展，北川羌族自治县、平武、江油等职业学校的部分学生及时转移到山东、河北、河南等地职业学校就读。"2008年底，全市职业学校灾后重建规划已基本完成。这一年，绵阳市继续实行农业技术推广和农村劳动力转移，全市有425所各类职业学校及培训机构面向农村大力开展各种培训。据统计，全市开展农民劳动力转移培训和实用技术培训达185169人，高质量完成政府下达的农村劳动力转移培训任务。"②

2009年是省委、省政府提出实施职业教育攻坚的第二年，也是灾后重建的攻坚年。经过全市职业教育战线广大员工的努力，圆满完成省政府下达的招生目标。"全市中等职业学校招生54845人，招生职普比

　　① 中共绵阳市委 绵阳市人民政府. 绵阳年鉴2009：教育［M/OL］.（2010-05-17）［2019-12-28］. http://www.my.gov.cn/mlmy/mygk/mynjian/mynj2009/1079701.html.
　　② 中共绵阳市委 绵阳市人民政府. 绵阳年鉴2009：教育［M/OL］.（2010-05-17）［2019-12-28］. http://www.my.gov.cn/mlmy/mygk/mynjian/mynj2009/1079701.html.

超过省上要求的5.2：4.8。全市毕业生在六月底全部安置完毕，毕业生一次安置率为95%以上，部分学校达100%。"① 与此同时，绵阳市职业学校灾后重建顺利推进。北川县、安县、梓潼县、平武县、涪城区、游仙区等县级职业教育中心的新建工程和扩建工程顺利进行，绵阳财经学校、江油工业学校灾后重建项目顺利开工；盐亭县职业教育中心、绵阳水电学校得到省财政补助各300万元，绵阳职业技术学校烹饪实训基地得到中央补助130万元。绵阳市在之前的基础上，继续促进农业技术推广和农村劳动力转移。全市143所高中等职业院校（23所）、农村成人文化学校（120所）参加农村劳动力转移培训和实用技术培训，共计培训116320人次。藏区"9+3"免费教育计划是绵阳职业教育的一大创新，绵阳市从2009年起开始实施。这一年，全市共接收藏区"9+3"免费中职教育学生771名，其中绵阳财经学校接收135名，江油工业学校接收115名，绵阳水利电力学校接收154名，绵阳农业学校接收173名，绵阳市职业技术学校接收111名，盐亭县高级职业中学接收83名。

"截至2010年，全市中职学校共有34所，在校学生86667人，教职工2940人。2010年，全市共计5所职业学校获得中央、省职业教育专项资金，共计1620万元。"② 2010年，绵阳市职业教育的灾后重建与专业建设工作有条不紊地推进，安县、北川羌族自治县、平武县等县级职业教育中心全面竣工，涪城区、游仙区、梓潼县、盐亭县等县级职业教育中心开工。与此同时，各职业学校抓住创建国家中等职业教育改革创新示范校的绝好机会，加强重点学校和重点专业的建设，绵阳职业技术学校的计算机专业和绵阳财经学校的旅游与酒店服务专业顺利通过了四川省教育厅的检查验收。绵阳市致力于增强职业教育服务地方经济发展的能力，启动职业教育集团化发展：绵阳交通学校和绵阳财经学校牵头，设置绵阳市汽车运用与维修专业并组建绵阳市旅游职业教育集团；绵阳职业技术学院牵头，组建绵阳市机械电子、材料及新能源、电子信

---

① 中共绵阳市委 绵阳市人民政府. 绵阳年鉴2010：教育［M/OL］. （2011−08−23）［2019−12−28］. http://www.my.gov.cn/mlmy/mygk/mynjian/mynj2010/1079441.html.
② 中共绵阳市委 绵阳市人民政府. 绵阳年鉴2011：教育［M/OL］. （2012−06−20）［2019−12−28］. http://www.my.gov.cn/mlmy/mygk/mynjian/mynj2011/1079181.html.

息职业教育集团。2010年，继续实施藏区"9+3"免费教育计划。"全市6所中职学校先后接收来自阿坝羌族藏族自治州13个县的藏区学生974名，涉及畜牧兽医、旅游、计算机、建筑技术、烹饪、财会、电气等专业。"① 此外，在成人教育方面，这一年绵阳市也采取了一些行之有效的措施。一是开展农村劳动力转移培训。全市有338所各类职业学校及培训机构面向农村大力开展各种培训，共计培训123989人次，其中技能培训25272人次。二是开展农村实用技术培训。全市各乡镇文化技术教育中心坚持因地制宜原则，结合实际，制订培训计划，确定培训内容，积极组织教师及有关专业技术人员深入到各村社开展技术培训，进行现场指导，讲解示范，接受科技咨询，发放科普资料。三是开展农民工职业技能培训。为满足广大农民的需要，全市农村成人技术学校和中等职业技术教育学校精心组织，努力创造条件，选派教学能力过硬的专业教师和有名的技术专家进行教学和开办讲座。培训内容包括种养殖、烹饪、宾馆服务、宝石加工技术、电子应用技术、计算机技术应用、民间剪纸艺术、国际旅游、通信技术、机械加工、商务贸易与现代文秘、民航服务、服装设计与工艺等。四是开展失地无业农民再就业培训。各成人教育学校与中学密切合作，共同制订培训计划，确定培训内容，把责任落实到任课教师及班主任，做到既分工明确，各负其责，又相互支持，密切配合。

六、高等教育

21世纪前10年，是绵阳高等教育发展尤为重要的时期，在市委、市政府的坚强领导下，在社会各界的关心支持下，在各高校教育工作者的努力下，绵阳高等教育发展呈现出良好的态势。

一是办学规模上不断扩大，高等教育体系明显优化。"2003年，绵阳科技城内具有高等学历教育招生资格的高等院校有8所，其中普通本科院校4所，成人本科院校1所，普通专科院校1所，成人专科院校2

---

① 中共绵阳市委 绵阳市人民政府. 绵阳年鉴2011：教育［M/OL］.（2012-06-20）［2019-12-28］. http://www.my.gov.cn/mlmy/mygk/mynjian/mynj2011/1079181.html.

所。全市各类高校共有教职工 4896 人，在校大学生总数为 44266 人。"① 初步形成了以西南科技大学为龙头，融合普通高等教育、成人高等教育、民办高等教育、远程网络高等教育为一体的现代高等教育体系的基本框架。"2005 年，绵阳市境内具有'高等学历教育招生资格的高等院校'有 9 所，其中普通本科院校 5 所，成人本科院校 1 所，普通专科院校 1 所，成人专科院校 2 所。全市各类高校共有教职工总数 4944 人，在校大学生总数 55885 人。"② "到 2006 年底，绵阳市内具有'高等学历教育招生资格的高等院校'有 11 所。其中普通本科院校 6 所，成人本科院校 1 所，普通专科院校 2 所，成人专科院校 2 所。在绵阳科技城内现有的 11 所高校中，有教职工总数 6297 人，在校大学生总数 64142 人。"③ 2006 年是绵阳高等教育快速发展的一年，不仅原有高校的办学规模和办学质量有很大提高，还新建成了 3 所本科独立学院和 1 所普通专科学校。"截至 2007 年底，绵阳市内的 11 所高等院校有教职工总数 6496 人，在校大学生 74317 人。"④ "2008 年，在绵 11 所高校共有教职工总数 6509 人，共有在校大学生总数为 75095 人。"⑤ "2009 年，经教育部批准，江油师范学校升格为四川幼儿师范高等专科学校，至此，全市有高等院校 12 所，共有教职工 7408 人，在校大学生 81265 人。"⑥ "2010 年，绵阳 12 所高等院校教职工总数 7538 人，在校全日制普通教育大学生总数 86133 人。"⑦ 从 2003 年至 2010 年，绵阳市高等院校的数量不断增加，由原先的 8 所增加到 12 所，与此同时，教职工人数和在校生人数也呈现出不断增长的趋势。

---

① 中共绵阳市委 绵阳市人民政府. 绵阳年鉴 2004：教育［M/OL］. （2004－11－30）［2019－12－28］. http://www.my.gov.cn/mlmy/mygk/mynjian/mynj2004/1081341.html.
② 中共绵阳市委 绵阳市人民政府. 绵阳年鉴 2006：教育［M/OL］. （2007－04－27）［2019－12－26］. http://www.my.gov.cn/mlmy/mygk/mynjian/mynj2006/1080371.html.
③ 中共绵阳市委 绵阳市人民政府. 绵阳年鉴 2007：教育［M/OL］. （2008－08－27）［2019－12－26］. http://www.my.gov.cn/mlmy/mygk/mynjian/mynj2007/1080181.html.
④ 中共绵阳市委 绵阳市人民政府. 绵阳年鉴 2008：教育［M/OL］. （2010－05－13）［2019－12－26］. http://www.my.gov.cn/mlmy/mygk/mynjian/mynj2008/1079921.html.
⑤ 中共绵阳市委 绵阳市人民政府. 绵阳年鉴 2009：教育［M/OL］. （2010－05－17）［2019－12－28］. http://www.my.gov.cn/mlmy/mygk/mynjian/mynj2009/1079701.html.
⑥ 中共绵阳市委 绵阳市人民政府. 绵阳年鉴 2010：教育［M/OL］. （2011－08－23）［2019－12－28］. http://www.my.gov.cn/mlmy/mygk/mynjian/mynj2010/1079441.html.
⑦ 中共绵阳市委 绵阳市人民政府. 绵阳年鉴 2011：教育［M/OL］. （2012－06－20）［2019－12－28］. http://www.my.gov.cn/mlmy/mygk/mynjian/mynj2011/1079181.html.

二是办学层次不断提升，高校实现内涵式发展。西南科技大学作为绵阳高校的领头羊，该校的不断发展，可以看出绵阳高校发展的基本趋势。2003年，西南科技大学共申报5个重点学科（其中3个为申请新增博士学位授权点）、22个硕士学位授权点，获准新增硕士学位授权点11个，获得开展同等学力人员申请硕士学位授予资格。2005年，西南科技大学获准新增硕士点15个，其中一级学科硕士点1个、二级学科硕士点共4个，涵盖工学、理学、管理学、法学、文学、教育学6个学科门类。2006年，西南科技大学获得新增工程硕士授予资格，新增控制工程、材料工程、地质工程3个专业领域工程硕士授权点。"光学工程""工程力学"和"凝聚态物理"3个专业与中国工程物理研究院联合招收和培养博士研究生。同时，申报各类科研项目430项，比上年增加2项；获准立项184项，比上年增加33项，同比增长22%。获国家级、国际合作及省部级科研项目25项，其中新增国家级项目6项：国家自然科学基金项目4项、国家社会科学基金项目1项、国际合作研究项目1项；国防基础项目3项、总装备部项目2项（其中横向1项）、教育部"春晖计划"项目1项、国家外专局引智专项1项；获得地市级项目86项，同比增长84%。2007年，西南科技大学首次参与国家"十一五"科技支撑计划的重大（重点）项目"柴达木循环经济区多金属矿资源循环利用关键技术示范研究"获科技部批准立项并进入实施阶段。各类科研项目立项共338项，其中国家级科研项目21项，包括国家科技支撑计划项目3项、"973"项目2项，国家"863"项目6项、国家自然科学基金项目5项、国家社科基金项目2项、国防项目3项。全年获省部级科技进步奖14项，其中一等奖1项、二等奖3项、三等奖10项。获四川省哲学社会科学奖4项。申请专利13项。科技成果鉴定19项。发表学术论文1170篇，其中在核心期刊上发表学术论文508篇，在一级核心期刊上发表学术论文135篇，被SCI、EI、ISTP收录127篇，被《人大复印资料》全文转载4篇。主编出版学术著作5部。2008年，西南科技大学科研项目立项356项，其中国家级项目16项，省部级项目24项，地市级项目56项，横向项目86项。获得国家自然科学基金项目12项，是历年来获得国家自然科学基金项目最多的一年。

2009年初，西南科技大学成为新增博士学位授予权建设单位，材料科学与工程、控制科学与工程和环境科学与工程三个学科成为新增博士授权点立项建设学科，生物学、机械工程、土木工程三个学科成为新增博士授权点立项建设支撑学科。新增博士授予单位和新增博士授权点的建设工作已按规划全面启动，各项建设经费正按计划逐步到位。2009年新增2个工程硕士授权领域，学校工程硕士授权领域达到7个；首次取得了招收高校教师在职攻读硕士学位的资格，并新增了9个高校教师攻读硕士学位专业；新增工商管理硕士（MBA）、法律硕士2个专业硕士点。至此，西南科技大学省部级重点学科达12个。2009年，西南科技大学科研成果、科研项目、科研经费都取得突破性的成绩。学校两项科研成果获得国家科技进步二等奖，获省部级科技奖8项，其中省科技进步二等奖3项；国家级项目立项18项，到校科研经费5266万元，比2008年增长255%。出版学术著作26部，比2008年增长236%，其中"五大出版社"出版4部；申请专利52项，比2008年增长208%，其中受权专利8项。发表学术论文1655篇，其中在重要核心刊物发表258篇，被"三大检索"收录218篇。2010年，经国务院学位委员会批准，西南科技大学成为博士学位授权立项建设单位，新增13个一级学科硕士学位授权点，涵盖自主设立招生的77个二级学科硕士学位授权点。新增1个专业学位类别和6个工程硕士领域，至此，学校工程硕士领域达13个，覆盖学校所有工学学科。2010届毕业研究生发表论文658篇，研究生参与申请专利14项，有10名研究生获省部级奖15项，研究生已逐步成为学校科研工作的重要力量。

三是教师队伍得到优化，教学质量不断提升。西南科技大学在2002年干部聘任改革的基础上，进一步深化学校内部管理体制改革，制定出台了《西南科技大学全员聘用制和岗位聘任制实施办法》和《西南科技大学年度工作考核实施办法》，按照效率优先、兼顾公平、以岗定酬、优劳优酬的原则，在全校范围内进行了全员聘用制和岗位聘任制的人事分配制度改革，变身份管理为岗位管理，稳定和吸引高层次人才，加强骨干教职工队伍建设，创造有利于优秀人才脱颖而出的良好环境。与此同时，为进一步提高师资队伍的整体水平，加大了人才培养、引进的力度，全年投入师资建设经费 350 万元。2003 年送培博士研究生、硕士研究生 96 人，派出进修和访问学者 25 人，61 位教师晋升教授和副教授。2005 年，西南科技大学送培博士研究生 16 人、硕士研究生 77 人，派出进修和访问学者 36 人；引进博士 21 人、硕士 156 人；70 位教师晋升为教授（研究员）、副教授（副研究员）。2006 年，西南科技大学实施人才工程成效明显，2 人被批准为四川省学术和技术带头人，5 人被批准为四川省学术和技术带头人后备人选；送培博士研究生 40 人、硕士研究生 54 人、派出进修和访问学者 9 人；引进博士 21 人、硕士 110 人；23 位教师晋升为教授（研究员），47 位教师晋升副教授（副研究员），137 名教师晋升了中级职称。2007 年，西南科技大学共引进 170 名具有硕士以上学位的人才；进修学习和出国访问的教师达 62 人；送培博士、硕士 102 人。深化人事分配制度改革，调整人事考核和分配办法，向学院下放部分人事管理权。年内晋升教授、副教授 26 人。2008 年，西南科技大学坚持实施人才强校战略，进一步加强了师资队伍建设。学校注重学术带头人队伍建设和团队建设，组建 13 支教学团队和 17 支学科团队。与此同时，学校坚持培养与引进相结合，送培博士 40 余名，送培硕士 80 名；送培访问学者 71 人。2008 年，西南科技大学引进教师 64 人，其中博士、教授 28 人，硕士 36 人；晋升教授 15 人，晋升副教授 43 人。2009 年，西南科技大学以学术带头人队伍建设和团队建设为重点，加强教学团队和学科团队建设，新增四川省学术和技术带头人 2 人，四川省优秀专家 2 人，四川省学术和技术带头人后备人选 7 人；1 人获得四川省青年科技奖；新增讲座教授 2 人，特聘教授 6 人；引进博士 33 人；新增正高级职称 21 人、副高级职称 46 人。2010 年，学校新增四川省学术和技术带头人 3 人，四川省学术和技术带头人后备人选 14 人，四川省有突出贡献的优秀专家 12 人，共引进博士 37 人，招聘优秀硕士研究生 23 人，引进具有海外学历背景的人才 2 名。总的来看，这一时期，绵阳高等院校师资队伍的学历和职称结构得到了进一步优化，师资队伍的整体水平得到了大大的提高。

四是对外交流合作频繁，开放式发展成果丰硕。2003 年，西南科技大学全年共接待来自美国、德国、澳大利亚、丹麦等国家的专家 10

余批共 20 余人次，签订中外合作协议 1 项，已达成合作办学意向 3 项。获得开展留学生教育和接受留学生资格，招收了首批留学生。西部人才培养项目和日元贷款人才培训项目开始启动。2006 年，学校与德国杜塞尔多夫应用技术大学（Fachhochschule Dusseldortf/University of Applied Sciences）、比利时让布鲁克斯农业大学（Gembloux Agro-Bio Tech）等大学签订了友好合作协议；与芬兰纳特应用技术大学（Lahti University of Applied Sciences）、德国波鸿应用技术大学（Bochum University of Applied Sciences）、日本筑波大学（University of Tsukuba）、泰国清莱皇家大学（Chiang Rai Rajabhat University）以及英国阿伯泰·邓迪大学（University of Abertay Dundee）等大学达成合作意向。全年共接待国外（境外）大学、政府及研究机构等来访近 20 批次共 70 余人次，境外专家来校举行了 40 余场专题学术讲座。派出教师、干部出国进修、访问、学术交流 90 人次，聘请外籍教师和专家来校担任教学工作 11 人。与国外大学的学生交流项目、欧盟项目、日元贷款项目以及与新西兰林肯大学（University of New Zealand）的国际科技合作项目顺利进行。2007 年，西南科技大学先后与芬兰纳特应用技术大学（Lahti University of Applied Sciences）、德国波鸿应用技术大学（Bochum University of Applied Sciences）、英国阿伯泰·邓迪大学（University of Abertay Dundee）、比利时让布鲁克斯农业大学（Gembloux Agro-Bio Tech）、英国邓迪大学（University of Dundee）、丹麦奥胡斯大学（Aarhus university）6 所大学签订了校际友好合作协议以及学生交流和科技合作等协议，举办各类国际学术讲座 30 余场次。2007 年内，学校共接待国外（境外）大学及研究机构来访 20 余批共 122 人次。2008 年，西南科技大学国际交流与合作工作进一步开展，先后有来自美国、英国、加拿大、芬兰等国家的 55 名学者到学校访问交流。学校派出 28 名学生分别到美国、芬兰、日本、英国、德国的高校交流学习。学校先后派出 70 余名教师出国学习和参加国际学术会议。来自美国、澳大利亚、新西兰、韩国的共 16 名留学生在西南科技大学学习汉语。2009 年，西南科技大学分别与英国邓迪大学、英国阿伯泰·邓迪大学、智利康塞普西翁神圣天主教大学、美国东北州立大学、英国海外教育投资管理有限公司签订校际合作与交流协议，成功争取到德国波鸿应用技术大学价值约 10 万元的实验设备捐赠。成功申报教育部"春晖计划"国际合作项目 1 项、四川省科技厅国际合作项目 1 项，申请科技部及四川省科技厅国际科技合作项目各 1 项。积极开展留学生教育，共计招收来自美国、韩国、挪威等国家的国际留学生 11 名。4 名学生通过与国外大学的合作办学项目赴国外攻读硕士学位，10 名本科生通过交流项目赴德国、芬兰及中国台湾地区交流学习，2 名学生参加首届川港学子"巴蜀文化和佛文化"研习营活动，5 名学生获得"瑞士赛库达斯安保励志奖学金"奖励。

五是办学机制不断创新，运行效率不断提高。西南科技大学不仅逐步完善由省政府、市政府联合中国工程物理研究院、西南应用磁化研究所、四川长虹集团公司等董事单位实行的产学研紧密结合的多元化联合办学体制，而且还积极采取多种措施不断强化与联合办学董事单位的合作关系。绵阳师范学院 2003 年挂牌成立后，迅速完成了绵阳师范专科学校与绵阳教育学院两校的实质性合并，实行省、市（绵阳市）共建，以省为主的管理体制和办学体制。此后，绵阳师范学院以人事制度、分配制度改革为突破口，积极推进办学体制创新，制定和完善了定编、定员、定岗等方案和科处级干部选拔任用办法，制定并实施了以岗定薪、按劳取酬、优绩优酬等分配制度改革方案，极大地调动了教职员工的积极性。绵阳职业技术学院积极推进与有关学校和企业实行的股份制联合办学新机制，如与四川大学网络教育学院联办了法学、公共事业管理、工商管理等本科专业，与西南科技大学联合了 10 个普通本科专业的"1＋3 专升本"教育项目（即绵职院的专科生在校学满一年后，优秀者转入西南科技大学本科学习三年），先后与资阳雁江职中、北川职中、南部凌云职中、广元坝职中等联办了五年制高职专科班，等等。绵阳广播电视大学已全面完成中央广播电视大学的人才培养模式改革和开放教育项目的终极合格评估和验收工作，建成开通连接中央电大和四川电大并服务于科技城各区的双向视频教学系统。与此同时，建成了绵阳电大网站和绵阳电大教学在线平台网站，实现了网上教学、管理和办公；安装了三套卫星电视接收系统，建立了 VBI 数据接收系统，真正实现了"三网合一"；学校还与清华大学继续教育学院实行了联合办学，建立了清华大学继续教育学院绵阳教学站。

第三节 绵阳地方青少年教育事业灾后重生

一、众志成城，抗震救灾

在 2008 年"5·12"汶川特大地震中，绵阳市各级学校的校舍、教学仪器、图书等都遭到了不同程度的破坏。在中央、省、市委和市政府的坚强领导下，在全国各族人民和社会各界的关心支持下，绵阳市迅速投入到抗震救灾和灾后重建的艰巨工作之中。

灾难发生后，市教育局第一时间启动突发事件应急预案，设立了抗震救灾应急指挥站和救助工作组等机构，统筹各方力量，采取各种行之有效的措施开展抗震救灾。一是迅速抢救被困师生。5 月 13 日凌晨 5 时，王和金局长带领局机关和直属单位 72 名干部深入重灾区平武、平通、南坝等镇，看望师生，协助搜救学生，转送伤员 200 多人。二是全力安置灾区学生。5 月 13 日至 5 月 20 日，市教育局在绵阳城区的天府学院、绵阳一中、绵阳财经学校、绵中英才学校、长兴集团、高新区实验学校、南山中学双语学校、南河体育中心、九洲体育馆、永兴一小、六三八二○部队教导大队、长虹培训中心、长虹虹苑剧场等单位搭建临时安置点 14 个，妥善安置北川、安县、平武、江油等地受灾师生 6000余人。三是绵阳市委、市政府积极稳妥推进学校复课。一方面，在绵阳本地的学校推进复课。救援安置工作初步结束后，市教育局先后制定下发了《关于切实做好中小学（幼儿园）复课安全工作的紧急通知》和《绵阳市灾后过渡时期重灾区中小学（幼儿园）复课方案》，分区域、分时段逐步复课。从 5 月 16 日开始，部分学校安置点陆续开学；5 月 17日，绵阳城区高三年级开始复课。截至 5 月 20 日，绵阳城区 11 个校点共接收从北川、平武、安县转移来的学生 5598 人，并通过帐篷学校等形式顺利复课；6 月 7 日，全市高三学生全面复课，温家宝总理等多位党和国家领导人先后视察九洲帐篷学校、八一帐篷学校、北川中学长虹临时学校，对学校的工作给予了充分肯定。与此同时，县（区）学校也采取搭建帐篷学校、活动板房、租借民房和家庭复课、校舍维修加固后复课等形式积极复课。复课过程中，新配备教师 1052 名，新添置教学设施设备 321075 台（套、件）。9 月 1 日，全市 1041 所中小学全部开学，645304 名中小学生全面复学复课。另一方面，绵阳市委、市政府鼓励学生投亲靠友借读，妥善安排灾区学生异地复课，5 月 29 日，帮助安县 500 名小学生到云南昆明市复课；6 月 3 日和 4 日，809 名北川擂鼓镇的小学生和 592 名初中生先后赴山东济南复课。成建制转移到云南、河北、山东等外省的 851 名中小学生也全面实现了异地复学复课。四是真情帮扶遇难伤残学生家长。绵阳市积极推进抚慰帮扶工作，做到了组织领导到位、责任落实到位、抚慰帮扶到位、有效引导到位，全市 2057 名遇难学生家庭一次性救助金全部发放完毕，维护了遇难伤残学生家长思想的稳定。五是积极开展师生心理抚慰。市教科所将灾后心理抚慰工作作为工作的重点，6 月 17 日，市教科所与中国科学院心理研究所、中国心理学会等合作建立了心理援助绵阳工作站，先后 7 次为 490 名教师开展心理抚慰培训，历时 15 天，组织协调外来心理援助力量 26 次，对北川羌族自治县安置点 450 多名学生（包括群众）进行个别心理辅导。9 月至 10 月又开展了"心理课程"教师培训，先后共计 600 余名教师接受培训。六是精心组织，全力抗震保考。市教育局积极应对高考，果断向省教育厅提出了全市成建制延期高考方案并获得批准，同时还及时出台了中考调整方案。为全力保障高考顺利进行，全市高中学校通过搭建帐篷学校、活动板房，租借民房，建立教师流动辅导站、流动课堂和网络辅导等形式，创造性地组织复课，稳步推进高考备考工作。5 月 19 日，509 名北川羌族自治县中学高三学生复课；在省抗震救灾指挥部的统一指挥下，教育、交通、公安等相关部门紧密协作，护送 500 名平武中学学生到西南财大复习备考。在省考试院的支持下，分别在成都武侯区设立平武考点，在涪城区设立北川羌族自治县考点和平武考点，首次实现了大规模异地高考。6 月 12 日，唐家山堰塞湖警报解除，市委、市政府迅速做出统一搭建活动板房作为高考考场的决定，共计搭建高考用活动板房 1310 间，且全部安装了空调，同时落实

第四章

21 世纪初期绵阳地方青少年教育继续发展（2002—2012）

165

好防暑、防疫、防洪涝、防雷电和消防等工作，积极协调交通、公安、卫生、环保等部门，搞好考场综合环境整治，为考生创造良好环境。7月4日和10日，因地震而延期举行的全市高考、中考顺利结束。面对诸多不利因素，"2008年绵阳市高考再夺全省第一，本科上线率达50.41%，专科上线率94.6%"①，向全市人民交出了一份满意的答卷。

抗震救灾中，有三所特殊的学校值得关注。一是北川中学。汶川特大地震使北川中学蒙受巨大损失，倒塌、沉陷教学楼两幢近8000平方米；部分教学楼垮塌面积达3000平方米；1000多名师生被埋，伤亡惨重，经济损失上亿元。在党和政府以及社会各界的支持帮助下，5月19日，509名北川中学高三学生在长虹培训中心临时学校率先实现灾后复课。面对地震灾难，北川中学师生自强不息，顽强拼搏，在2008年高考中取得了可喜成绩，全校593人参加高考，496人被录取到各类高校；申龙、王佳明2位学生分别被保送北京大学和清华大学；学校理科状元王德鑫被中国科学技术大学录取。8月23日新学期开学，北川中学共计有教学班61个，学生3082人，教职工183人。针对震后学校学生中大量的孤儿、伤残、单亲学生，学校成立了学生工作处，专门为伤残同学的康复成立了"康复中心"，并得到了香港红十字会、香港妇幼基金会等部门的大力支持。与此同时，学校还与中国青少年发展基金会合作，选取部分孤儿与助养家庭结成"一帮一"助养，由学生工作处统一协调，本着规范、透明、以人为本和尽量惠及更多学生的原则，优先考虑孤儿、单亲、伤残等特殊学生，大力推动贫困生资助工作，统一集中管理全校收到的捐款和赈灾物资。另外，各级党政部门和社会各界人士对北川中学给予了极大的关注和支持。5月16日下午，胡锦涛同志亲临北川中学救援现场；地震后的8个多月时间里，温家宝总理先后6次深入北川中学，看望慰问受灾师生，指导学校灾后重建；吴邦国、贾庆林、李长春、李克强、刘延东、李源潮等中央政治局常委和委员也先后抵达北川中学，看望并慰问了师生；四川省委、省政府以及绵阳市

---

① 中共绵阳市委 绵阳市人民政府. 绵阳年鉴2009：教育［M/OL］.（2010-05-17）［2019-12-28］. http://www.my.gov.cn/mlmy/mygk/mynjian/mynj2009/1079701.html.

委、市政府和教育行政部门领导也多次到北川中学关怀慰问师生，解决师生的现实困难。为将北川中学打造成全国知名中学，市教育局加大力度推进北川中学教育教学工作，先是建立了 6 个特色工作团队，后又成立了北川中学发展研究室，并从市直属中学抽调了 36 名管理干部和教师到北川中学开展支教工作。二是九洲帐篷学校。九洲帐篷学校是四川省第一所灾后帐篷学校，受到温家宝总理的高度赞扬。5 月 19 日，九洲帐篷学校在九洲体育馆内正式开课，九洲帐篷学校包括小学部和初中部，一共安置北川羌族自治县、安县等地灾区学生 2485 名。6 月 23 日，九洲帐篷学校由九洲体育馆迁出，原有学生分别转移到绵阳外国语学校、南山中学双语学校继续学习。7 月 12 日，九洲帐篷学校正式更名为九洲板房学校，迁址南山中学双语学校。三是八一帐篷学校。2008 年 5 月 21 日，震后转移到绵阳的北川羌族自治县曲山小学、陈家坝小学、太洪小学等学校的 759 名学生在总装备部六三八二〇部队援建成立的总装备部绵阳八一帐篷学校开学。国务委员刘延东、教育部副部长陈小娅、总装备部政委迟万春等领导，航天英雄杨利伟以及一批体育和演艺界人士分别到校慰问看望师生，新教育集团、台州商会、香港狮子会、青岛英派斯健康发展有限公司等民间团体和企业向学校提供了大量支援。

二、抢抓机遇，恢复重建

（一）恢复重建概况

在抢险救灾的同时，市教育局还加快推进学校灾后恢复重建。"5·12"汶川大地震后的第三天，市教育局迅速组织专门人员和各县、市、区一道摸清具体受灾情况，严格按照《国家汶川地震灾后恢复重建总体规划》和市委、市政府提出的"统一布局、统一选址、统一规划、统一标准、统一风格、统一建设、统一组织和统一承接外援"的原则，坚持将安全放在首位，执行强制性建设标准。从 5 月 16 日起，市教育局结合灾后重建的情况，开始加快对学校布局进行调整，着手编制灾后重建规划，撤并村小，收缩农村高中校点，历时两个半月，四易其稿，完成规划编制任务。经过科学论证，结合校点布局调整等实际情况，绵阳市共规划建设教育系统恢复重建项目 751 个，总投资达 115.025 亿元。8 月 7 日，绵阳市教育灾后恢复重建规划通过四川省教育厅和教育部的审核、调整，并上报国家重建办，经教育部和国家发展委员会审定，全市教育列入国家《灾后恢复重建公共服务设施建设专项规划》的单位共 857 个，总投资 136.73 亿元。

在恢复重建中，北川县按照"因地制宜，统一规划，统一布局，统一标准，统一风格，统一建设"和"高中进城、初中相对集中、一镇一小学"的原则，将震前全县 86 所学校规划调整为 42 所学校；平武县的学校由震前的 123 所调整为 55 所；安县由震前的 117 所学校调整为 53 所；江油市由地震前的 185 所学校调整为 113 所；其他县、市、区教育主管部门也按照要求从实际出发规划重建项目。

（二）恢复重建成果

"5·12"特大地震中，绵阳市 1398 所学校受灾，直接经济损失达 67.3 亿元，"普九"成果遭受重大损失。在国家的关心支持下，绵阳市分阶段实施了"一无两有三配套"、中小学危房改造、农村寄宿制学校建设、教师周转房建设等重大工程。在恢复重建中，市教育局抓住中央、教育部、省教育厅等众多领导密集来绵视察的机会，多次向领导汇报教育系统灾情、复课复学进度和灾后重建情况，争取获得最大支持。

2008 年 11 月，全市已开工学校 356 所，开工项目 1147 个，投资规模 22.89 亿元，其中已整体开工建设的学校有 55 所，开工项目有 181 个，投资规模 5.29 亿元。到 2008 年底，小学校舍维修加固和仪器设备重置专项补助资金到位 7.1621 亿元，其中，校舍维修加固专项资金 4.59 亿元，教学仪器设备重置专项资金 2.565 亿元；中央灾后恢复重建补助资金到位 21.86 亿元，对口支援省、市投资 17.54 亿元，计划整体新建学校 56 所、部分重建学校 27 所；全市签订援建项目协议 289 个，协议资金 11.197 亿元，到位资金 3.3 亿元。其中，港澳协议援建项目 10 个，协议资金 4.8357 亿元。这些工程的实施使绵阳市中小学的办学条件得到了很大程度的改善。同时，绵阳市抓住灾后重建的重要机遇，大力推进教育园区建设，一座占地面积大、功能齐全、设施完善、布局合理、资源共享的现代化教育新城在这一时期已见雏形。

在重建过程中，绵阳市把学校建设的质量视作灾后重建的生命，从项目招投标、地质勘察到总体设计和具体实施，每一个环节、每一道工序，都有相关部门严格把关。在推进工程建设的过程中，严格实行重建工作日报制、工程进展定期通报制、工程质量督查制、重建任务分片包干制、重建工作常态检查制等工作制度，严格工程预算，严格工程招投标管理，严格工程质量跟踪管理，切实加强对重建项目、援建项目的管理。同时，绵阳市还进一步强化了学校灾后恢复重建的资金管理，实行专户储存、专户管理、专账核算、专款专用，按工程进度拨款，随时督查，有效地杜绝了违法、违纪、违规行为。截至 2010 年 10 月，全市落实灾后恢复重建项目资金 83.6024 亿元。截至 2011 年底，绵阳市规划的 751 个教育灾后恢复重建项目已有 706 个项目竣工交付使用，占规划总数的 94.01%；累计完成投资 79.3578 亿元，占规划总投资的 68.99%，基本完成了党中央提出的灾后重建"三年任务，两年完成"的艰巨任务。通过灾后重建，绵阳的学校布局更加合理，设施更加完善，农村地区、边远贫困地区和民族地区的学校硬件设施得到极大提升，进一步缩小了地区之间的教育资源差距。

在抓好项目建设和资金管理的同时，市教育体育局高度重视学校公共设施的使用、管理和维护，为此先后下发了《关于进一步加强重建学校校舍设备使用、管理和维护工作的通知》和《关于推进全市义务教育学校教育技术装备标准化建设通知》，编印了《绵阳市中小学教育技术装备灾后重建标准及规范》，基本实现了从加快项目建设向加强学校管理的重心转移。"5·12"汶川大地震以来，在市委、市政府的坚强领导下，在对口援建省（市）及社会各界的大力支持下，在全市人民和教育系统广大干部的共同努力下，绵阳市学校的办学条件得到了极大改善，不少学校在硬件方面实现了历史性的提升，为全市教育水平的整体提升奠定了坚实的物质基础。截至 2011 年，全市普通中小学已配置教学设备 45 万台，中职和其他学校配置教学设备 19 万台，学校实验仪器配备率达 90%，图书配备率达 80%，设备设施投入资金达 2.565 亿元。绝大多数重建学校都有了校园网、多媒体教室、计算机教室，学校信息技术配置迈上了一个新台阶。

三、建设绵阳教育园区

（一）总体规划

绵阳教育园区位于涪城区青义镇、城郊乡和科创园区西园社区境内，处于绵广高速公路、九洲大道、二环路和西南科技大学围成的囊形区域内，包括蒋家沟、牌坊沟和龙溪沟，属三沟夹两山地形，占地约 7 平方公里。绵阳市"十一五"教育发展规划明确提出，用 3 至 5 年时间，在科创园区规划 5~10 平方公里建设绵阳职业教育园区，建成中国西部一流的职业教育的区域综合性实训基地，建成中国西部设备设施一流的职业教育培训基地。园区开发建设计划用 5 至 7 年的时间分三期进行，总投资约 440110 万元。其中，土地征用费约 125240 万元，项目前期费用、公共基础设施等约 80000 万元，学校建设资金约 200000 万元，文化、体育及商业服务设施建设约 40000 万元。园区建成后，绵阳教育园区在校生规模将达到 7 万~8 万人，加上服务人员，园区每年常住人口将达到 10 万人左右。每年培养中高级技术人才 1.5 万人左右，每年向高等院校输送本科生 5000 人左右，年培训农民工 8 万人左右，技能鉴定达 8 万人次，校企合作的产品加工和生产争取逐步达到一定规模。在规划执行的过程中，市教育局通过充分调研和多方论证，并得到市委、市政府充分肯定和支持，将绵阳职业教育园区建设规划调整升级为绵阳教育园区建设规划，大致规划如下。

1. 规划建设八大功能区

绵阳教育园区建设规划了八大功能区域：一是职业教育区。在该区主要规划建设绵阳水电学校、绵阳农业学校、绵阳市成人中专学校、绵阳广播电视大学，预计学生可达 2.4 万人。二是普通教育区。在该区主要规划建设绵阳中学实验学校、南山中学实验学校和绵阳外国语实验学校，预计学生可达 2.8 万人。三是高等教育区。在该区主要规划建设四川中医药高等专科学校、四川幼儿师范高等专科学校，预计学生可达 1.8 万人。四是民办教育集聚区。在该区主要吸引民间资本、社会力量举办各类学校，引进高水平、有实力的民办教育院校和省内外高等教育院校到园区办学，预计学生可达 5000 人。五是校企合作区。在该区主要形成产学研相结合的校企合作模式。六是大学生创业区。在该区主要搭建大学生创业平台，吸引大学生自主创业。七是商业区。在该区主要规划建设和经营共享资源，包括餐饮、零售、百货等公共服务。八是根据社会发展需要，修建高品质的老幼服务中心、文化中心、体育中心，以满足不同社会群体的不同需求。

2. 实施六大建设项目

一是建设四川中医药高等专科学校。该校所获投资总额为66827万元，一期投入33662万元，二期投入16692万元，三期投入16473万元。资金来源主要是灾后重建资金6782万元，银行贷款24504万元，BOT建设投资20168万元，地方债券1300万元，委托职工借款2500万元，老校区土地出让1200万元，自筹资金10373万元。还款来源一部分是每年从办学收入节余中安排1000万元用于偿还借贷本息，另一部分是通过出让老校区171亩土地所得资金，偿还银行贷款本息。二是建设四川幼儿师范高等专科学校。该校所获投资总额为33770万元，一期投入11230万元，二期投入11780万元，三期投入10760万元。资金来源主要是灾后重建资金2974万元，银行贷款14400万元，BOT建设投资8160万元，地方债券1000万元，委托职工借款及办学结余6036万元，土地合作开发收益1200万元。还款来源是5年内分期从办学收入中偿还贷款本息。三是建设绵阳广播电视大学。该校所获投资总额为22925万元，一期投入8431万元，二期投入10074万元，三期投入4420万元。资金来源主要是灾后重建资金1342万元，银行贷款14100万元，BOT建设投资4755万元，地方债券1200万元，国债资金1300万元，委托职工借款及办学结余1528万元。还款来源是新校区建成后，用办学收入的40%～50%偿还基本建设贷款本息。四是建设绵阳水利电力学校。该校所获投资总额为23779万元，一期投入14327万元，二期投入9452万元。资金来源主要是灾后重建资金8103万元，银行贷款3680万元，BOT建设投资5171万元，拉动内需1400万元，国债资金1300万元，委托职工借款及自筹资金4202万元。还款来源是计划在工程建设投入使用后的三到五年内，用学校办学收入的节余和经营性设施的经营利润以及老校区50亩土地出让收益偿还贷款本息。五是建设绵阳成人中专学校。该校所获投资总额为16254万元，一期投入11863万元，二期投入2196万元，三期投入2196万元。资金来源主要是灾后重建资金 1063 万元，银行贷款 12520 万元，BOT 建设投资 1871 万元，拉动内需 500 万元，国债资金 300 万元。还款来源是学校计划通过每年办学结余及老校区 62 亩土地出让收益偿还贷款本息。六是建设绵阳农业学校。该校所获投资总额为 22127 万元，一期投入 14187 万元，二期投入 7940 万元。资金来源主要是灾后重建资金 4251 万元，银行贷款 14020 万元，BOT 建设投资 2456 万元，拉动内需 1100 万元，国债资金 300 万元。还款来源是老校区 150 亩土地出让收益 15000 万元。

3. 具体方案

一是教投公司承建项目，建设绵中实验学校、南山实验学校、外国语实验学校三所新机制学校，投资总额为 63264 万元，一期投入 36856 万元，二期投入 13304 万元，三期投入 13104 万元。资金来源主要是银行贷款和采用 BT 总承包模式，还款来源是由三所新机制学校办学收益每年拿出 12000 万元左右逐年偿还。二是建设整个园区的道路、管网、水电气等基础设施，投资总额为 80000 万元，前三年每年投入 10000 万元，第四、五年每年投入 15000 万元，第六年投入 20000 万元。资金来源主要是银行贷款，还款来源是园区商住用地的出让或开发收益。三是建设包括商业中心、实训中心、文化体育中心、儿童中心、老年会所等在内的共享区。总投资概算为 50000 万元，分 5 年逐年投入，每年投入 10000 万元。资金来源主要是银行贷款，还款来源主要是商业经营收入及部分商住用地的出让或开发收益。四是建设四川中医药高等专科学校、四川幼儿师范高等专科学校、绵阳广播电视大学、绵阳水利电力学校、绵阳成人中专学校、绵阳农业学校 6 所高校。

（二）推进情况

1. 三所新机制学校

2010 年 3 月 18 日，在市委、市政府大力支持下，教育园区建设正式破土动工。截至 2010 年底，三所新机制学校的建设一期工程已经完工，其中，外国语实验学校食堂基础结构验收完成，进入主体装砖；1号学生公寓主体已完成，2 号学生公寓已进入四层主体施工。绵中实验学校 1 号、2 号教学楼已进入四层主体施工，1 号、4 号学生公寓进入三层主体施工，2 号、3 号学生公寓进入二层主体施工。南山实验学校

2号教学楼已顺利封顶，1号教学楼已进入五层主体施工，学生公寓进入四层主体施工。根据三校一期工程建设进展情况，教投公司组织三所学校制定了应急预案，保证三校如期开学。同时，三校已分别选定了能满足教学和生活需要的房舍，作为学校办学过渡场所；三校的主要教学设备和学生生活设备的大宗采购，已按程序进行了招标，选定了设施设备供应单位，基本设施设备在一期工程完工时将全部添置到位。经过严格筛选，在绵阳中学、南山中学、外国语学校现有教师中选拔了一批教学功底扎实、教学经验丰富、治学态度严谨的骨干教师；另外，还在应届师范大学毕业生中，按程序选聘了一批优秀大学毕业生。三校师资队伍基本配置齐备，能够满足教学需要。2012年，绵阳市三所实验学校在校生达20000人，教职工1600余人，教育教学秩序正常。2012年，绵中实验学校高考人数3400人，本科硬上线3334人（重本上线1632人），本科硬上线率达98%，居全市第一；全省理科第二名和绵阳市理科状元花落该校。南山实验学校高考人数2980人，本科上线2850人（重本上线772人），本科硬上线96%。两校高一、高二的优生率以及外国语实验学校期末考试成绩均在全市名列前茅。

2. 六所职业院校

2010年，绵阳广播电视大学、绵阳水电学校、绵阳农业学校、绵阳成人中专学校、医专、幼专6所职业院校建设项目开始施工，紧接着，办理了选址意见书和用地规划红线图。在总平设计通过市规委会审定后，又进行了单体设计和场平设计。此后，6所职业院校办理了先行用地手续，取得了先行用地通知书，计划征地2011.27亩。2012年，绵阳农校完成投资近2亿元，一期工程已经完工，截至2013年8月底，行政办公楼和农业中心大楼交付使用，基本具备入驻条件；绵阳水电学校完成投资约1.6亿元，整体工程进度完成约80%；绵阳幼专教学综合楼通过初步验收，二期工程场平基本完成；绵阳医专全面进入现场施工阶段，完成建设总体进度约20%；绵阳民族中学完成宿舍楼主体工程和食堂基础工程，其后进行教学楼主体施工；绵阳电大完成场平，处于主体建设施工入场准备阶段；绵阳技工学校实训楼竣工，完成学校建设场平设计。

第五章　新时代绵阳地方青少年教育进一步发展（2012—2019）

　　自党的十八大以来，教育改革发展被提到了历史性新高度，习近平总书记围绕"培养什么人、怎样培养人、为谁培养人"这一根本问题，提出了一系列新思想、新理念和新论断，形成了系统完整的新时代中国特色社会主义教育理论体系，为新时代教育工作的创新发展指明了前进的方向，提供了根本的遵循。2017年，党的十九大报告围绕"优先发展教育事业"做出全面战略部署，明确提出"建设教育强国是中华民族伟大复兴的基础工程，必须把教育事业放在优先位置，深化教育改革，加快教育现代化，办好人民满意的教育"[①]。建设教育强国，推动教育实现现代化，是推进我国实现社会主义现代化、建成社会主义现代化强国的重要保障，也是实现中华民族伟大复兴的中国梦和满足人民群众对美好生活的向往的必然要求。进入新时代以来，绵阳市加强党对教育工作的全面领导，坚持把教育事业摆在优先发展地位，深入实施"科教兴绵、人才强市"的教育发展战略，落实立德树人的教育根本任务，深化教育改革创新，加快补齐教育短板，推动绵阳市教育总体水平全省领先、教育发展能力全面提升、教育公平迈出重大步伐、教育服务经济社会发展能力显著提升。绵阳教育尤其是基础教育的品牌已经在全国打响，其知名度、美誉度和影响力大幅提升，已经成为绵阳市对外的一张闪亮名片。

---

　　① 人民网. 习近平在中国共产党第十九次全国代表大会上的报告［EB/OL］.（2017-10-28）［2019-12-28］. http://cpc. people. com. cn/n1/2017/1028/c64094-29613660-10. html.

第一节　加快勾勒绵阳地方青少年教育的新轮廓

一、绵阳地方青少年教育主要任务

2012年12月12日，绵阳市人民政府办公室印发了《绵阳市教育体制改革试点方案》，明确了新时期绵阳地方青少年教育改革的主要任务。一是深化素质教育改革。组织实施试点项目，探索建立减轻中小学生课业负担的有效机制；建立教育质量监测和评估体系；推进高中办学模式多样化试验，建立高中特色课程体系，探索弹性学制等人才培养模式。二是促进义务教育均衡发展。探索建立城乡一体化、丘陵地区和民族地区义务教育均衡发展的有效途径，保障学生平等接受义务教育的权利，实现区域内义务教育办学条件、师资配备和教学质量等基本均衡，有效解决"择校"和"大班额"问题，基本满足人民群众对较高质量义务教育的需求。积极开展"四川省义务教育示范县"创建工作，到2020年，力争全市所有县、市、区都创建成为"四川省义务教育示范县"，分县达到义务教育基本均衡。三是加快职业教育改革。创新职业教育办学体制和机制，开辟政府统筹，部门、行业、企业参与办学的新局面；创新人才培养模式，推行工学结合、顶岗实习、校企合作，增强职业教育的针对性、实用性和开放性；创新职业教育发展模式，走集团化发展之路，探索中职、高职协调发展的现代职业教育体系；建立和完善企业技能人才到职业院校从教和教师到企业实践的职教师资培养制度。四是完善办学体制机制。以创新体制为重点，以促进发展为核心，更新观念，勇于实践，大胆突破，积极稳妥地推进改革试点，到2015年末，全面完成开展委托管理等五项办学体制改革试点，总结经验，逐步推广，努力形成有利于绵阳市民办教育科学发展的体制机制。五是构建更加科学合理的教育体系。通过整合各类教育资源，建立职前和职后教育、学历和非学历教育、普通和成人教育相互融合、协调发展的终身教育体系，形成灵活开放的教育服务平台。六是推进教育投入保障机制改革。明确政府对教育经费投入的保障责任，从直接投入和间接投入两方面建立教育经费投入稳定增长机制，探索政府收入统筹用于支持教育的措施和办法，使教育的投入与群众对教育的需求基本相适应。七是加强现代学校制度管理，进一步明确市和县（市、区）、乡镇和各级各类学校的权利和责任，转变对学校的行政管理方式，依法保障学校办学自主权，逐步实现政校分开、管办分离；通过健全现代学校内部管理制度，探索建立学校内部全面目标计划、全程质量管理、全员业绩考核三大体系，构建现代学校管理制度。完善中小学校长负责制、学校法人制度及岗位责任制。建立社区、家长和专业人士参与学校管理的有效机制。八是加快培育拔尖创新人才。坚持改革创新，建立健全创新拔尖人才培养长效机制，在未来 5 至 10 年，形成从小学到大学的拔尖创新人才成长的良好环境，形成在西部较有影响的拔尖创新人才培养模式，建成西部拔尖创新人才培养高地。

二、绵阳地方青少年教育发展概况

（一）学前教育

"2013 年，绵阳市开工新建、改扩建城乡公办幼儿园 28 所，完工 18 所，较上年增加 36 所，完成率达 127％，公办学前教育资源覆盖率不断提高，民办幼儿园发展势头良好，农村小学附设幼儿园和民办幼儿园管理规范。同时，全面推进示范园建设评比工作，全市省级示范幼儿园达到 20 所，市级示范幼儿园达到 190 所。"[①] 总体来看，绵阳市学前教育优质资源逐步扩大，有效缓解了城镇和农村幼儿"入园难"问题，但与此同时，绵阳市学前教育仍存在与社会发展和人民群众的需求不相适应的问题。为进一步加快发展学前教育，2014 年 12 月，绵阳市教育体育局发布了《关于进一步推进学前教育发展的通知》，此后，按照通知要求，绵阳市多措并举加快优化学前教育布局，完善学前教育体系和投入保障机制，加强教师队伍建设，规范幼儿园管理，不断提高保教质量。"截至 2015 年，全市有幼儿园 661 所，较 2014 年增加 58 所；在园

---

① 中共绵阳市委 绵阳市人民政府. 绵阳年鉴 2014：教育·体育 ［M/OL］.（2014−12−02）［2019−12−26］. http://www.my.gov.cn/mlmy/mygk/mynjian/mynj2014/1078401.html.

幼儿 142461 人，较上年增加 9126 人。"① "截至 2016 年，全市有幼儿园 701 所（其中普惠性民办幼儿园 431 所），在园幼儿 144766 人，教职工 12287 人，较 2015 年新增幼儿园 40 所、新增在园幼儿 2305 人，学前教育三年入园率达到 94.5％，学前教育资源已基本达到供需平衡。"② 2018 年 5 月 17 日，绵阳市举行了推进学前教育发展工作领导小组第一次会议，会议审议了《绵阳市人民政府关于进一步加快公办幼儿园建设推进学前教育发展的实施方案》和《绵阳市城镇小区配套幼儿园建设和管理实施办法》，制定了到 2020 年全市公办幼儿园和普惠性民办幼儿园覆盖率达到 85％以上，学前三年毛入园率达到 97％以上的目标，明确了各县、市、区（园区）2018—2020 年分年建设任务。

（二）义务教育

绵阳市从提高义务教育保障水平、抓好薄弱环节的整改提升、提高均衡发展水平等方面，促进绵阳市义务教育由基本均衡向优质均衡发展，坚持更多教育资源向农村学校和薄弱学校倾斜的原则，以标准化建设、农村寄宿制学校建设和薄弱学校改造为重点，大力实施学校新改扩建工程，促进义务教育学校办学条件全面升级。截至 2015 年，绵阳市的 7 个县、市、区已经达到义务教育基本均衡县的评定标准；到 2016 年，全市 9 个县、市、区均顺利通过义务教育发展基本均衡县的省级督导评估③。2017 年，平武县、北川羌族自治县通过全国义务教育发展基本均衡的县、市、区评估认定，标志着绵阳市成为四川省继成都之后，第二批由国家认定的实现义务教育发展基本均衡县的市。2018 年，绵阳市义务教育在中考改革、规范招生、军民融合、质量提升等方面取得的成绩突出，全年共计投入 4.08 亿元，改善了 470 所义务教育薄弱学校办学条件，选派 105 名城区学校教师到农村及薄弱学校交流任教，落实 11 所名校与平武、北川等地弱校结对，9 个县、市、区全部通过义

---

① 中共绵阳市委 绵阳市人民政府. 绵阳年鉴 2016：教育·体育 [M/OL]. (2017-11-13) [2019-12-28]. http://www.my.gov.cn/mlmy/mygk/mynjian/mynj2016/1077631.html.

② 中共绵阳市委 绵阳市人民政府. 绵阳年鉴 2017：教育·体育 [M/OL]. (2018-03-13) [2019-12-26]. http://www.my.gov.cn/mlmy/mygk/mynjian/mynj/35531.html.

③ 绵阳市下辖 3 区、1 县级市、5 县，2015 年只有 7 个县、市、区达到义务教育基本均衡县的评定标准，2016 年有 9 个县、市、区达到义务教育基本均衡县的评定标准。

务教育发展基本均衡县认定。2019 年，为推进教育公平，持续稳步推进教育综合改革，完善城乡义务教育均衡发展，绵阳中学与绵阳八中、绵阳十二中、科创区博雅学校、高新区永兴镇初中签订质量提升工程的初高中学校帮扶协议；南山中学与绵阳四中、绵阳五中、绵阳九中、绵阳十一中签订质量提升工程的初高中学校帮扶协议。与此同时，为进一步加强义务教育学校的建设，"计划新建、续建、改扩建中小学 49 所，项目分布在全市各县、市、区和园区，建设总投资 111646 万元，2019 年计划投资 32701 万元，建设面积 288475 平方米，新增学位 16145 个。截至二季度，已开工项目 25 个，累计完成投资 17714 万元"①。绵阳市委、市政府始终坚持贯彻教育优先发展的战略，积极出台相应措施，深化素质教育改革，大力推进城乡义务教育一体化发展进程。国内第三方教育体系公布的权威数据显示，绵阳市义务教育在学习动力、学习环境、学业水平等多项评价指标上均处于全国领先水平。

（三）高中教育

在高中教育方面，绵阳市在"控制规模、优化结构、提升品质"方面下功夫，推动高中教育从"以量图大"向"以质图强"转变，持续扩大绵阳市教育品牌的影响力、辐射力和竞争力。在一系列强有力的举措下，绵阳市高中教育取得了喜人成绩。"2013 年，绵阳市全市 34519 人参加高中课改后的首次高考，本科硬上线 27118 人（不含保送、公派留学和艺体、飞行员上线），本科硬上线率达 62.31%。绵阳以全省 8.2% 的参考人数，夺得全省 14.05% 的本科硬上线份额。本科硬上线万人比提高到 50.22%，本科硬上线率和万人比继续保持全省首位。重点本科硬上线 8211 人，上线率 18.87%，重点本科硬上线人数约占全省 1/4，绵阳 600 分以上特优生 2923 人，占全省 1/4。"② 2015 年，全省高考参考人数继续增长，绵阳市高考参考人数首次减少，绵阳市本科硬上线 32253 人，本科硬上线率为 64.4%，高出全省平均上线率 25 个百分点，本科硬上线率、本科硬上线万人比等多项指标继续以绝对优势夺得全省

---

① 今年我市新建续建改扩建义务教育学校 49 所 [N]. 绵阳日报，2019－06－24 (1).
② 中共绵阳市委 绵阳市人民政府. 绵阳年鉴 2014：教育·体育 [M/OL]. (2014－12－02) [2019－12－26]. http://www.my.gov.cn/mlmy/mygk/mynjian/mynj2014/1078401.html.

第一；重本上线 13706 人，增幅达 33％，重本录取人数 11621 人，接近省 1/4；600 分以上特优生 2225 人，约占全省 1/3；全国奥赛保送生被清华、北大录取 6 人，占全省 1/2；北大、清华、国科大三所名牌大学录取 81 人，占全省 1/4 以上；绵阳中学应届理科考生高志华以 689 分的优异成绩夺得全省理科第一名。通过深化改革、促进均衡，绵阳基础教育在全省的优势逐步凸显。2016 年，全市高中学校 35 所，在校学生 111448 人，教职工 10577 人。2016 年高考本科硬上线 33752 人，本科硬上线率 68.67％，一本硬上线 17183 人，一本硬上线率为 34.96％；被北大、清华录取人数达 95 人，占全省录取人数 1/3；绵阳学子连续四年夺得全省高考桂冠；本科硬上线率、本科硬上线万人比连续 16 年夺得全省"双第一"。与此同时，绵阳东辰国际学校顺利通过四川省教育厅验收评估工作，晋升为"四川省一级示范性普通高中"。2017 年高考，绵阳中学重本上线率为 89.2％，本科上线为 97.7％，600 分以上 1450 人。南山实验重本硬上线 3044 人，上线率为 62.87％；本科硬上线 4652 人，上线率为 96.7％。绵阳外国语学校重本硬上线 367 人，比率高达 74.59％；本科硬上线 472 人，比率高达 95.93％；600 分以上特优生率高达 20％。2018 年高考，绵阳中学理科省前十占 3 人，文科省前十占 2 人，理科 689 分以上 13 人，600 分以上特优生 2100 多人，重本率 90.2％，本科率达 99.09％。绵阳南山中学实验学校二本上线 4593 人（不含艺体），重本上线人数再攀新高，600 分以上特优生 961 人。绵阳南山中学本部重本上线 2833 人，理科 2423 人，文科 410 人，600 以上 1300 人，31 人在五大学科全国奥赛中斩获名次。绵阳中学实验学校重本上线 2965 人，重本率为 63.4％；本科上线 4558 人，本科上线率为 97.4％。2019 年绵阳高考再创辉煌，截至 6 月 28 日，已出成绩的学校为绵阳中学、南山中学、绵阳实验高级中学、绵阳东辰国际学校、绵阳外国语学校、绵阳南山中学实验学校、绵阳中学实验学校、江油中学、三台中学，9 所学校共计参考人数为 24600 人左右。其中，700 分以上 81 人，占全省近一半，600 分以上约 8200 人，约占全省的 1/4；一本上线人数约 15418 人，上线率为 62.7％，本科上线人数约为 22541 人，上线率 91.65％。全省 700 分以上人数为 182 人，据不完全统计，绵阳700分以上特优生已达81人，占全省近一半，居全省第一，绵阳以压倒性优势拿下全省高考19连冠。绵阳市高中向全市人民递交的一份份满意答卷，彰显了绵阳教育的实力，展示了科技城的教育特色。

（四）高等教育

"截至2016年，绵阳市内有高等院校14所。"① 其中，全日制普通教育本科院校6所，分别是西南科技大学、绵阳师范学院、四川文化艺术学院、中国民航飞行学院绵阳分院、西南财经大学天府学院、西南科技大学城市学院；市属全日制普通教育专科院3所，分别是绵阳职业技术学院、四川中医药高等专科学校、四川幼儿师范高等专科学校；全日制民办高等职业技术学院2所，分别是四川汽车职业技术学院、四川电子机械职业技术学院；成人教育本科院校1所，中国工程物理研究院职工工学院；成人教育专科院校2所，分别是绵阳广播电视大学、涪江机器厂职工大学。2017年，全市高等教育工作紧紧围绕市委、市政府中心开展，以建设教育强市为目标，支持在绵高校加强思想政治工作，深化教育教学改革，服务在绵高校内涵发展、创新发展，取得了显著成效。2018年，绵阳市开始实施高等教育联盟化，整合西南科大、中物院等17家在绵高校和科研院所，组建绵阳科技城高教联盟，开放共享教学资源、实验设备等，探索教师互聘、学生跨校选课、学分互认等机制。与此同时，多措并举继续推进高等教育工作：一是主动作为，对接军民融合企业，抓好军民融合人才培养工作；二是深入贯彻落实全国、全省高校思想政治工作会议精神，把大学生思想政治工作贯穿各高校教育教学全过程，加大意识形态领域工作力度；三是抓好高教联盟工作，按计划推进五项内容，切实强化高校资源共享；四是加快高校内涵发展，围绕"一流学科"建设，加强教师人才、特色学科和特色专业建设。2019年，绵阳市把思想政治理论课建设作为重点任务来抓，深入学习、贯彻落实全国高校思想政治工作会议和中共中央、国务院关于加

---

① 中共绵阳市委 绵阳市人民政府. 绵阳年鉴 2017：教育·体育［M/OL］. (2018−03−13)［2019−12−26］. http://www.my.gov.cn/mlmy/mygk/mynj/35531.html.

强和改进新形势下高校思想政治工作的意见精神，全面完成高校思想政治理论课立德树人的根本任务，不断提升高校思想政治理论课的感染力和吸引力。

（五）职业教育

绵阳市各级各部门着力创新体制机制，不断提升职业教育的办学质量和水平，全市职业教育总体呈现出健康发展的良好态势。主要表现在以下几个方面：一是招生人数和投入资金不断增加。"截至 2015 年，全市中职学校累计招生 24887 人；争取中央资金 2292 万元用于中职学校实训基地建设、校舍维修、教学设施设备购置等，获得省上拨付的现代教育质量提升专项资金共 931 万元；争取到省市资金 200 万元支持四川汽车职业技术学院、绵阳博远艺术职业学校、绵阳服装艺术职业学校、绵阳市艺术学校四所民办职业院校发展。"[1] 截至 2016 年，全市有在校生 6 万余人，在校教职工 2600 余人；争取中央资金 2380 万元，支持绵阳财经学校、游仙职中等 13 所中职学校发展。二是职教体系和专业设置更加科学合理。"截至 2016 年，全市共有中等职业学校 32 所，开设有加工制造类、信息技术类、财经商贸类、旅游服务类、交通运输类等 15 个专业大类 60 余个专业；除此之外，全市还有一所社区大学，一所社区学院，15 个社区教育学习中心，有社区教育专职人员 3 名，专兼职教师 110 名，志愿者 550 名。"[2] 三是各类培训活动丰富多彩。2016 年，绵阳市全年举办"全民终身学习活动周"等社区教育活动 30 余场次，参加社区活动和培训的各类居民多达 350000 人次，90 余个社会培训机构年职业技能培训 10 万人次；市财政拨付社区教育专项资金 100 万元，开展的农民劳动力转移培训和实用技术培训参与者达 10 万人次。四是现代学徒制试点成效初步显现。绵阳财经学校、北川七一职中、绵阳职业技术学校、江油职中四所省级现代学徒制试点学校，大力开展机电技术与应用、化工机械与设备、汽车维修等多个现代学徒制试点项

---

① 中共绵阳市委 绵阳市人民政府. 绵阳年鉴 2016：教育·体育［M/OL］.（2017−11−13）［2019−12−28］. http://www. my. gov. cn/mlmy/mygk/mynjian/mynj2016/1077631. html.
② 中共绵阳市委 绵阳市人民政府. 绵阳年鉴 2017：教育·体育［M/OL］.（2018−03−13）［2019−12−26］. http://www. my. gov. cn/mlmy/mygk/mynj/35531. html.

目。在绵阳市涪城区、绵阳市安州区、三台县、梓潼县试点普职融通实验班，12 所中职学校的 26 个专业分别与 5 所高职院校进行 2~3 次对接，高职院校为结对帮扶学校捐赠教学设备 10 万余元，选派 20 余名专业教师上课，免费提供实训场所。五是职教学生荣获多项荣誉。2016年，全市 700 余名中职学生先后参加国家、省、市三级技能大赛，351名学生荣获一、二、三等奖。2017 年，在全国职业院校技能大赛沙盘模拟企业经营赛中，北川羌族自治县七一职业中学代表获得二等奖的佳绩；在全国职业院校技能大赛"上汽通用杯"（中职组）汽车运用与维修赛中，北川羌族自治县七一职业中学学生王康金代表四川省参加了钣金项目比赛，荣获全国三等奖。六是职业教育逐步凸显绵阳特色。2018年，绵阳市创新校企"双主体"育人机制，引导职业院校与企业联合设立电子应用技术等 18 个示范专业和"京东方班"等 8 个企业冠名班，推行学校与企业、教室与车间等"六合一"对接模式，毕业生初次就业率达 95％以上。

第二节 扩展绵阳地方青少年教育改革的广度和深度

一、深化改革步伐铿锵有力

（一）继续推进素质教育改革

1. 实行措施

为切实帮助学生全面发展、快乐成长，绵阳市采取了多种措施。首先是提升学校德育干部专业素养。2014 年 6 月 5 日，绵阳市举办了全市学校德育干部素质提升培训暨能力考评活动，以形式多样、内容丰富的学生社团活动为载体，通过活动观摩、专题讲解，实现了"以研代培"；2015 年，绵阳市又开展了"学校德育干部专业素养培训百人行"活动，现场考核 64 名德育干部能力。其次是推进乡村（社区）学校少年宫建设。2014 年，绵阳市在此前基础上继续开展学校少年宫"分类划档、晋位升级"活动，一年内建成市级特色学校少年宫 25 所、市级示范性学校少年宫 10 所；2016 年，全市持续推进学校少年宫"分类划档、晋位升级"活动，建成市级特色学校少年宫 17 所、市级示范性学校少年宫 9 所。再次是切实减轻中小学生课业负担。2014 年 3 月，绵阳市教育体育局拟定《绵阳市减轻义务教育阶段学生过重课业负担的十项规定》，内容包括按照随机方式对学生和教师实行均衡编班，严禁分设重点班和非重点班；严格执行课程计划，开齐课程、开足课时，任何学校不得挤占音乐、体育、美术、信息技术、综合社会实践等课程的教学时间；要提高教师业务水平和课堂效益，不得拔高教学要求，不得加快教学进度。

2. 主要成果

一是众多学校素质教育获得肯定。在绵阳市第一轮中小学校素质教育督导评估中，共计产生 286 所县级素质教育优秀学校，91 所市级素质教育优秀学校。二是绵阳教育质量健康指数高于全国平均水平。就绵阳市区域教育质量健康指数来看，绵阳学生在学业水平达标、课外阅读量、师生关系、自信心等大多数指标上，均在全国范围内处于较高水平，且各县、市、区整体上均表现优秀。三是各类比赛荣获多项荣誉。在"2013 年度四川省中小学电脑制作活动"中，绵阳市富乐实验小学的 16 件作品分别荣获一、二、三等奖，其中有 4 件作品送省评选，学校荣获组织奖；2015 年，全市有 125 人次获得全国数学、物理、化学、生物和信息技术奥林匹克竞赛一等奖，有 4 人进入国家集训队并有望代表中国参加世界奥林匹克竞赛，人数居全省第一；绵阳南山中学机器人代表队获 FTC 机器人大赛全国二等奖；绵阳中学成为全国首批在普通高中开办空军青少年航空实验班的学校之一（全省仅两所），计划招生 90 人，26 名绵阳学子被航空实验班录取，占全省录取总人数的 20%。在教育部举办的军事教学成果检验中，绵阳市代表队获得团体一等奖和优秀组织单位奖；绵阳师范学院代表队获大学组男子团体、女团体一等奖；普明中学代表队获中学组女子团体一等奖和男子团体二等奖。西南科技大学在教育部 2015 年军事教学检验无线电测向比赛中，荣获团体一等奖、优秀组织奖、男子团体一等奖、女子团体一等奖和多个优秀个人奖。2017—2018 年，江油市、三台县等地相继举办了素质教育成果展，集中反映了全市各学校丰富多彩的校园文化生活和广大师生健康向上的精神风貌，充分展示了绵阳市学校素质教育的新气象和新成果。

（二）重视夯实教育教学根基

1. 强化育人队伍管理

党的十八大以来，绵阳市多措并举加强育人队伍建设。"2015年，全市双选招聘69名免费师范生到中小学任教，组织三台县、盐亭县招收特岗教师128人，组织市直属学校公招教师32名，各县、市、区招聘教师499名，及时补充新师资。"① 与此同时，为进一步规范教体系统的职称评审工作，绵阳市出台了《绵阳市教师中级职务任职资格条件（试行）》，实行统一职称评审标准，并注意向农村学校和薄弱学校的教师倾斜，共计报送评审高级职务218人，组织评审中级职务719人，确定评审初级职务620人。此外，绵阳市还非常重视教师资格的认定工作，通过资料审查、教育教学基本素质和能力测试，认定高中（中职）教师资格3230人；在46所学校开展教师资格定期注册试点，4490名教师首次定期注册合格。2016年，绵阳市开始施行新的职称制度，将中学和小学两个教师职务（职称）系列合一，最高职务等级设置到正高级，截至12月，已有3536名教师完成职称过渡。首次组织评审推荐中小学正高级职称，组织申报中小学正高级教师12人、后备人选2名；会同人社局，送评高级职务1341人，组织评审中级职务901人。

2. 加强教师技能培训

在强化教育队伍管理的同时，绵阳市还注重加强教师技能培训。"2013年，全市5100人参加国培项目培训，其中包括农村中小学远程培训2961人、示范性项目293人、各类骨干教师短期集中培训项目795人、农村中小学和幼儿园教师置换脱产研修项目285人、幼儿转岗教师培训170人、国培送教到县300人、国培远程送教146人、骨干教师高端研修150人，分布于12个县、市、区，覆盖中小学13个学科，涉及落实项目的基层中小学（幼儿园）近500所。"② 与此同时，绵

---

① 中共绵阳市委 绵阳市人民政府. 绵阳年鉴2016：教育·体育［M/OL］.（2017-11-13）[2019-12-28]. http://www.my.gov.cn/mlmy/mygk/mynjian/mynj2016/1077631.html.
② 中共绵阳市委 绵阳市人民政府. 绵阳年鉴2014：教育·体育［M/OL］.（2014-12-02）[2019-12-26]. http://www.my.gov.cn/mlmy/mygk/mynjian/mynj2014/1078401.html.

阳市还积极开展"送教参培"活动,先后组织省级送教下县活动 4 次,共计培训教师 446 人。全年组织 57 名省级教学名师参加第二轮名师培训,组织 375 名教师参加省级骨干教师培训。"2015 年,绵阳市落实市级教师培训专项经费共计 452 万元,组织培训第二批市级中小学骨干教师 2473 名,信息技术应用能力培训 1442 名,足球教练培训 100 名,中小学管理干部培训 220 名,教育家型校长 30 名,专家型教学名师 50 名,学前教育园长 150 名,教师 200 名;落实县级教师培训专项经费 1158 万元,培训教师 95716 人次。组建 1 个省级教学名师工作坊,302 名骨干教师参与。"① "2016 年,全市有 15938 人参加国家级和省级培训。落实市级教师培训专项经费 260 万元、县级教师培训经费 3177.9 万元,8833 名校(园)长和教师参加培训。"②

3. 师德师风建设

绵阳市从 2012 年开始实施"名学校、名校长、名教师"建设工程,第一年就培养了 10 所名学校、10 位名校长、80 位名教师。2013 年,绵阳市继续加强师德师风建设。4 月 8 日,江油市青莲初中党支部在教学楼多功能室举办了"讲身边故事,树身边典型"师德师风演讲比赛活动;8 月 29 日,五里路小学对全体教师进行了主题为"在教育的征途中收获幸福"的师德培训;12 月 4 日,警钟街小学举办了"正能量"师德师风专题讲座。2014 年,绵阳市花大力气治理乱办班、乱收费、乱订资料等不良现象,进一步巩固师德师风建设成果;与此同时,大力倡导专家办学,倾力打造学者型教师队伍。2015 年,市教体育局印发《关于贯彻落实教育部严禁中小学校和在职中小学教师有偿补课的通知》,对健全师德师风建设长效机制做出明确指示。2016 年,绵阳市进一步加大对师德失范行为的惩处力度,将师德建设作为学校教学工作考核和教师综合考评的重要指标,逐步构建起了学校、教师、学生、家长和社会广泛参与的监督评价体系。2017—2019 年,绵阳市以更大的决

---

① 中共绵阳市委 绵阳市人民政府. 绵阳年鉴 2016:教育·体育 [M/OL]. (2017−11−13) [2019−12−28]. http://www.my.gov.cn/mlmy/mygk/mynjian/mynj2016/1077631.html.
② 中共绵阳市委 绵阳市人民政府. 绵阳年鉴 2017:教育·体育 [M/OL]. (2018−03−13) [2019−12−26]. http://www.my.gov.cn/mlmy/mygk/mynj/35531.html.

心和完善的措施，进一步加强师德师风建设。2017 年 11 月，绵阳实验高中开展了师德师风专项治理学习培训活动，盐亭县举行了入职教师师德师风演讲比赛。12 月，四川省绵阳财经学校举行了师德师风学生测评大会；三台外国语学校开展了师德师风问卷调查活动。2018 年 2 月 1 日，全市正式启动了教育系统师德师风在线学习活动。2019 年 7 月 1 日，涪城区教体局举行了庆祝建党 98 周年暨师德师风宣讲大会。一系列活动的成功举办，进一步增强了绵阳广大教育工作者的责任感和使命感，为培养一批师德标兵、弘扬学校正气、集聚正能量奠定了坚实的基础。

4. 改善教师生活条件

2015 年，绵阳市贯彻落实实施集中连片特殊困难地区和国家扶贫开发工作重点县农村教师生活补助政策。北川县、平武县发放农村教师生活补贴的学校共 73 所，享受补贴教师 2521 人，补助资金 1266.56 万元。与此同时，加大力度修建教师周转房，切实解决教师住房难的问题。据统计，2015 年，全市建教师周转房 160 套，安置教师 160 人，项目总投资 875 万元，实现农村教师"住有所居"。2016 年 10 月，绵阳市人民政府办公室出台《乡村教师支持计划实施细则》，为乡村教师支持计划提供制度保障。县、市、区按规定将符合条件的乡村教师住房纳入当地住房保障范围统筹解决，建成教师周转房 120 万余平方米。涪城区修订了《涪城区教师绩效考核和奖励性绩效工资分配办法》，农村学校教师绩效工资每月高出城市学校 200 元；北川羌族自治县制定《北川羌族自治县乡村教师支持计划实施细则》，完成中央彩票公益金"励耕计划" 15 人、"润雨计划" 2 人的家庭经济困难教师资助工作。

（三）稳步推进教育信息化

1. 主要措施

绵阳市以创新机制为抓手，以经费投入为保障，以融合创新为驱动，稳步推进教育信息化。一是以活动为载体，推动信息技术手段常态化应用。2015—2017 年，全市教师在国家平台累计"晒课"超 2 万节；以项目形式征集微课资源 600 余节；开展慕课（MOOC）、翻转课堂、电子书包等的学校全市有近 30 所。二是以资源共建共享为依托，实现优质教育资源全覆盖。截至 2017 年，"绵阳教育资源中心共计建设资源 240 万余条，试题 180 万余道，容量接近 10T"[①]，实现了优质教育资源城乡学校全覆盖，基础教育的所有学科、版本、单元、章节的数字资源全覆盖。三是以地方特色系统建设为抓手，促进教育管理信息化。依托国家、省教育管理公共服务平台，通过数据挖掘与分析，实现了对经费、教师、学生、办学条件等的精准和动态管理。四是建立经费保障机制，确保常态应用落到实处。不仅规定每年从公用经费中安排 15％的经费用于教育信息化等开支，还将教育信息化工作纳入专项督导评估体系，作为学校年度目标考核的重要依据。通过以上措施，绵阳市逐步形成了教育专网全面覆盖、优质资源共建共享、教师能力快速提升、信息技术与教育教学深度融合的新局面。

2. 主要成果

"2015 年，绵阳市在全省率先实现宽带网络'校校通'，70％的学校实现优质资源'班班通'；475 所学校配备多媒体教室共 7317 间，51 所学校配备电子备课室共 58 间；60％的中小学教师、40％的初中以上学生和 10％的小学学生拥有实名制网络学习空间；完成市属学校 981 间教室照明灯光改造项目工作。"[②] 新建绵阳教育资源中心，整合已有的各应用平台，实现单点登录，开通 APP，方便师生共建共享，全市学校基本形成"课堂用、经常用、普遍用"的信息化教学新常态。5 月，绵阳市成功承办教育部西部教育管理信息化研讨会，绵阳市相关人员在大会上作区域特色管理信息系统建设的经验交流。10 月，市政府分管副市长在省政府召开的全省教育信息化推进工作会上作经验交流。11 月，市教体局局长吴明禹应邀出席中央电教馆举办的教育信息化国家论坛。12 月，绵阳教育信息化实践作为优秀案例被教育部推荐入选国家发改委等部门编制的《中国智慧城市发展白皮书（2015）》。"2016 年，全市所有中小学接入教育城域网，实现宽带网络'校校通'，教育城域

---

① 中共绵阳市委 绵阳市人民政府. 我市在全省基础教育信息化暨 88 个贫困县教育信息化推动精准扶贫现场会上做经验交流发言［EB/OL］.（2017－01－03）［2019－12－30］. http://www.my.gov.cn/public/421/1368191.html.

② 中共绵阳市委 绵阳市人民政府. 绵阳年鉴 2016：教育·体育［M/OL］.（2017－11－13）［2019－12－28］. http://www.my.gov.cn/mlmy/mygk/mynjian/mynj2016/1077631.html.

网互联网出口达到 6.5G，80％的学校实现优质资源'班班通'，80％的教师、60％的初中以上学生和 20％的小学生有学习空间，实现'人人通'。'全面改薄'教育装备类规划项目资金 1984.04 万元，完成1413.8 万元。新建 18 个普通高考考点外语听力考试播放系统、改建 2个考点高考外语听力考试播放系统。"① 开通"绵阳教育资源中心""高中选修课""生学堂"和"电子学生证"等 APP，方便师生共建共享。6月，绵阳市关于加快推进信息化教学常态化应用工作的文件被四川省教育厅在全省推广；11 月，绵阳市被教育部列为区域推进教育信息化典型案例，并在全国基础教育信息化应用现场会上宣传推广。同月，绵阳市还被中青少年创客奥林匹克组委会评定为"青少年创客奥林匹克"实验区，绵阳市电化教育馆和绵阳中学、南山中学、绵阳中学英才学校、南山中学双语学校、绵阳东辰国际学校、绵阳市成绵路小学、绵阳市富乐实验小学、绵阳市七一剑南路小学、绵阳市高新区火炬实验小学、绵阳市科创区博雅学校、安州区七一实验小学校、三台县七一小学校 12所中小学校被评定为"青少年创客奥林匹克"实验基地。

二、拓宽改革维度扎实推进

（一）增大对外交流口径

2012 年以来，绵阳市多措并举促进教育交流协作。一是大力提升教育开放合作水平。选派 2~3 个教师（干部）团回访国（境）外姊妹学校，加快培育和落实校际教育合作项目，拓展校际交流合作的广度与深度。二是鼓励支持有条件的学校开设"国际课程班"，积极创设国际化的学习环境。三是深入推进国际及港澳台地区的教育交流与合作，实施重点课程和骨干教师出境培训制度。四是扩大外国专家和外籍教师的聘请规模。

与此同时，绵阳市对外合作交流成效显著。2013 年，西南科技大学聘请外籍教师、国外合作专家 29 人，邀请 20 位国外专家来校讲学，

---

① 中共绵阳市委 绵阳市人民政府. 绵阳年鉴 2017：教育·体育 [M/OL]. (2018−03−13) [2019−12−26]. http://www.my.gov.cn/mlmy/mygk/mynj/35531.html.

接收美国、韩国、荷兰、智利等国留学生 19 名，先后接待来自 20 个国家和地区友好学校的访问交流学生 200 余人次。派出教师出国进修、攻读学位、参加国际学术会议等 28 人次，赴境外学习交换学生 63 人次。拉美研究中心积极开展同拉美高校、政府和科研机构的交流与合作，学校被次增选为中国拉美学会常务理事单位。绵阳师范学院坚持对外开放办学，与美国国际学术联盟和新泽西城市大学、坦桑尼亚莫佐比大学签订合作协议；成功申报与澳大利亚国家商业与技术学院的旅游管理大专层次合作的办学项目；组织开展 2013 年夏季德国音乐大师班教师培训工作；完成 2013—2014 年中德语言年"来德语吧！"巴士环巡活动。大力推进"产学研用一体化"建设，推动搭建科研成果转化推广平台，与地方政府、事业单位、大型国有和民营企业以及科研院所开展广泛的交流合作，让科研成果积极服务地方经济社会发展。"2015 年，全市教体系统共计接待来自德国、新加坡、俄罗斯等 12 个国家和地区的来访团组 37 批次，接待来访人员 457 人次；派出管理干部、校长、师生赴俄罗斯、新加坡等 11 个国家培训、参访、比赛、交流 20 批次，派出人员 134 人次。"[1] 2 月，绵阳青少年代表团一行 43 人赴俄罗斯新西伯利亚市开展文化交流访问活动；5 月 11 日，绵阳中学、绵阳一中与德国歌德学院"歌德课堂项目"签约挂牌仪式在两所学校举行；5 月 25 日，英国大使馆文化教育处英语项目业务总监钟伟华、西南区助理主任陈兵一行 3 人就基础教育国际化和教师发展等问题到绵阳交流访问；6 月，绵阳中学师生一行 5 人代表中国赴新加坡参加 SBC（SUNBURST BRAIN CAMP）项目青年学生交流活动；7 月，2015 年绵阳市暑期国际化英语教师培训项目在绵阳市中小学教师培训中心举行；9 月，选派实验高中 14 名学生随教育部 2015 年度第二批中国高中生访日团赴日本参加"防震减灾"主题学习交流；10 月，俄罗斯新西伯利亚第一中学师生代表团一行 22 人赴绵阳外国语实验学校开展校际文化交流；11 月，绵阳一中师生 5 人代表中国队赴新加坡参加"第三期阳光四射环保

① 中共绵阳市委 绵阳市人民政府. 绵阳年鉴 2016：教育·体育［M/OL］.（2017−11−13）［2019−12−28］. http://www.my.gov.cn/mlmy/mygk/mynjian/mynj2016/1077631.html.

课程"交流活动，荣获第三名的优异成绩；12月，英国伊顿镇镇长、伊顿公学副校长到南山中学进行参访交流。2016年，全市各级各类学校接待来自美国、俄罗斯等16个国家和地区到绵阳交流合作的42批次、326人次，签署交流合作协议和友好合作备忘录20余份；先后向新西兰、德国等国家和地区派出教育交流10批次、31人次；争取教育部专项经费39.8万元，用于支持"中德学校塑造未来伙伴项目示范学校"和"姊妹校交流平台"项目；与香港圣保禄培训中心联合举办"英语教师培训项目"；为三台县农村义务学校无偿培训基层英语教师200人。

（二）加大对口支援力度

为着力解决少数民族地区教育教学问题，绵阳市教育体育局出台了多项实质性的帮扶举措，主要表现在以下几个方面：一是对口支援北川。2013年，绵阳中学在北川中学举办绵中班，并全权负责班级的教学管理；绵阳职业技术学院在北川七一职中设立中专部，逐步将北川七一职中建成绵阳职业技术学院北川校区；绵阳外国语学校等8所知名学校通过互派管理干部、教师置换上课、联合教研、联合教师培训、教育资源共享等方式与北川8所中小学校实质性结对帮扶，全面引领和提升北川义务（学前）教育发展；绵阳实验小学、绵阳市机关幼儿园等8所名校结对帮扶北川永昌中学、永昌小学、永昌幼儿园等8所学校。三年来，绵阳中学、绵阳职业技术学院等10所名校共选派80余名优秀教师及管理人员前往北川开展教育教学工作。二是普明中学办"甘孜班"。作为中共四川省委、省政府甘孜州"富民安康"工程项目之一，普明中学"甘孜班"办学十年来，共计培养了1000名高中学子，为甘孜州的社会稳定和经济发展做出了巨大的贡献。三是对藏区学生实行"9+3"，即在9年义务教育的基础上，对藏区孩子再提供3年的免费中职教育。2015年，绵阳市2012级321名藏区"9+3"毕业学生就业率达99.1%，连续三年超额完成省委、省政府下达的95%的目标任务。四是对口帮扶红原县、普格县学前教育。2018年5月21日至25日，绵阳市帮扶团队赴阿坝藏族羌族自治州红原县开展了学前教育对口帮扶送培送教活动，通过专家名师专题讲座、优质教学活动示范、入园现场指导等途径，从理念引领、教学活动实践指导、课程建构等多角度，帮助红原幼儿教师树立职业自信，提高教学实践能力。五是对口帮扶凉山州学前教育。2018 年 7 月，绵阳市教育和体育局与凉山州普格县教育和科学技术知识产权局签订了《对口帮扶大小凉山彝区学前教育协议书》，由绵阳市花园实验幼儿园具体负责对口帮扶普格县学前教育工作的组织实施。

（三）重视对留守学生的管理

绵阳市委、市政府积极响应党和国家的号召，突出人文关怀，在留守学生管理方面做了许多扎实有效的工作。2013 年 4 月 11 日，绵阳市教育体育局、团市委在全市范围内开展留守学生情况调查的统计工作，进一步健全留守学生关爱信息平台。"据统计，2013 年这一年，绵阳市委、市政府为全市 8.4 万留守儿童接受义务教育创造良好条件，2.6 万随迁子女接受义务教育问题得到解决，较上年增加 3700 人。"① 2014—2015 年，绵阳市各地认真贯彻落实关爱留守学生的相关政策，2014 年 1 月 17 日，平武县开展"快乐留守·快乐成长"留守学生（儿童）关爱活动；9 月 6 日，江油市太白中学为留守学生庆中秋；11 月底，三台县观桥中学开展"关心关爱留守学生，心理健康教育进社区"活动；2015 年 6 月底，安县桑枣中学积极开展留守学生关爱活动。2016—2017 年，绵阳市通过调研、家访、座谈等形式，了解留守儿童生活学习状况。2016 年 5 月 27 日，全国政协教科文卫体委员会到涪城区开展"在扶贫攻坚中加强教育信息化建设"调研；2017 年 4 月，安州区教体局携手绵阳一元爱心协会利用周三的家访日继续有针对性地对"安心家园"孩子（留守儿童）开展了家访、座谈等活动；2017 年 8 月底，三台县中新小学组织人员带领华南师范大学志愿者服务队，走入部分留守学生家中，开展暑期走访活动。

三、筑牢教育改革保护屏障

（一）后勤保障

1. 加强后勤干部培训

为加强学校的后勤管理工作，绵阳市各级学校把开展后勤干部培训当

---

① 中共绵阳市委 绵阳市人民政府. 绵阳年鉴 2014；教育·体育 [M/OL]. （2014−12−02）[2019−12−26]. http://www.my.gov.cn/mlmy/mygk/mynjian/mynj2014/1078401.html.

作常规工作来抓。2013 年 9 月 3 日，安县乐兴初中大力开展后勤从业人员安全管理培训工作；2015 年，绵阳市先后举办了全市学校后勤管理干部培训班、学校后勤管理干部培训现场会和全市教育系统后勤工作会议；2016 年 7 月 11 日—13 日，绵阳市举办了全市学校后勤管理干部集中学习培训会，近 100 名来自全市各县、市、区及直属学校的后勤管理干部参加了本次培训；2017 年 5 月 5 日，市教体局学校后勤与体育产业科召开了全市教体系统学校后勤工作会议；2018 年 9 月 26 日，绵阳市教育和体育局成功召开了全市学校后勤工作专题培训会。通过开展各类培训会议，增强了后勤人员的责任意识和安全意识，促进了后勤管理工作科学化和规范化。

2. 加快完善后勤基础设施

基础设施建设是加强后勤保障的重要一环。21 世纪以来，绵阳市委、市政府高度重视学校的基础设施建设，经过多方努力，取得了显著成绩。"2015 年，全市学校新增教育绿化资金 2013.5 万元，新增绿化面积 25.6 公顷，义务教育阶段学校累计绿化总面积 158 公顷，绿化率 77.8%，绿化覆盖总面积 194 公顷；新建、改扩建食堂 3 万余平方米，购置厨房设施设备 600 余万元。"[1] "2016 年，全市学校新建、改扩建食堂 2 万余平方米，投入资金 700 余万元购置食堂厨房设施设备；1000 余所学校完成'明厨亮灶'工程，85 所学校完成'肉菜溯源系统'的建设任务，12 所直属学校完成快检系统的建设任务；新增教育绿化资金 4003.8 万元，新增绿化面积 58.26 公顷，义务教育阶段学校累计绿化总面积达 211.68 公顷，绿化率 79.12%，绿化覆盖总面积 243.5 公顷。"[2]

3. 严格督查后勤各项工作

督查工作是保障师生健康安全的一道重要防线，为贯彻落实后勤保障的相关政策，促进学校后勤工作提质升级，各级领导部门对绵阳众多学校的后勤工作进行了督查。2014 年 9 月 3 日，四川省教育厅学校后勤与产业处副处长仲先率工作组到安县检查后勤安全保障工作；2015 年 3 月 2

① 中共绵阳市委 绵阳市人民政府. 绵阳年鉴 2016：教育·体育 [M/OL]. (2017-11-13) [2019-12-28]. http://www.my.gov.cn/mlmy/mygk/mynjian/mynj2016/1077631.html.
② 中共绵阳市委 绵阳市人民政府. 绵阳年鉴 2017：教育·体育 [M/OL]. (2018-03-13) [2019-12-26]. http://www.my.gov.cn/mlmy/mygk/mynj/35531.html.

日下午，省教育厅学校后勤与产业处处长王方文带领学校食品安全及后勤保障工作检查组，先后深入青莲太白思源小学、青莲初中、江油中学检查学校食品安全及指导后勤保障工作；2017 年 2 月，市政协委联委一行三十余人在市政协副主席、民革市委主委郭兴林同志的带领下，对绵阳市中小学校食堂食品安全工作进行了专项视察；2017 年 12 月 6 日，四川省教育厅学校后勤与产业管理指导中心主任王方文、阿坝师范学院院长向武等一行十四人来到绵阳职院，对后勤保障工作进行检查指导；2018 年 4 月 18 日，市教体局后勤与体育产业管理科周明书科长一行三人来到梓潼县，对中小学后勤管理和食堂大宗原材料采购工作进行检查指导。通过督查，各级领导详细了解了学校食品采购、贮存、加工、供餐、留样、清洗消毒、食谱制定、价格监管等各环节工作。全面而深入的视察对推动绵阳市教育系统后勤保障工作可持续健康发展发挥了积极的作用，为绵阳市尽早建成全国教育强市和西部体育强市奠定了坚实的基础。

（二）安全保障

为扎实做好学校安全工作，加快健全学校安全体系，确保教育系统的稳定和谐，绵阳市采取了多种行之有效的措施。"2015 年，全市投入'三防'建设资金 500 余万元，全市学校（幼儿园）有专职安保人员 2100 余人，95％以上的学校（幼儿园）至少保证有 2 名以上专（兼）职保安，632 所学校（幼儿园）建有视频监控系统和红外线报警系统，611 所学校（幼儿园）有 110 报警联网系统。"① 8 至 12 月，绵阳市集中开展"打非治违"专项行动，全市成立检查组 280 个，出动检查人员 2426 人次，检查学校 1200 余所，排查整改各类安全隐患 328 处，整改率达 100％。10 月 22 日，在绵阳外国语学校（初中部）举行 2015 年绵阳市学校突发事件应急处置综合实战演练，出动各种车辆、器材装备 80 余辆（套），市政府应急办、市教体、公安、卫计、防震减灾、消防、人防、电力等部门人员和绵阳外国语学校 2700 余名师生参加演练。2016 年，全市投入"三防"建设资金 300 余万元，城区和重点乡镇学校大门口等重要部位纳入公安"天

———————
① 中共绵阳市委 绵阳市人民政府. 绵阳年鉴 2016：教育·体育［M/OL］.（2017－11－13）［2019－12－28］. http://www.my.gov.cn/mlmy/mygk/mynjian/mynj2016/1077631.html.

网工程"，实行全天候、无缝隙监控，并对5200户校园周边各类经营户进行检查，取缔无照经营食品摊点58户，依法规范校园周边文化娱乐场所24处，收缴非法经营书刊3000余册，纠正利用"野的"、"黑车"、摩托车、面包车等非法接送学生的违法行为89起。2017—2019年，绵阳市继续积极推进学校安全工作，切实保障师生安全。2017年2月17日，平武县在县电信大楼视频会议室，组织收听收看了全国学校安全工作电视电话会议；2月24日，梓潼县教体局开展学校安全检查，检查小组先后前往卧龙小学、三泉小学、长卿小学、潼江中学，对学校食堂食品卫生安全、饮用水安全、门卫值守等方面进行了检查；4月13日，四川省教育厅深入花园实验幼儿园开展学校安全专项督查。2018年3月1日，三台县教体局组织收看全国学校安全工作电视电话会；2018年暑期来临之际，游仙区教体局通过强化责任重管理、强化措施重落实、强化预警重防范等举措，全面做好校园安全保卫工作，确保校园安全稳定，维护校园师生安全；10月23日，三台县新德初中开展冬季消防安全演练。2019年3月22日，科学城七区亲子园开展了"警察爸爸走进亲子园"安全主题教育活动；3月27日，游仙区忠兴镇中学开展校园设施设备安全检查及隐患排查；5月9日，区社发局会同区检察院、区公安分局组织召开了全区教育系统未成年人安全工作会议。

（三）资金保障

绵阳市委、市政府历来高度重视教育事业发展，坚定不移地实施"科教兴绵、人才强市"战略，始终把优先发展教育事业作为全市长远发展的基础性、战略性投资，为进一步贯彻落实国务院、省政府关于加大教育投入的部署，努力将加大财政教育投入的各项政策措施落实到位，绵阳市采取了一系列措施。

1. 加快完善教育经费保障机制

为加快完善教育经费保障机制，促进绵阳地方青少年教育持续健康发展，从2012年开始，绵阳市采取多种措施从义务教育、中等职业教育、普通高中教育、大学教育四个阶段构建起了全方位的助学体系，进一步加大了对贫困学生的助学力度。截至2015年，绵阳市全面完成"两免一补"任务，贫困学生资助体系进一步健全，共计免除农村义务教育阶段学生

543273 人的学杂费，超额完成 19398 人，到位资金 11651 万元；共计免除城市低保家庭学生 3849 人的学杂费，到位市级资金 120 万元；落实农村义务教育阶段贫困家庭住校生 67750 人生活费补助，超额完成 118 人，全年到位县级资金 1623.2 万元；向义务教育阶段学生 89771 人免费提供教科书，超额完成 2453 人；对中等职业学校学生按每人每年 1500 元的标准补助国家助学金，54335 名中等职业教育学校的学生享受国家助学金 3259 万元；帮助农民工子女接受义务教育共计 18921 人次；城市低保家庭义务教育阶段学生同步享受"两免一补"政策。2016 年，全市继续完善城乡义务教育经费保障机制，统一城乡义务教育经费保障，按小学每生每年不低于 600 元、初中每生每年不低于 800 元的基础定额补助公用经费。在此基础上，对寄宿制学校按照寄宿生年生均 200 元标准增加公用经费补助，对农村地区不足 100 人的学校按 100 人核定公用经费，特殊教育学校和随班就读残疾学生按每生每年 6000 元标准补助公用经费。2017 年，绵阳市财政局全面落实"三免一补"政策促进教育公平。据统计，2017 年全年，投入各级各类财政资金 14847 万元，近 15.1 万名义务教育阶段学生受益。

2. 改善义务教育薄弱学校办学条件

2014 年，绵阳市教育与体育局发布了《绵阳市全面改善义务教育薄弱学校基本办学条件的实施方案》，对义务教育发展提出了新要求，即经过 5 年（2014—2018 年）的努力，基本实现公共教育服务均等化的目标。截至 2015 年，绵阳市共改造中小学危房 101784 平方米，其中 D 级危房 44323 平方米，竣工项目 170 个，共计完成投资 4386 万元。2017 年 5 月，省发展改革委转发了绵阳市 2017 年教育现代化推进工程中央预算内投资计划，共有 6 个项目获得中央预算内资金 3600 万元。其中，义务教育学校建设项目 3 个，总投资 1460 万元；教育基础薄弱县普通高中建设项目 2 个，总投资 550 万元；中等职业学校建设项目 1 个，总投资 2629.5 万元。"2016 年，全市规划改善贫困地区义务教育薄弱学校项目学校 95 所，规划项目 109 个，项目总投资 10098.2 万元，建设面积 16 万平方米，设施设备购置 1535.7 万元，惠及学生 6.2 万人。校舍建设类项目开工学校 41 所，占总规划 18.74%；竣工学校 33 所，占总规划 10.96%。开工项目 50 个，占总规划 12.25%；竣工项目 41 个，占总规划 10.05%。开工面积 60746 平方米，占总规划 18.63%；竣工面积 46598 平方米，占总规划 14.29%。设备采购类项目完成学校 61 所、项目 79 个，完成采购金额 1413.8 万元，设施设备采购完成率 71.26%。"① 2017 年，绵阳市打出组合拳，强力推进全面"改薄工作"。一是强化组织领导。由市政府领导挂帅，市教体局牵头，相关部门配合，共同完成规划研究、统筹协调和质量监管等工作。二是锁定目标责任。市教体局与县、市、区教体局签订责任书，立下军令状，保证 2017 年校舍竣工率和设施设备采购完成率不低于 80%、力争达到 90%，贫困县校舍项目全部开工，设施设备项目全部完成采购，"20 条底线"全部达标。三是签发督办通知。市政府教育督导团向校舍开工率、竣工率低于全省平均水平的县、市、区政府签发督办通知，要求对照目标找差距，强化领导抓统筹，找准问题，对症下药，限期整改。四是开展专项检查。抓住暑期师生放假的校园校舍项目施工黄金时段，全力推进 2017 年教育重大项目建设工作。五是启动约谈机制。绵阳市将项目实施滞后的县、市、区列为重点督办对象，直接施加压力，加快实施进度，让薄弱学校早达标，学生早受益。"截至 2018 年，全市累计完成投资 45270.06 万元，投资完成率80.68%；累计校舍开工面积 33.32 万平方米，开工率 102.18%；累计校舍竣工面积 31.18 万平方米，竣工率 95.61%。"②

第三节　新时代绵阳地方青少年教育的特色工作

一、率先建设特色学校

为深入实施素质教育改革，促进学生个性全面发展，建设"人无我有，人有我优，人优我特，人特我精"的学校特色，2012 年，绵阳市开展了德育、音乐、体育、美术、科技劳技、校本研修和语言文字等特色学校创建活动，创建德育、音乐、体育、美术、校本研修、语言文字等方面

---

① 中共绵阳市委 绵阳市人民政府. 绵阳年鉴 2017：教育・体育 [M/OL]. (2018−03−13) [2019−12−26]. http://www.my.gov.cn/mlmy/mygk/mynj/35531.html.
② 绵阳教育体育网. 关于我市全面改薄工作截至 2017 年 12 月底进展情况的通报 [EB/OL]. (2018−06−14) [2019−12−26]. http://www.my−edu.net/p/90/?StId=st_app_news_i_x636645790796964738.

的特色学校各 10 所,科技劳技示范学校 22 所。2013 年,市教体局出台了《中小学校素质教育督导评估实施细则》,开展学校少年宫"划档分类、晋级升位"活动,"全年共计打造市级特色学校少年宫 25 所、示范性学校少年宫 10 所"[①]。县级青少年活动中心和学校少年宫实现全市全覆盖,校外教育场所实现"引领+发展"和"普及+提高"双管齐下的健康发展模式,突出"一校一特",新增校园文化特色学校 2 所;突出"一校一品",倾力打造市级德育特色学校 13 所。2015 年 9 月,绵阳中学、南山中学、北川羌族自治县安昌小学和三台中学等 21 所学校被认定为"2015 年全国青少年校园足球特色学校";2016 年 9 月,三台一中、七一小学等 10 所学校再次成功创建"全国青少年校园足球特色学校";2017 年 4 月,经开区富临实验小学被教育部评为国防教育特色学校。2019 年 6 月,绵阳中学、南山中学等 19 所中小学校被授予全市首批中小学心理健康特色学校。

二、推行免费午餐计划

农村义务教育学生营养改善计划关系到青少年的健康成长,2012 年开始,国务院和四川省人民政府以老少边穷地区农村义务教育学生为重点,启动了国家级和省级农村义务教育学生营养改善计划试点工作,绵阳市积极响应号召,召开了"农村义务教育学生营养改善计划"会议,会议传达了《四川省人民政府办公厅关于实施农村义务教育学生营养改善计划地方试点工作的通知》精神,部署了绵阳市学生营养改善计划实施工作。

(一)北川、平武两县率先启动

北川在实施国家、省级营养改善计划的基础上,市、县两级财政筹集资金,将原来的 4 元补助标准提升为 6 元。从 2015 年秋季开学起,除北川永昌中学、永昌小学延用上学年供餐模式,继续执行每人每天 4 元的补助标准外,其他中小学全部执行每生每天 6 元的新标准。同时,为严格规范资金管理,防止出现营养膳食补助资金不到校的情况,实行补助资金由北川财政局、教体局统一管理,直接支付供货商,由供货商依据学校签收

---

① 中共绵阳市委 绵阳市人民政府. 绵阳年鉴 2014:教育·体育 [M/OL]. (2014−12−02) [2019−12−26]. http://www.my.gov.cn/mlmy/mygk/mynjian/mynj2014/1078401.html.

单据和发票每月到营养改善计划财政专户结算的制度。9月1日，平武县启动6元免费午餐营养改善计划升级版，除县城及龙安镇7所义务教育学校继续实施"牛奶+鸡蛋"的营养改善计划模式外，其余39所农村义务教育学校已全面启动"免费午餐"计划，惠及学生7985人。

（二）江油、梓潼等地陆续实施

2015年秋季开学，江油在68所乡村学校实施了"免费午餐"计划，2.3万农村孩子吃上免费午餐。① 与此同时，梓潼采取提高补助标准、落实经费投入等措施做好营养改善计划工作。2015年，梓潼县共计发放营养改善计划资金946.8万元，对全县8所初中、34所小学的11778名学生免费提供营养餐。从2015年9月28日起，涪城区开始实施农村义务教育学校学生免费午餐计划，覆盖全区19所农村义务教育学校10010名学生，标准为6元/生/餐。② 2015年10月起，仙海区实现了中小学学生营养午餐全免费。截至2015年底，全市已有350所学校启动实施中小学学生营养午餐全免费计划（占全市农村义务教育学校总数的68.62%），惠及126957名学生。③ 中小学学生营养午餐全免费计划的实施得到了老百姓的高度认可和赞扬，被老百姓誉为"距群众最近、最有温度"的民生工程。2016年，绵阳市又启动了农村义务教育学生营养改善计划扩大地方试点工作，开始全面实施农村义务教育学校学生免费午餐计划。春季开学，三台县将先期未纳入"免费午餐计划"的150所农村义务教育学校纳入其中，实现了"免费午餐计划"全面覆盖的目标。

三、切实加强对各类青少年的教育宣传工作

（一）健康管理教育

为进一步提高师生的健康意识和校园疾病防控水平，绵阳市多措并举

---

① 江油2.3万农村学生每天6元免费午餐 [N]. 四川日报，2015－09－29 (8).
② 四川在线. 涪城9月28日起实施免费午餐计划 [EB/OL]. (2015－09－25) [2019－12－28]. https://mianyang. scol. com. cn/qxxw/flq/content/2015－09/25/content _ 51771901. htm?node=155391.
③ 中共绵阳市委 绵阳市人民政府. 关于绵阳市教育和体育局2015年部门决算编制的说明 [EB/OL]. (2016－10－25) [2019－12－30]. http://www. my. gov. cn/public/421/1369971. html.

加大生理健康教育。2015 年春秋两季开学期间，市教体局与宝洁公司合作，开展全市初中女生青春期健康教育及小学生口腔和个人卫生健康教育，全市 64 所中小学的 40175 名学生受益。2016 年 5 月 11 日，绵阳市举办了学校预防艾滋病健康教育；9 月 21 日，市教体局联合市卫生计生委在绵阳南山中学开展急救知识进校园活动；2017 年 3 月 24 日，绵阳电大组织中职学生参加了春季健康知识讲座。2018 年 5 月 25 日，绵阳市召开了青春健康教育现场会。此外，在开展一系列健康教育活动的同时，绵阳市还将心理健康教育作为学校教育的重要内容。

（二）爱国主义教育

为凝聚正能量，共筑中国梦，绵阳市坚持举办各类活动。2015 年清明节期间，绵阳市各校广泛开展"我的中国梦——清明祭英烈"系列活动。2016 年 5 月 21 日，绵阳外国语实验学校组织小学部周末留校生 90 余人到"两弹一星"基地——绵阳科技馆参观。2016 年 10 月 13 日，涪城区教育体育局和涪城区少工委联合举行了纪念长征胜利 80 周年暨少先队建队 67 周年活动。2017 年 3 月 31 日，游仙区教体局以"传承信义文化，缅怀红军先烈"为主题，在飞龙山举行了清明祭扫示范展示活动。这一系列活动对弘扬爱国主义精神、发扬革命优良传统起到了非常重要的作用。

（三）禁毒宣传教育

为深入贯彻落实全国禁毒宣传工作会议的相关精神，绵阳各区县都采取了各类行之有效的措施。北川县各校园通过 LED 显示屏、悬挂禁毒宣传横幅、发放禁毒宣传资料、制作禁毒宣传展板、召开主题教育班会等形式，积极引导学生增强禁毒防毒意识。江油市利用安全教育专题讲座，积极宣传毒品的危害，引导学生珍爱生命、远离毒品；通过召开家长会带动家长，辐射家庭，告知学生家长维护家庭和谐稳定从禁毒防毒开始。三台县利用召开学生大会、校园广播、国旗下讲话、签名活动、宣传标语、黑板报、墙报、讲座、图片展、录像、主题班会等多种形式广泛开展"法治中国，平安你我，阳光新春伴我行"宣传教育活动。盐亭县在家长和学生之间开展"小手牵大手"活动，通过学生将禁毒宣传辐射到家庭，辐射到社会，进一步扩大禁毒教育宣传面，营造浓厚的全社会禁毒氛围。涪城区牢牢扣住"法治中国，平安你我，阳光新春伴我行"这个主题，在全区中小学广泛开展了禁毒预防教育集中活动。仙海区学校积极探索，针对学生的年龄特征和心理特点，与四川省新华（绵阳）强制隔离戒毒所联合主办了"无毒青春·守护纯净校园"毒品预防宣传教育进校园活动。平武县教体局以开展禁毒宣传教育为主线，多次组织学校师生和县局职工深入人群密集区宣传。高新区社发局组织教师到安州禁毒教育馆参观学习，教师们通过认真观看展厅内的图片文字、仿真毒品，对传统毒品、新型毒品有了更直观和更深刻的认识；通过 3D 仿真互动平台，进一步了解了我国的禁毒历史、毒品的种类和危害及绵阳目前的禁毒形势。科学城各中小学校以"珍爱生命，远离毒品"为主题，利用国旗下讲话、法治宣传报告和主题黑板报比赛等活动开展预防毒品教育。

（四）法律法规教育

进入新时代以来，绵阳市多方发力，加快法治教育的步伐。2015 年，绵阳市在全省率先印发《绵阳市依法治校示范学校动态管理办法》，建立市级依法治校示范学校的动态管理机制。同时，全市学校还采取聘请法制副校长或法制辅导员的方式，开展法治教育活动，购置中小学法制教材，实现法制教育教材、师资、课时、经费、考试"五落实"；建立了南山双语学校、游仙区青少年活动中心、安县沙汀实验学校等青少年法制教育基地。据统计，2015 年全市 9 所"四川省依法治校示范学校"通过四川省教育厅复查，有 110 所学校被命名为"绵阳市依法治校示范学校"。2016年，全市教体系统以科技城依法治省示范区的创建和"七五"普法为契机，在全市中小学范围内开展争创法治示范校活动，培育了南山双语学校、游仙区青少年活动中心、安县沙汀实验学校、高新区永顺路小学等法治教育先进典型学校。安州区泸州老窖永盛小学和高新区永顺路小学成功创建"四川省依法治校示范学校"。至此，全市累计有"四川省依法治校示范学校"11 所，"绵阳市依法治校示范校"109 所。此外，绵阳市还开展了"学宪法讲宪法""以案释法""法治宣讲第一课""法律七进——四川法治微电影""首届全国青少年学生法治知识网络大赛"和"第二届青少年学生法治教育优秀多媒体课件资源征集"等法治宣传和实践活动。

2017 年，绵阳各区根据本地实际情况，因地制宜采取相应措施继续加强法律法规教育。其中，游仙区教体局实行的"四化"措施最具特色。一是工作制度化。采用教师寒暑假前集中书面学习、定期组织专题讨论学习、课余利用"互联网＋"分散自学三种模式，规定教职员工全年学习不少于90 学时，并在每学期通过"集中督察＋不定期抽查"等形式进行考核。二是宣传多样化。43 名法制副校长走进校园，每期至少开展 1 次专题讲座；各学校以"12·4"法治宣传日、"6·26"国际禁毒日等为契机，开展符合青少年学生身心特点的社会实践活动；采取法治征文、演讲、漫画展、模拟法庭、动漫电影、文艺表演等形式拓展法律教育"第二课堂"。三是管理规范化。凡涉及学校财务、教育收费、教职工评优等事项，要充分发挥工会和教职工代表大会的作用，广泛征求意见建议，集体形成决议。四是教育特色化。编印《绵阳市游仙区学校法治教育读本》3000 余册，重点学习《中华人民共和国义务教育法》《中华人民共和国未成年人保护法》等 17 部法律法规；结合文明校园建设开辟法治园林、法治长廊，设立法律图书室（角）40 余个。

第四节　新时代绵阳地方青少年教育亮点纷呈

一、涪城、游仙争当青少年教育排头兵

（一）涪城区青少年教育实现均衡向优质跨越

涪城区作为享誉省内外的教育强区，承担了绵阳城区 80％的义务教育任务，教育群体面广、竞争压力大、社会期望高。富于创新智慧和攻坚气魄的涪城区教育人攻坚克难，以实际行动巩固提升涪城教育的优势地位，彰显了涪城"教育强区"的品牌魅力。2012—2017 年，涪城教育鼓足干劲，力争上游，多措并举实现均衡向优质的跨越。一是通过集团办学孵化优质教育。涪城集团化办学，探索于 2010 年，发展于 2012 年，成熟于 2016 年，截至 2017 年，已经组建有 13 个成员学校加盟的 5 大教育集团，覆盖了优质学校和薄弱学校、城区学校和农村学校，优质教育资源总量和规模扩张速度初步达成，有效解决了"择校热""大班额"等难题。

截至 2017 年，涪城教育集团内学生达到 1.3 万人，薄弱学校焕发了生机，成员学校教师队伍整体实力更加均衡，学校办学口碑持续向好。二是研修协作提振前行动力。推进集团化办学的同时，涪城教育也高度关注教师的专业成长，主要措施是通过全方位的研修协作提高教师的教学能力，帮助他们解决教育教学中的具体问题和困难。五年来，涪城的研修协作模式呈现出了形态开放、形式多样、内容多元、直面差异的特点，实现了优势互补、力量聚生、资源共享、发展共赢。三是评价发展释放学校创新活力。涪城教育牢牢把握住发展性评价改革这条主线，形成了"基础性评价＋特色评价"量标，将单纯的年度考核提升为办学水平整体评估，由仅重视办学成效转为关注过程和结果，具体措施包括引入第三方进行专业化考核评估、学校自主申报特色奖项，充分发挥了评价考核的引领、激励功能等。2018 年，涪城区教育发展成果可圈可点，在第九届中小学生艺术展演活动中，涪城区教体局 6 个艺术节目获得一等奖、2 个艺术节目获得二等奖；8 个艺术作品获得一等奖、5 个艺术作品获得二等奖、2 个艺术作品获得三等奖。这是继 2017 年成功承办四川省艺术教育区域整体推进现场会后涪城区取得的又一佳绩。2019 年以来，涪城区始终坚持把教育放在优先发展的位置，围绕全面建设高质量发展样板区的战略目标，高标准推进涪城教育。一是坚持扩容增质，持续办好学前教育。按照政府主导、社会参与、公办民办并举的办园机制，力争 2020 年普惠性幼儿园覆盖率达到 85％以上；紧抓等级幼儿园创建、师资提升、品牌建设三个重点，不断提升涪城学前教育的水平和质量。二是坚持城乡一体，整体改善办学条件。加快做好御景名城小学、跃进路中学等一批学校的规划、论证和建设，进一步优化完善城乡校点布局；与市教投集团合作，联合实施中小学新建、改扩建项目，全面改善学校办学条件，着力打造优质资源更加均衡的教育发展格局；完善学校发展联盟、教育结盟体、集团化办学运行机制，共享"名校"资源优势。三是坚持质量为本，全力提升办学水平。充分利用研修协作体和学科研修平台，做好各学段学情的过程性诊断，集中开展好课堂教学比赛等活动，有针对性地调整教学策略，加大"培优扶差"力度；加强学校文化建设，促进特色课程系列化，特色活动常态化。四是坚持改革创新，全面激发教育活力。研究试行校长职级制改革，实行校长聘任制和任期目标管理制；充分赋予校长办学自主权，推行"基础性评价＋特色建设评价"相结合的学校考核评价体系，用评价导向引导学校健康发展；打造优质教师队伍，分3大层面、6个梯级启动教师专业化阶梯成长机制。

（二）游仙区坚持办好人民满意的青少年教育

游仙区坚持以"办人民满意教育"为宗旨，聚焦发展之基，补短板、促提升，积极推动城乡教育资源合理配置，创新教育体制机制改革，强化区域发展特色，努力让城乡人民共享高质量义务教育发展成果。游仙区教育发展成效显著，主要体现在以下几个方面：首先是教育资源均衡配置。游仙区在财政预算内持续增加义务教育经费拨款，实行规划高规格、建设高标准。游仙区在"5·12"汶川大地震后，新建、扩建义务教育阶段学校和特殊教育学校37所、维修加固4所。2011—2014年，游仙区累计投入3086万元用于提升义务教育学校技术装备，先后配备了"班班通"、多媒体教室、网络教室、图书管理系统等多媒体课堂演示系统80余台，"班班通"到班率达80％，全区义务教育学校教育城域网光纤接入率和标准型中小学校园网建设率达100％。① 与此同时，为确保进城务工子女就近入学，游仙区还专门确立了10余所义务教育学校，保障随迁子女在收费、编班、考评、教育教学各方面享受与本地户籍学生相同的待遇。据统计，2013年，城区公办学校共接收进城务工人员随迁子女入学4000余名。其次是教育基础进一步牢固。在教师队伍建设方面，游仙区做出了很多努力。一是推动师资均衡。游仙区出台教师队伍建设意见，通过发放乡村教师补贴、增加评职晋级、评优选模等举措，鼓励优秀教师到农村学校任教。"2011年至2014年，全区共下派34名教师到乡村学校任教，累计发放乡村教师补贴1500余万元，实施城乡教师结对研习2000余人次。"② 二是严把教师"入口关"。游仙区坚持按编制标准配齐配足教职工，三年间通过公开考试招聘市内外优秀教师109名，重点补充乡村学校学科短板，有

---

① 四川在线. 游仙：均衡发展城乡义务教育［EB/OL］.（2014－10－09）［2019－12－28］. https://mianyang. scol. com. cn/qxxw/yxq/content/2014－10/09/content _ 51631537. htm?node=155392.

② 四川在线. 游仙：均衡发展城乡义务教育［EB/OL］.（2014－10－09）［2019－12－28］. https://mianyang. scol. com. cn/qxxw/yxq/content/2014－10/09/content _ 51631537. htm?node=155392.

效地解决了学科教师不配套、城乡配置不合理的问题。三是缩小区域师资差距。通过建立"校对校""师对师"的城乡对口支援机制和"1+2"名特优教师结对帮扶机制，带动边远、薄弱学校发展。四是扩大资金"蓄水池"。每年加强教师技能培训、选派优秀骨干教师研修学习等都专门单列专项经费。最后是办学内涵得到延展。游仙区依托义务教育学校现有资源，通过转化利用、修缮改造、整合延伸等方式，大力推进乡村（社区）少年宫建设，实现了全区义务教育学校乡村（社区）少年宫全覆盖。通过大力改善办学条件、均衡配置教育资源，加强教师队伍建设，游仙义务教育学校办学水平整体提升，小学、初中学生毕业率分别达到 99.9% 和 98.6%。

2014—2018 年，游仙区以更大的力度和更实的措施办好人民满意的教育，比如不断加大对城区和城郊学校的投入，并严格按照"就近免试指定入学"的原则，确保进城务工人员随迁子女享受公平优质的教育；通过工作制度化、宣传多样化、管理规范化、教育特色化"四化"措施扎实推进依法治校工作；采取配置均衡化、工作精细化、教育优质化"三化"措施，全面加强教育信息化建设；通过打造红色阵地、开设红色课堂、开展主题社会实践等，不断创新教育方式，引导形成崇德向善的道德风尚；扩建义务教育学校，保障适龄儿童入学，2014—2018 年，游仙区陆续扩建了富乐实验小学等城区学，在此基础上，又启动实施了化解义务教育大班额三年行动计划（2018—2020 年），计划到 2020 年，新建、扩建义务教育阶段学校 5 所，新增学位 6500 余个。

二、民族地区青少年教育教学质量不断提升

（一）北川青少年教育实现快速健康发展

北川围绕建设教育强县的目标，不断探索总结，开启了北川教育新局面，主要表现在以下几个方面。

一是教育投入持续增长。北川县委、县政府把财政投入作为教育均衡发展的基础保障，出台了《进一步完善义务教育经费保障机制实施办法》等政策，推动教育经费保障实现"三个增长"。截至 2015 年，北川县教育经费总投入已达到 2.79 亿元，农村税费改革转移支付资金每年用于教育的比例达到 45%，土地出让收益中计提教育资金比例达到 10%，均超过国家规

定标准；农村教师生活补助全面实施，县人民政府设立奖教资金100万元，专门用于奖励优秀教师特别是边远农村优秀教师，与此同时，还专门预算60万元用于高考奖励；在2015年"金秋助学"中，全县271名大学新生得到70余万元奖励；农村义务教育阶段16335人作业本费全部免除；对贫困家庭幼儿保教费、贫困家庭的普通高中和中职学校学生的学费予以免除并发放生活补助。"2016年至2019年，北川财政资金累计投入12.99亿元，财政性教育经费占GDP比例平均每年为8.6%，是国家'4%成果'的两倍以上。"① 这是北川教育发展进程中的耀眼成果，也为加快推进教育现代化、建设四川民族地区教育强县的战略目标打下了坚实基础。

二是办学条件得到改善。教育信息化是绵阳市民族地区实现教育跨越式发展、缩小全市教育差距的根本途径。随着北川教育信息化水平不断提升，其办学条件不断得到改善。截至2015年，北川已建成18所学校网络课堂、539个"班班通"多媒体教室和9个录播教室，实现网络"校校通"和优质资源"班班通"；全县35所义务教育学校实行寄宿制管理，实现了应入尽入、应读尽读和城乡教育基本均衡化目标。"2014年至2018年，北川通过全面实施'一村一幼'，全县设立33个村级幼教点，覆盖311个行政村，全县学前一年毛入园率达到96.7%，学前三年毛入园率达到91.2%"②；构建县内"名校＋弱校"发展共同体，与绵阳10所名校结对合作办学；通过开展"新教育实验""未来教育家"培养工程，线上、线下业务培训相结合等提升教育教学质量的方式，全面加强全县学前教育普惠发展、义务教育均衡发展、普通高中优质发展以及职业教育特色发展。

三是师资力量不断提升。一直以来，北川都将培养一支素质过硬的教师队伍作为撬动深化教育改革的支点。如通过建立绵阳名校支持北川教育事业对口帮扶合作机制和师资交流轮岗机制提高全县学校的管理水平和办学质量，截至2015年，共计培训教师6000余人次，重点向边远山区选派教师200余人对教育教学研究进行交流；联合清华大学开展"心种子"心理健康教师培训，与北京西城区、浙江柯城区进行合作，推进互派挂职锻

---

① 北川教育跨入新的"改革时间"［N］. 绵阳日报，2019-04-01（6）.
② 北川：教育扶贫点燃生活新希望［N］. 绵阳日报，2018-06-25（3）.

炼，努力打造政治过硬、业务精湛的师资队伍。截至 2019 年，全县已推荐评选省、市、县先进集体 12 个，优秀个人 110 名。

四是教育教学成果喜人。截至 2015 年，"全县已创建 5 所绵阳市首批校园文化特色学校、5 所市级学校特色少年宫、3 所市级艺术特色学校和 2 所市级体育特色学校"①。2015 年北川中学文考、艺体双上线人数达到 382 人，超过绵阳市下达的 145 人的任务，北大录取 2 人，复旦录取 1 人，2 名学生留学印尼，开启了北川学子出国留学之路；北川七一职中连续四年参加全市中等职业技术学校学生技能大赛，均荣获团体总分第一名，合作办学机制不断完善。2016 年高考，北川中学绵中班取得了本科硬上线 279 人，上线率 94.9%，一本硬上线 167 人，上线率 56.8%，被北大、清华录取 6 人的优异成绩，成为全市高中快速发展的新亮点。2017 年高考，北川中学高考再创佳绩，本科硬上线 878 人，超额完成目标任务，2 名学生被北大、清华录取。② 七一职中在全国中等职业学校技能大赛中荣获二等奖，并在全省大赛中斩获 4 个一等奖。截至 2019 年，全县共有各级各类学校 51 所，其中，市级示范学校、文化特色学校、文明校园等 16 所。

（二）平武多措并举促进青少年教育均衡

平武县将推进义务教育均衡发展作为教育工作的重中之重，采取了多种行之有效的措施。首先是加大资金投入。据统计，2012 年至 2015 年期间，平武县共计投入薄弱学校改造资金 2661 万元，全县义务教育学校特别是农村学校的基础设施得到极大改善。其次是加强师资队伍建设。平武县着力于优化师资结构，截至 2015 年，有全国优秀教师 3 人，省级优秀骨干教师 25 人，市级优秀骨干教师 202 人，县级优秀骨干教师 100 人。再次是落实教育民生工作。平武县不断提升教育为民服务的效率和水平，免除义务教育阶段学生学杂费、教科书费、作业本费，为家庭经济困难的寄宿学生发放生活补助，并积极构建全社会关爱体系，为留守学生搭建自

---

① 四川在线. 树特色教育品牌 办人民满意教育——北川举行教师节庆祝大会 [EB/OL].（2015—09—10）[2019—12—26]. https://mianyang. scol. com. cn/qxxw/bc/content/2015—09/10/content _ 51765873. htm?node=155397.

② 四川新闻网. 教师节：北川 108 个先进集体和先进个人获奖——北川第 33 个教师节庆祝大会顺利举行 [EB/OL].（2017—09—08）[2019—12—28]. http://my. newssc. org/system/20170908/002268436. html.

我展示和相互交流的平台，促进其健康成长。最后是大力发展德育教学和艺体教育。一方面，加强对中小学学生行为习惯的养成教育和文明礼仪教育，通过丰富多彩的少年宫活动促进素质教育的全面提升；另一方面，结合县情、校情、地域环境和现有办学条件，挖掘和弘扬传统文化。

2016 年上半年，平武县科教局主动作为，全力落实教育民生工程，取得了阶段性成效。

一是认真落实教育助学项目。上半年减免了 3200 名在园幼儿每人300 元的保教费，免除了 77 名建档立卡贫困家庭在园幼儿的保教费。全力做好"三免一补"工作，免除义务教育阶段 10300 名学生的学杂费、教科书费、作业本费，为 4901 名家庭经济困难寄宿学生发放生活补助。落实中职及普高助学金、免学费政策，为 420 名中职学生、610 名普通高中学生发放国家助学金，免除 540 名中职学生、965 名普通高中学生的学费，资助家庭经济困难体育训练学生运动员 2 名。二是全面实施营养改善计划。"平武县农村义务教育学生营养改善计划的目标任务是 9300 人，平武县完成 10300 人，完成率为 110.7%。"① 2017 年，平武县积极推进法治教育、爱国主义教育、素质教育等方面的工作，4 月 7 日，平武县举行了主题为"历史与展望——为了人民健康的 65 年"爱国卫生运动 65 周年纪念暨第 29 个爱国卫生月活动启动仪式；4 月 13 日，平武县七一涪江小学赴绵阳城区学校进行素质教育考察；9 月中旬，绵阳市人民检察院、平武县人民检察院组织平通小学六年级学生及家长，在平通文化站会议厅参加"法治进校园"训讲系列活动亲子教育专场活动；11 月，平武县各学校相继开展师德师风专项治理活动。2018—2019 年，平武县加快对外交流合作，与多个学校签订帮扶协议。2018 年，浙江省衢州市衢江区第一小学与四川省绵阳市平武县七一涪江小学签订了扶贫协作教育帮扶协议；2019 年，绵阳外国语学校、绵阳一中与平武龙安初中成功实现合作办学。对口帮扶和合作办学有助于提升平武教育教学水平，让平武孩子在家乡享受到其他地区的优质教育。

① 平武县人民政府. 平武教育民生工程扎实推进 [EB/OL]. (2016-07-11) [2019-12-28]. http://www.pingwu.gov.cn/xwzx/bmdt/12198441.html.

结　语

　　党的十一届三中全会的召开，标志着我国进入了改革开放和社会主义现代化建设的新时期。进入新时期以来，党和政府愈加重视教育发展，出台了一系列方针政策，使我国的教育体系逐步完善，教育质量逐步提高。绵阳市委、市政府牢牢把握改革开放的时代机遇，积极响应党和国家的号召，认真贯彻落实一系列重要会议精神，稳打稳扎推进绵阳地方青少年教育，使得绵阳各级各类学校的教育水平不断提升，规模不断扩大，种类不断增加，实现了跨越式发展，为绵阳科技城的建设提供了智力支持和人才保障。

　　学前教育在改革中蓬勃发展。改革开放以来，绵阳市一系列政策的颁布和会议的召开，为学前教育的发展提供了强有力的支撑，使得学前教育获得了空前的重视和发展。1980年是绵阳学前教育史上非常重要的一年，绵阳地区召开了幼托工作会议，提出"两条腿走路"的方针，提倡公办、民办、集体办等多种形式办园，恢复和发展幼托工作，至此开启了学前教育新的发展历程。2005年12月15日，绵阳市人民政府办公室发出《关于贯彻幼儿教育改革与发展指导意见的通知》，提出要深化改革，促进幼儿教育事业健康发展，标志着绵阳学前教育改革迈进了一个新阶段。2011年，绵阳市人民政府出台了《关于加快学前教育发展的实施意见》和《绵阳市学前教育三年行动计划》(2011—2013)，要求各级政府和相关部门要充分认识发展学前教育的迫切性，多种形式扩大学前教育资源，多渠道增加学前教育投入，加强幼儿教师队伍建设，强化幼儿园管理。2012年，绵阳市召开全市学前教育工作会，会议明确了全市学前教育发展的重点和学前教育三年行动计划的具体任务及发展方向，启动了全市学前教育增量提质工程。2014年，绵阳市教育体育局发布了《关于进一步推进学前教育发展的通知》,对学前教育布局、学前教育体系、投入保障机制、教师队伍建设、规范幼儿园管理等方面内容做出了明确规定。2018年,绵阳市召开了推进学前教育发展工作领导小组第一次会议,会议审议了《绵阳市人民政府关于进一步加快公办幼儿园建设推进学前教育发展的实施方案》和《绵阳市城镇小区配套幼儿园建设和管理实施办法》,确定了到2020年全市公办幼儿园和普惠性民办幼儿园覆盖率达到85%以上,学前三年毛入园率达到97%以上的目标,明确了各县、市、区(园区)2018—2020年分年建设任务。在一系列政策、会议的指导下,改革开放以来绵阳学前教育取得巨大发展。一是学校数量不断增加,学生规模不断扩大。截至1989年,全市有幼儿园278所,在园幼儿55365人。1991年,市教委下发《关于改进和加强学前班管理的意见》,要求对条件不足、招生人数少的学前教育班进行整顿,使多数学前教育班由有条件的小学和示范幼儿园承担,从而规范了办班行为,到1992年,全市幼儿的学前教育得到了普及。2016年,全市共有各级各类建制幼儿园661所,在园幼儿14万多人,学前教育三年入园率达到94.5%,学前教育资源已能基本满足适龄幼儿入园需求。二是民办幼儿园质量不断提高,私立幼儿园逐步兴起,逐步形成多元化办学格局。1989年,自江油第一所私立幼儿园——为秀幼儿园成立以来,各县教委不断强化各级各类幼儿园的管理,将它们逐一按规定进行登记注册,为办园条件较好的幼儿园颁发办园证书,进一步规范办园手续和行为。自此之后,绵阳市教委又逐步完善了私立幼儿园的检查制度和评比制度,全市私立幼儿园得到迅速发展,办学数量和规模不断扩大,基本满足了适龄幼儿就近入园的要求,缓解了幼儿入园难的矛盾。截至2016年,绵阳各区普惠性民办幼儿园已达113所,占民办幼儿园总数的40%,普惠性民办幼儿园在园幼儿13090人,占民办幼儿园在园幼儿总数的32%。绵阳幼教事业已经形成了以公办园为骨干、以社会力量办园为主体的办园格局。三是民办幼儿园管理进一步规范,学前教育师资力量得到有效补充,幼儿教师培训和保教研究工作进一步加强,幼教"小学化"倾向得到纠正。今后,绵阳市将严格按照国家、省上关于公办幼儿园在园人数占比和普惠幼儿园覆盖率的最新要求,根据绵阳市实际情况,完善普惠性民办园分类分级认定标准、补助标准及扶持政策，安排市级专项资金支持城区普惠性幼儿园发展，同时科学制定学前教育教职工编制标准，逐步配齐配足学前教育的师资。

九年义务教育注重强本固基。1986 年颁布了《中华人民共和国义务教育法》，这是中国基础教育发展的关键性节点，为贯彻实施全国人大颁布的《中华人民共和国义务教育法》，绵阳市人民政府制定了《绵阳市九年制义务教育实施方案》，要求各级党委、政府把发展教育、改革体制当作一项迫在眉睫的任务，扎扎实实抓好。在调查研究的基础上，对全市不同类型不同地区的"普九"工作制定了相应的实施方案和分期分批普及规划。截至 1989 年，全市有小学 3735 所，学生 473587 人，为 1949 年的 46倍，全市中学有 278 所，较 1982 年增加 90 所，在校学生由 1982 年164705 万人增长到 197197 万人。1993 年，中共中央、国务院印发《中国教育改革和发展纲要》，提出"两基"任务：到 20 世纪末，实现基本普及九年义务教育，基本扫除青壮年文盲。1994 年 9 月，绵阳市委、市政府召开了全市教育工作会议，会议的主要内容是传达全国、全省教育工作会议精神，落实今后 5 年教育事业改革和发展的任务，特别是"普九"任务。此后，绵阳市多措并举推进"普九"工作。1999 年，绵阳市普及九年义务教育的历史任务宣告胜利完成。从 2005 年开始，全市小学净入学率、毕业率、巩固率、升学率和初中净入学率、毕业率、巩固率均呈现出稳中有升的趋势。2012 年以来，随着党的十八大和十九大的相继召开，绵阳市从提高义务教育保障水平、抓好薄弱环节的整改提升、提高均衡发展水平等方面，促进绵阳市义务教育由基本均衡向优质均衡发展。与此同时，绵阳市中小学素质教育全面推进，教育观念逐渐改变。1993 年 12月，绵阳市委、市政府印发了《九十年代绵阳儿童发展规划纲要》，随后又相继印发了《绵阳市中小学生礼仪常规（试行）》和《绵阳市中小学生德育手册》。1996 年 1 月，绵阳市召开了建市以来第一次小学教育工作会议，会议澄清了实施素质教育中的种种误区，强化了质量意识和效益观念。2000 年，绵阳市委下发了《关于深化教育改革，全面推进素质教育的决定》，明确要推进素质教育。2011 年来，全市进一步深入实施素质教育，严格规范中小学办学行为，坚决执行国家课程标准，开齐开足音体美课程，充分利用课堂教学的主阵地作用，提高学生的文化素养和艺术修养。2012 年，绵阳市召开深入实施素质教育工作会，强调要着力创新人才培养模式，深化考试招生制度改革，彻底摒弃急功近利的应试教育，切实减轻中小学生课业负担，帮助学生全面发展、快乐成长。在绵阳市第一轮中小学校素质教育督导评估中，共计产生 286 所县级素质教育优秀学校，91 所市级素质教育优秀学校。总的来看，改革开放 41 年，绵阳市中小学教育体制日益完善，义务教育、农村教育、素质教育不断推进，办学条件显著改善，教育规模稳步扩大，教师素质明显提升。绵阳基础教育的蓬勃发展，一方面得益于党委、政府的坚强领导和社会各界的关心；另一方面，也与一批高素质的教师队伍密不可分。改革开放以来，为提高教师的思想水平，增强教师的业务能力，改善教师的生活条件，绵阳市实施了促进教师"民转公"，开展现代教育技术培训，建立市、县、校三级教师培训体系，组织实施"中小学骨干教师成长计划""农村教师专业发展计划"和"中小学教师学位学历提升计划"等措施。这些措施进一步提高了绵阳基础教育工作者的综合素质，为促进绵阳地方青少年教育进一步发展奠定了坚实的人才基础。

高中教育不断做大做强，规模效益显著提升。进入新时期以来，在大力实施"普九"工程、改善中小学办学条件、调整中小学布局的同时，绵阳市还加大力度发展高中教育，取得了突出的成绩。一是绵阳普通高中布局更加合理，规模效益明显。20 世纪 90 年代末，针对绵阳高中教育规模效益差，教育资源的浪费极其严重的情况，绵阳市教育局决定统筹规划市区和三类县的普通高中的布局。通过调整，到 2001 年，全市普通高中在1995 年的基础上调减 12 所，新建、改建 5 所，招收普通高中新生的学校共 43 所，校均招生规模 400 多人，当年全市共招收新生 2 万余人，是1995 年的 23 倍。此后，全市普通高中继续进行校点布局结构调整，截至2016 年，全市高中学校 35 所，在校学生 111448 人，教职工 10577 人。二是示范高中数量不断增加。为做大做强优质普通高中，满足广大市民及其子女对高质量普通高中教育的需求，绵阳市教委根据高等学校普遍扩招的状况，及时调整了招生结构，同时积极指导各高中学校创建国家级、省级和市级示范学校。2003 年，全市省重点中学已达到 11 所，其中 4 所已通过国家级示范性普通高中标准的省级评估。2008 年，绵阳市结合灾后教育恢复重建，大力开展示范学校建设，积极扩大优质普通高中教育总量。2009 年，绵阳市正式提出了优质教育资源集团化发展战略；2010 年，正式启动了优质教育资源集团化发展工作。截至 2012 年，绵阳市共有国家级示范普通高中 6 所、省级示范性普通高中 8 所、市级示范性普通高中 7 所，另外，还有 5 所优质民办普通高中。2015 年，绵阳市深入实施普通高中教育"优质"帮扶"薄弱"发展战略，合作办学成效显著，全市普通高中办学水平和质量得到整体提升。三是办学质量进一步提升。20 世纪末到 21 世纪初，绵阳市深化以校长负责制为核心的内部管理体制改革，建立并逐步完善竞争激励机制，建立健全教育质量管理制度，在提升教学质量上取得了喜人成绩。2000 年，全市高考硬上线人数一举突破 4000 人大关，上线率居全省第四。2002 年，绵阳高考再次取得令人惊喜的好成绩，本科硬上线率和万人上线率居全省第一。2003 年，绵阳高考再传捷报，各项指标全面刷新，再次夺得了万人上线率、硬上线率第一的桂冠。2005 年，全市高考本科上线突破 15000 人大关，2007 年，绵阳高考继续保持全省"双第一"，升学结构进一步优化。2009 年，全市高考创历史新高，本科上线率和万人比继续保持全省第一。2012 年高考，绵阳本科硬上线增幅巨大，一举突破 25000 人大关，达 25756 人，本科硬上线率和万人比连续 12 年全省领先。2012—2018 年，绵阳高考屡创佳绩，彰显了绵阳高中教育的强大实力。2019 年绵阳高考再创辉煌，绵阳高考以压倒性优势拿下全省十九连冠。

职业教育从恢复调整实现创新跨越。职业教育可以说是绵阳地方青少年教育的半壁江山，改革开放初期，中等教育结构单一，规模较小；中职教育与普通高中教育相差甚远。1980 年 11 月，绵阳地委召开常委会议，专门讨论教育结构改革问题，会上还成立了中等教育结构改革领导小组，由此拉开了全区中等教育结构改革序幕。1984 年，中共绵阳地委、行署提出了《关于改革我区教育工作的意见》，提出改革中等教育结构，大力发展职业技术教育，实行开放式、多种形式、多种层次、多种规格办学。到 1985 年，全市中等专业学校发展到了 8 所，开设了工、农、医、财贸等专业 30 多个，在校生 3397 人；技工学校 27 所，设 50 多个专业，在校生 5541 人；职业中学 17 所，在校生 9387 人。1985 年以后，市委、市政府把发展职业技术教育作为教育改革的重要内容，进一步加大了扶持力度。1991 年，全市经正式批准的教办职业中学有 17 所。1997—2002 年，绵阳处于转型期职业教育，出现困境和危机。面对职业教育发展的严峻形势，绵阳市委、市政府提出了对职业技术学校进行合并重组的方案，从 1998 年开始，全市各县、市、区按照"收缩校点、做大做强"的原则，对职业教育进行了大刀阔斧的调整。21 世纪以来，绵阳市继续对职业教育进行优化重组，加大投入改善办学条件。与此同时，通过实施与省内外高等院校的联合，加强重点职业学校建设，实施打造中等职业教育集团、开展农民工转移培训、农村实用技术培训等措施，帮助职业教育做大做强。截至 2015 年，全市中职学校累计招生 24887 人；争取中央资金 2292 万元用于中职学校实训基地建设、校舍维修、教学设施设备购置等。总体来看，新时期以来，职业教育制度不断完善，办学力量日趋多元化，办学规模不断扩大，办学质量不断提高，有力支撑了绵阳技术型人才的需要，促进了教育结构和就业结构的优化。

高等教育实现历史性大跨越。1977 年，教育部做出恢复高考的决定，绵阳地区有 6 万多人报考大专、11 万多人报考中专，是有史以来考生最多的一次。伴随着高考制度的全面恢复，绵阳高等教育制度改革也逐步拉开了帷幕。从 1984 年开始，绵阳市开始实施高等教育管理体制改革，到 20 世纪 90 年代末，绵阳市基本打破了"条块分割""部门办学"的旧体制，形成了分级办学、分级管理的办学体制。此后，绵阳高等院校发展开始进入一个新时期，逐步形成绵阳特色。一是绵阳高校规模不断扩大。2003 年，绵阳科技城内具有高等学历教育招生资格的高等院校有 8 所，各类高校共有教职工 4896 人，在校大学生总数为 44266 人。截至 2016 年，绵阳市内有高等院校 14 所，有教职工 11000 人，大学生总数为 148923 人。二是绵阳高校结构也明显优化。西南科技大学的挂牌，开启了自身发展的全新篇章，也带动了绵阳高等教育联合重组、上档升级的热潮。截至 2016 年，绵阳市内有高等院校 14 所，其中，全日制普通教育本科院校 6 所，全日制民办高等职业技术学院 2 所，成人教育专科院校 2 所，市属全日制普通教育专科院校 3 所。三是办学水平和办学层次不断提升。随着绵阳高等院校的硕士点和博士点数量不断增加，招生规模不断扩大，如 2003 年，西南科技大学共申报 5 个重点学科、22 个硕士学位授权点，获准新增硕士学位授权点 11 个，获得开展同等学力人员申请硕士学位授位资格。2005 年，西南科技大学获准新增硕士点 15 个，其中一级学科硕士点 1 个、二级学科硕士点 4 个，涵盖工学、理学、管理学、法学、文学、教育学 6 个学科门类。2006 年，西南科技大学获得新增工程硕士授权单位，新增控制工程、材料工程、地质工程 3 个专业领域工程硕士授权点。2009 年，新增 2 个工程硕士授权领域，学校工程硕士授权领域达到 7 个。四是绵阳高等教育师资队伍不断优化升级。高校的发展离不开强有力的师资队伍。2003 年，全市各类高校共有教职工 4896 人，其中教授303 人，副教授 942 人，讲师 1410 人，助教 800 人，其他人员 1441 人。进入 21 世纪以来，绵阳高校师资力量不断增强，截至 2016 年，绵阳高校共有教职工 11000 人，其中具有正高级职称的 591 人，具有副高级职称的1834 人，具有博士学位的教师 928 人，具有硕士学位的教师 3173 人。五是对外交流合作进一步加强。新时期以来，在绵高校先后分别与 40 余所国外高校科研机构建立了较为广泛的合作与交流联系，随着一大批重大国际合作项目的顺利实施，绵阳高等学校的知名度也不断提高。新时代背景下，绵阳高等教育仍需继续发展，正如《国家中长期教育改革和发展规划纲要（2010—2020 年）》中指出的，要"努力提升高等教育质量、构建和完善大众化时代的高等教育制度体系"①，绵阳高等教育要继续坚持开放办学，推进高校内涵式发展，争取为科技城发展提供更加强大的智力支持和人才保障。

除以上教育类型外，成人继续教育、特殊教育、民办教育也是绵阳教育系统不可或缺的组成部分。随着 1987 年《国家教育委员会关于改革和发展成人教育的决定》的颁布，绵阳市开启了成人教育工作的新征程。截至 2013 年，绵阳成人教育本科院校有 3 所，其中，本科院校 1 所，教育专科院校 2 所。除此之外，绵阳中等教育学校还与省内外高校联合办学，在一定程度上也推进了绵阳成人教育的发展进步，如四川生殖卫生学校、

---

① 中华人民共和国教育部. 国家中长期教育改革和发展规划纲要（2010−2020 年）[EB/OL]. （2010−07−29）[2019−12−26]. http://old. moe. gov. cn/publicfiles/business/htmlfiles/moe/info _ list/201407/xxgk _ 171904. html.

成都中医药大学等先后与绵阳医科学校联办了成人教育本科班和专科班等。与此同时，绵阳特殊教育获得了一定的发展，1987年9月，绵阳市中区和江油分别建立了盲聋哑学校一所，到1992年时，已经发展到了6个班，有学生69人，基本满足了绵阳市内残疾儿童接受教育的需要，填补了特殊教育的空白。1994年，市委、市政府做出《关于深化教育改革，大力普及九年义务教育的决定》，促进特殊教育事业发展与"普九"工作同步推进。2003年，市政府出台了《关于进一步推进特殊教育改革与发展的通知》，为全市特殊教育事业发展提供了政策保障，推动了特殊教育的迅速发展。截至2015年，全市有特殊教育学校7所。党的十一届三中全会召开以来，绵阳民办教育从无到有，从有到优，呈异军突起之势。2000年，科技城建设全面铺开，绵阳教育事业特别是民营教育迎来了一次难得的发展机遇。2001年，市政府下发了《关于大力发展民办教育的意见》，明确提出要鼓励多种形式投资办学，大力发展非义务教育阶段的各级各类民办教育。2002年，市政府在《关于基础教育改革与发展的实施意见》中再一次地对民办基础教育学校做出了明确具体的规定，为绵阳市民办学校的发展大开绿灯。2003年，在全市农村教育与民办教育工作会议上，绵阳市人民政府又做出了《关于大力促进民办教育发展的决定》（征求意见稿）。2004年，绵阳市人民政府出台了《关于大力促进民办教育发展的决定》，明确提出了要进一步继续巩固办学成果。随着一系列会议的召开和各类方针政策的落实，绵阳市逐步形成了以政府办学为主体、公办学校与民办学校共同发展的教育格局，民办教育进入蓬勃发展期。截至2015年，绵阳市有民办学校728所（不含三所省属独立学院），其中高职专科学校2所，中小学12所，中等职业学校12所，幼儿园549所，非学历教育学校153所。

改革开放以来，绵阳地方青少年教育事业经历从恢复调整到改革发展和创新的一系列巨变，逐步形成了基础教育、职业教育、民办教育、高等教育协调发展和互相支撑的格局，构建起了与绵阳科技城建设相匹配的教育体系，推动了科技的创新、文化的繁荣和社会的进步。教育发展是建设科技城的重要工程，必须把教育事业放在优先位置，加快实现教育现代化，继续办好人民满意的教育，为科技城提供强大的人才保障和智力支撑。

主要参考文献

一、著作类

绵阳市教育委员会，1986. 绵阳市志丛书之三：绵阳市教育志（内部资料）[M]. 绵阳：绵阳市教育委员会.

绵阳市中区文教局，1986. 绵阳市教育志 [绵阳市（县级）志丛书之三]（内部资料）[M]. 绵阳：绵阳市中区文教局.

绵阳市教育学会，1989. 小学生家庭教育 [M]. 成都：四川少年儿童出版社.

绵阳市教育研究室，1989. 绵阳历史（内部资料）（试用本）[M]. 绵阳：绵阳市教育研究室.

绵阳市教育委员会，1992. 绵阳市教育志（内部资料）[M]. 绵阳：绵阳市教育委员会.

绵阳市涪城区教育文化体育委员会，绵阳市涪城区教师进修学校，1997. 绵阳市涪城区中小学幼儿教师继续教育读本：素质教育实施理论（内部资料）[M]. 绵阳：绵阳市涪城区教育文化体育委员会，绵阳市涪城区教师进修学校.

绵阳市教育委员会，2000. 奠基与突破：军转民"科教兴市"理论研究与实践 [M]. 成都：四川文艺出版社.

绵阳日报社，2010. 浴火重生（上）（下）——讲述绵阳灾后重建和援建的故事 [M]. 成都：四川教育出版社.

《绵阳市涪城区教育文化体育志》编纂委员会，2011. 绵阳市涪城区教育文化体育志（1990—2007）（内部资料）[M]. 绵阳：《绵阳市涪城区教育文化体育志》编纂委员会.

绵阳市教育科学研究所，2011. 绵阳市教育科研年度报告 [M]. 成都：天地出版社.

绵阳市关爱下一代促进会，出版时间不详. （绵阳）优质教师风采名录（一）（内部资料）[M]. 绵阳：绵阳市博大教育服务中心.

绵阳市教育委员会，出版时间不详. 绵阳市教育志 [M]. 绵阳：绵阳市教育委员会.

南山中学校史编写组，2008. 百年校事纪略（四川省绵阳南山中学百年校庆丛书）（内部资料）[M]. 绵阳：南山中学校史编写组.

四川省绵阳南山中学，2008. 四川省绵阳南山中学百年校庆丛书——南山教育叙事（内部资料）[M]. 绵阳：四川省绵阳南山中学.

四川省绵阳南山中学，2008. 南山教育叙事（内部资料）[M]. 绵阳：四川省绵阳南山中学.

四川省绵阳市社会科学界联合会，四川省绵阳市社会科学促进会，2015. 绵阳地方文化简明读本（内部资料）[M]. 绵阳：四川省绵阳市社会科学界联合会，四川省绵阳市社会科学促进会.

唐江林，2018. 南山之光：四川省绵阳南山中学 110 周年校庆论文集 [M]. 成都：四川教育出版社.

文行瑞，王和金，2009. 用生命擦亮历史！5. 12 汶川大地震中的抗震救灾英雄事迹 [M]. 成都：天地出版社.

向万成，出版时间不详. 雄关漫道——纪念 5. 12 特大地震三周年看今日绵阳教育之恢复重建（内部资料）[M]. 成都：四川师范大学电子出版社.

熊晓明，2005. 德育工作行动指南（内部资料）[M]. 绵阳：绵阳市涪城区教育文化体育局.

中共绵阳地委宣传部，1985. 全心全意为人民服务教育学习辅导材料（内部资料）[M]. 绵阳：中共绵阳地委宣传部.

中共中央宣传部宣传教育局，1998. 西部飞虹：绵阳市精神文明创建活动纪实 [M]. 北京：学习出版社.

中共绵阳市委党史研究室，绵阳市教育和体育局，2014. 建国以来绵阳教育体育事业的发展（1949—2014）（内部资料）[M]. 绵阳：中共绵阳市委党史研究室，绵阳市教育和体育局.

赵光周，2003a. 科教兴市：绵阳的探索 [M]. 北京：人民教育出版社.

赵光周，2003b. 绵州师魂（内部资料）[M]. 绵阳：绵阳教育局.

二、报告类

绵阳地区革命委员会. 毛主席对知识分子进行再教育的部分指示 [R].
  绵阳地区革命委员会，1969.

绵阳三〇五信箱革委会. 毛主席论路线教育（内部资料）[R]. 绵阳：
  绵阳三〇五信箱革委会政工组，1971.

绵阳市教育局. 关于发动群众做好资料收集工作的报告 [R]. 绵阳市
  教育，1985－03.

绵阳市教育局. 关于1985年中学招生工作的意见 [R]. 绵阳市教育局，
  1985－05－13.

绵阳市教育委员会. 勤工俭学文件选编 [R]. 绵阳市教育委员会，1993.

绵阳市涪城区文化教育体育局. 中共中央国务院九四年全国教育工作会
  议文件汇编（内部资料）[R]. 绵阳市涪城区教育文化体育局翻印，
  1994.

绵阳市教育委员会. 实行新工时制后执行调整后全日制普通中小学课程
  （教学）计划文件汇编（内部资料）[R]. 绵阳，1995.

绵阳市涪城区教育文化体育委员会. 深化教育改革全面推行素质教育——
  第三次全国教育工作会议文件汇编（内部资料）[R]. 绵阳市涪城区
  教育文化体育委员会，1999.

绵阳市教育委员会. 教育法规（二）（内部资料）[R]. 绵阳市教育委员会
  翻印，2000.

绵阳市涪城区教育文化体育局. 社会力量办学文件汇编（内部资料）
  [R]. 绵阳市涪城区教育文化体育局，2002.

四川省绵阳市教委师范处. 中小学教师继续教育文件汇编（内部资料）
  [R]. 绵阳市教育委员会翻印，2001.

中国共产党绵阳地方委员会. 中共绵阳地委关于农村整风和社会主义教育
  计划 [R]. 中共绵阳地委办公室，1957－11.

中共绵阳县委宣传部. 中共绵阳县委宣传部关于加强'当前形势任务'教育的通知 [R]. 中共绵阳县委宣传部，1961—11—15.

中国《人民教育》总编采访涪城接待办公室. 中国西部科学城下的壮举——绵阳市涪城区五年实施素质教育的报告（内部资料）[R]. 中国《人民教育》总编采访涪城接待办公室，1997.

三、报纸类

陈熹. 人才是一种"热资源"（人民论坛）[N]. 人民日报，2008—11—25（4）.

邓雪琳. 北川：教育扶贫点燃生活新希望 [N]. 绵阳日报，2018—06—25（3）.

邓雪琳. 北川教育跨入新的"改革时间" [N]. 绵阳日报，2019—04—01（6）.

邓娟. 今年我市新建续建改扩建义务教育学校49所 [N]. 绵阳日报，2019—06—24（1）.

涂伟强，肖赟梅，祖明远. 江油2.3万农村学生每天6元免费午餐 [N]. 四川日报，2015—09—29（8）.

新华社. 经华主席、党中央批准，全国教育工作会议在京隆重开幕，邓小平、李先念副主席等党和国家领导人出席，邓副主席作重要讲话 [N]. 人民日报，1978—04—23（1）.

四、档案类

成绵路小学教育集团，2014. 静水流深——成绵路小学教育集团成果集（教学设计卷）（内部资料）[A]. 绵阳：绵阳成绵路小学.

廖顺华，1985. 教育六十法（内部资料）[A]. 绵阳：四川绵阳地区教育研究室.

绵阳二中教育科研成果汇编，1998. 教育实践与探究（内部资料）[A]. 绵阳：绵阳二中.

绵阳市教育科学研究所，1998. 企事业教育科研论文专辑（内部资料）[A]. 绵阳：绵阳市教育科学研究所.

主要参考文献

绵阳市涪城区教育文化体育委员会，1999. 教苑金秋：绵阳市涪城区首届
　校园文化艺术节暨庆祝建国五十周年师生优秀文学作品集（内部资料）
　[A]. 绵阳：绵阳市涪城区教育文化体育委员会.

四川省绵阳开元中学，2018. 教育科研成果荟萃精耘苑——教师论文集
　（内部资料）[A]. 绵阳：四川省绵阳开元中学.

绵阳市教育科学研究所，2011. 绵阳市教育科研年度报告 [A]. 成都：
　天地出版社.

绵阳市教育科学研究所，2017. 绵阳市职业教育研究成果集 [A]. 成都：
　天地出版社.

中国人民政治协商会议四川省绵阳市委员会文史资料委员会，1985—
　2019. 绵阳市文史资料选刊（内部资料）[A]. 绵阳：绵阳市文史资料
　研究委员会.

五、电子资源类

绵阳教育体育网. 关于我市全面改薄工作截至 2017 年 12 月底进展情况的
　通报 [EB/OL]. （2018－06－14）[2019－12－26]. http：//www.
　my-edu. net/p/90/? StId＝st_app_news_i_x636645790796964738.

平武县人民政府. 平武教育民生工程扎实推进 [EB/OL]. （2016－07－
　11）[2019－12－28]. http：//www. pingwu. gov. cn/xwzx/bmdt/
　12198441. html.

四川在线. 游仙：均衡发展城乡义务教育 [EB/OL]. （2014－10－09）
　[2019－12－28]. https：//mianyang. scol. com. cn/qxxw/yxq/
　content/2014－10/09/content_51631537. htm? node＝155392.

四川在线. 树特色教育品牌　办人民满意教育——北川举行教师节庆祝大
　会 [EB/OL]. （2015－09－10）[2019－12－26]. https：//mianyang.
　scol. com. cn/qxxw/bc/content/2015－09/10/content_51765873.
　htm? node＝155397.

四川在线. 涪城 9 月 28 日起实施免费午餐计划 [EB/OL]. （2015－09－
　25）[2019－12－28]. https：//mianyang. scol. com. cn/qxxw/flq/
　content/2015－09/25/content_51771901. htm? node＝155391.

四川新闻网. 教师节：北川 108 个先进集体和先进个人获奖——北川第 33 个教师节庆祝大会顺利举行 [EB/OL]. (2017−09−08) [2019−12−28]. http：//my. newssc. org/system/20170908/002268436. html.

中共绵阳市委，绵阳市人民政府. 绵阳市人民政府关于进一步加大财政教育投入的意见 [EB/OL]. (2012−09−28) [2019−12−30]. http：//www. my. gov. cn/public/2311/1282521. html.

中共绵阳市委，绵阳市人民政府. 关于绵阳市教育和体育局 2015 年部门决算编制的说明 [EB/OL]. (2016−10−25) [2019−12−30]. http：//www. my. gov. cn/public/421/1369971. html.

中共绵阳市委，绵阳市人民政府. 我市在全省基础教育信息化暨 88 个贫困县教育信息化推动精准扶贫现场会上做经验交流发言 [EB/OL]. (2017−01−03) [2019−12−30]. http：//www. my. gov. cn/public/421/1368191. html.

六、其他类

涪城区教育文化体育局，2004. 师德风范——涪城区师德师风集中教育活动专集（内部资料）[Z]. 绵阳：涪城区教育文化体育局.

绵阳教育局大批判组，1977."四人帮"在教育战线推行反革命修正主义路线的罪行（初编）（内部资料）[Z]. 绵阳：绵阳地区文教局.

绵阳市教育委员会，1986. 烛光（内部资料）[Z]. 绵阳：绵阳市教育委员会.

绵阳市教育委员会，1986. 义务教育法学习宣传资料（内部资料）[Z]. 绵阳：绵阳市教育委员会.

绵阳市卫生局，1990. 绵阳市卫生职业道德教育资料汇编（内部资料）[Z]. 绵阳：绵阳市卫生局.

绵阳市高教自考委员会办公室，1990. 教育添新花自考结硕果——绵阳市高教自考五周年表彰会议专辑（内部资料）[Z]. 绵阳：绵阳市高教自考委员会办公室.

绵阳市教育委员会，1996. 教师资格制度学习资料汇编（内部资料）[Z]. 绵阳：绵阳市教育委员会.

绵阳市涪城区城市小学教育办公室，2001．园丁之歌（内部资料）[Z]．绵阳：绵阳市涪城区城市小学教育办公室．

绵阳市教育局，2005．超越与辉煌——绵阳教育精神档案（内部资料）[Z]．绵阳：绵阳市教育局．

绵阳市特殊教育学校，2007．真水无香——绵阳特殊教育学校20周年校庆1987—2007（内部资料）[Z]．绵阳：绵阳市特殊教育学校．

绵阳市地方志办公室，2015．绵阳年鉴（1996—2017）（第1-22卷）[Z]．北京：北京方志出版社．

平武县平驿厂革委会，1972．学大庆抓路线教育——大会发言材料之六（内部资料）[Z]．绵阳：绵阳地革委工业学大庆会议办公室．

四川省革命委员会政工组宣传组，1969．学习文件2（战备教育专辑）（内部资料）[Z]．绵阳：四川省绵阳地区革命委员会政工组．

四川省绵阳地区总工会，1977．深入揭批四人帮，搞好十个应该不应该的教育专辑（学习材料十八）（内部资料）[Z]．绵阳：四川省绵阳地区总工会．

四川省绵阳第一中学，2003．教育案例集（内部资料）[Z]．绵阳：四川省绵阳第一中学．

四川省绵阳市第一中学教科室，2007．四川省绵阳第一中学教育案例（三：直面心灵的碰撞）（内部资料）[Z]．绵阳：四川省绵阳市第一中学教科室．

四川省绵阳南山中学，2008．四川省绵阳南山中学百年校庆丛书——南山教育叙事（内部资料）[Z]．绵阳：四川省绵阳南山中学．

中国教育工会绵阳市委员会，1998．师之魂——绵阳市师德建设经验选编（内部资料）[Z]．绵阳：中国教育工会绵阳市委员会．

后 记

　　党的十九大报告围绕"优先发展教育事业"做出全面部署，明确提出建设教育强国是中华民族伟大复兴的基础工程，必须把教育事业放在优先位置，加快教育现代化，办好人民满意的教育。教育发展水平已经成为衡量国家综合实力的重要标准，随着时代的前进和社会的进步，国家越来越重视教育的发展，全国各地根据自身的实际情况多措并举发展各类教育。绵阳市作为中国唯一的科技城，与全国其他地区相比，不仅拥有独特的地理环境和强有力的政策支持，而且还有良好的教育传统和教育基础。改革开放以来，在绵阳市委、市政府的坚强领导下，在社会各界的关心支持下，在绵阳全体教育工作者的共同努力下，逐步形成了独具绵阳地方特色的发展路径。

　　绵阳地方青少年教育作为科技城发展的重要支撑，与绵阳的命运息息相关，对绵阳地方经济、政治、文化、社会和生态建设等都有重大影响。特别是随着绵阳地方青少年教育的知名度和影响力不断扩大，其影响力已经不再仅限于绵阳市，绵阳地方青少年教育的良性发展形成了强大的辐射力和穿透力，如每年吸引了来自海内外近十万名学生报考绵阳中学、南山中学、绵阳外国语学校、东辰学校和英才学校等高中和初中。大量外地学生的到来，为全市发展增添了动力，促进了绵阳社会经济的繁荣。与此同时，大量经过严格考核的学生源源不断地输入绵阳，不仅提升了绵阳中小学校的生源质量，更引发了周边城市乃至全省教育的良性竞争。

　　在中国共产党即将迎来百年诞辰之际，以习近平新时代中国特色社会主义思想为指导，在充分挖掘和整理绵阳地方青少年教育的相关文献的基础上，通过梳理绵阳地方青少年教育发展的历史脉络，把握绵阳地方青少年教育的发展特点和内在逻辑，并基于"历史背景—客观实际—社会影响"这一研究路径，厘清新时期绵阳地方青少年教育四个方面的内容：改革开放初期的绵阳地方青少年教育（1976—1992），确立社会主义市场经济体制时期的绵阳地方青少年教育（1992—2002），21世纪初期绵阳地方青少年教育继续发展（2002—2012），新时代绵阳地方青少年教育进一步发展（2012—2019）。本书以全面、翔实、准确的资料为支撑，旨在通过探讨总结绵阳地方青少年教育发展的路径、经验和不足，为巩固绵阳教育的发展成果，解决发展过程中出现的多个问题，同时为其他省份发展教育提供一些重要借鉴。

本书的写作是四川省社会科学高水平研究团队"四川青少年思想道德教育创新研究团队"建设计划资助项目之一，由西南科技大学马克思主义学院张嘉友教授、黎万和教授和研究生王幸媛，以及计算机科学与技术学院教师王娇共同完成。在写作过程中，西南科技大学倪鑫、严实和顾婷婷为本书的写作做了许多资料收集、整理和校对工作，并参与了第五章的撰写。

本书的写作得到了绵阳市教体局、绵阳市档案馆、绵阳市图书馆、绵阳市委党史研究室和绵阳市方志办等单位和部门的大力支持和协助，特别是绵阳市委党史研究室副主任吴锋同志的帮助。还参考了同行专家的不少研究成果，我们尽量在参考文献中列出，但是由于篇幅所限，有些没有明确列出，在此一并表示诚挚感谢。另外，还要特别感谢四川大学出版社陈克坚老师为本书的出版所做的工作。由于时间仓促，水平有限，本书疏漏之处一定不少，敬请同行专家和读者批评指正。

张嘉友

2020 年 2 月 6 日